西部山区小农现代化新动能研究

Research on New Drivers of Modernization for Small-scale Farmers in the Western Mountainous Regions of China

马楠 著

中国社会科学出版社

图书在版编目（CIP）数据

西部山区小农现代化新动能研究 / 马楠著 . -- 北京：中国社会科学出版社，2024. 8. -- ISBN 978-7-5227-4116-1

Ⅰ．F327

中国国家版本馆 CIP 数据核字第 2024FN4598 号

出 版 人	赵剑英
责任编辑	王　曦
责任校对	阎红蕾
责任印制	戴　宽

出　　版	中国社会科学出版社
社　　址	北京鼓楼西大街甲 158 号
邮　　编	100720
网　　址	http://www.csspw.cn
发 行 部	010-84083685
门 市 部	010-84029450
经　　销	新华书店及其他书店

印刷装订	北京君升印刷有限公司
版　　次	2024 年 8 月第 1 版
印　　次	2024 年 8 月第 1 次印刷

开　　本	710×1000　1/16
印　　张	14
字　　数	217 千字
定　　价	79.00 元

凡购买中国社会科学出版社图书，如有质量问题请与本社营销中心联系调换
电话：010-84083683
版权所有　侵权必究

前　言

　　"九山半水半分田""人均不过一亩三分地"是西部山区农业发展的现实写照。受地形地貌特征等因素影响，西部山区农业发展"小农"约束十分明显，农业成为西部山区经济社会发展进程中的重点、难点和增长点。为有效推进西部山区小农现代化进程，农业生产性服务业作为继以家庭联产承包责任制为起点的农业产业化和农民专业合作社之后的第三次新动能而得到政府和学术界的广泛关注。以2017年《关于加快发展农业生产性服务业的指导意见》为代表性文件，国家从整体上构建了依托农业生产性服务业促进小农现代化的制度框架；在实践中西部山区以农业生产性服务业为抓手推动小农现代化已经取得了一定的成效；学术界也围绕这一问题分别从模式、效益以及相关影响因素等方面进行研究。已有研究与实践为相关研究奠定了扎实基础和丰富经验，但仍有三个方面需进一步深入研究。其一，对西部山区的专门研究还不够充分；其二，对西部山区农业生产性服务业促进小农现代化机制的研究还不够充分；其三，跨学科方法展开多视角的研究还不够充分，这为本书的研究提供了空间，同时也体现了本书的学术价值和现实意义。

　　为提升研究的针对性和有效性，一方面，课题组赴贵州、云南、广西等西部山区开展专项调研获取问卷805份；另一方面，收集整理2009—2020年西部山区所辖48个地级市相关面板数据约1.5万条。在此基础上，系统性梳理国内外相关研究，按照"理论分析—实证检验—政策建议"的逻辑思路，综合使用经济学、地理学等跨学科方法，对西部山区农业生产性服务业促进小农现代化展开深入研究。首先，从理论上对西部山区农业生产性服务业促进小农现代化进行探讨；其次，从宏观层面和微观层面分别针对作为西部山区小农现代化新动能的农业生产性服务业发展的时空演化特征和需求异质性与影响进行分析；再次，对西部山区农业生产性服务业促进小农现代化的效应与传导、政策评估与红利进行研究；最后，在分析当前西部山区农业生产性服务业促进小农现代化所存在主要问题表象和深层次原因的基础上，针对性提出了对策建议。具体的研究结论如下。

第一，西部山区农业生产性服务业促进小农现代化，呈现三个时空特征和两类演化态势。（1）三个时空特征：①从时序特征看，小农现代化发展水平不断提升；②从空间格局看，不均衡发展特征明显；以"秦岭—淮河"线为界，高层次梯度区域存在显著的南北纵向空间差异特征等；③从结构特征看，不同梯度水平区域数量由"纺锤形"逐渐向"倒金字塔形"转变。（2）两类演化态势：①小农现代化水平演进的"渐进增长机制"：2009—2010年呈低速分化发展态势，2010—2015年呈快速跃升发展态势，2015—2020年呈高速平稳发展态势；②农业生产性服务业发展的"快速发展机制"：2009—2010年呈裂变发展态势，2010—2015年呈快速提升发展态势，2015—2020年呈平衡稳定发展态势。

第二，西部山区小农户受来源于"地区类型"相关因素影响，购买农业生产性服务偏好异质性显著。（1）受"农户基本特征""农业生产特征""农户家庭农业生产禀赋"等因素影响，西部山区小农户购买农业生产性服务偏好相对较低。（2）受"经营规模""基础设施条件"等来源于地区类因素影响，西部山区小农户偏好于购买产中农业生产性服务，对产前和产后农业生产性服务的购买需求相对较弱。（3）受"农业生产技术能力""农业生产目的""文化程度"等机制因素影响，西部山区小农户对其所购买的农业生产性服务满意度相对较高。（4）"节省成本""方便省心"等是西部山区小农户购买农业生产性服务的主要内动力，小农户主要通过合作社、龙头企业等主体购买农业生产性服务，"本乡外村"和"本组"是其购买农业生产性服务的主要来源。

第三，西部山区通过"结构""效率""空间"三类机制，传导农业生产性服务业对小农现代化的促进效应。（1）农业生产性服务业通过"提升机械化水平""发展社会化服务组织""引入现代化生产要素"等方式，能够有效缓解西部山区小农现代化进程中面临的"小规模生产""劳动力供给不足""生产要素壁垒"等方面约束。（2）农业生产性服务业通过"优化产业结构""提升农业生产效率""产生空间溢出"三类机制，传导其对西部山区小农现代化的促进效应。

第四，西部山区农业生产性服务业政策促进小农现代化效益明显，并通过三类路径释放政策红利。（1）农业生产性服务业相关政策的实施既能够推动西部山区小农现代化，又能够对地区产业结构产生较为显著的优化作用。（2）不同地区农业生产性服务业政策效应存在显著异质性，西南山区政策效益要强于西北山区；农业生产规模相对较大农户分享的政策效益要强于农业生产规模相对较小农户；政策效应伴随着农业发展水平提升而不断降低，兼具"门槛效应"和"益贫不益富"的特点。（3）相关政策主要通过"引入资本""扩大机械化生产""降低技术等要素壁垒"三类路径释放政策红利。

第五，西部山区农业生产性服务业政策促进小农现代化存在三个方面的问题亟待解决。（1）当前西部山区仍然存在"农业生产性服务业发展不充分不均衡""小农户服务购买动力不足""农业生产性服务业政策体系尚不完善"三个方面的主要问题。（2）引发这三个主要问题的深层次原因分别为"地理差异叠加基础设施滞后，限制农业生产性服务业均衡充分发展"；"小农自身因素叠加边际收益偏少，引发服务购买动力不足"；"服务主体单一叠加模式创新不足，限制政策红利充分释放"。（3）为破解这些问题，分别从"面向山区小农需求引育多元主体，完善农业生产性服务体系"；"面向山区农业需求导入现代要素，促进小农融入现代化农业"；"面向山区小农现代化需求，完善政策与条件支撑体系"三个方面提出了相应的对策与建议。

目　　录

第一章　绪论 ··· 1

　　第一节　研究背景和意义 ··· 1
　　第二节　国内外研究现状与评述 ································ 16
　　第三节　研究思路和研究方法 ···································· 22
　　第四节　研究的创新与不足 ······································· 25

第二章　西部山区小农现代化新动能的理论分析 ············ 27

　　第一节　相关概念的界定 ·· 27
　　第二节　西部山区小农现代化发展的传统动能 ············· 32
　　第三节　西部山区小农现代化发展的新动能 ················ 36
　　第四节　农业生产性服务业促进小农现代化理论依据 ···· 38
　　第五节　本章小结 ·· 44

第三章　西部山区小农现代化新动能发展的时空演化特征 ··· 45

　　第一节　方法选取与指标设定 ···································· 45
　　第二节　西部山区小农现代化水平时空演化特征与机制 ··· 48
　　第三节　西部山区农业生产性服务业发展时空演化
　　　　　　特征与机制 ·· 61
　　第四节　本章小结 ·· 72

第四章　西部山区小农现代化新动能的需求异质性与影响 …… 73

第一节　调研区域的选取 …………………………………… 73
第二节　西部山区小农户农业生产性服务需求异质性特征 …… 76
第三节　西部山区小农户农业生产性服务需求异质性特征
　　　　影响因素分析 ……………………………………… 87
第四节　本章小结 …………………………………………… 106

第五章　西部山区小农现代化新动能的效益与传导 …… 108

第一节　西部山区农业生产性服务业促进小农户现代
　　　　化理论分析 ………………………………………… 108
第二节　西部山区农业生产性服务业促进小农现代化
　　　　农业效应实证 ……………………………………… 118
第三节　西部山区农业生产性服务业促进小农现代化的
　　　　效应传导机制分析 ………………………………… 123
第四节　本章小结 …………………………………………… 140

第六章　西部山区小农现代化新动能的政策评估与红利 …… 141

第一节　农业生产性服务业政策的演化 …………………… 141
第二节　西部山区农业生产性服务业政策促进小农
　　　　现代化评估 ………………………………………… 143
第三节　西部山区农业生产性服务业促进小农现代化
　　　　政策红利释放机制 ………………………………… 153
第四节　西部山区实践案例剖析 …………………………… 157
第五节　本章小结 …………………………………………… 162

第七章　西部山区小农现代化新动能提升的问题与对策 …… 163

第一节　问题的外部表象 …………………………………… 164
第二节　问题的深层原因 …………………………………… 167
第三节　西部山区农业生产性服务业促进小农现代化的
　　　　对策建议 …………………………………………… 172

参考文献……………………………………………………… 185

附件 1：2009—2020 年西部山区小农现代化水平测度结果………… 198

**附件 2：2009—2020 年西部山区农业生产性服务业发展水平
　　　　测度结果**…………………………………………… 202

附件 3：2009—2020 年西部山区产业结构层次系数测度结果……… 206

**附件 4：关于西部山区小农现代化新动能——农业生产性服务业
　　　　发展的调查问卷**…………………………………… 210

后　记………………………………………………………… 213

第一章 绪论

"大国小农"是中国的基本国情,也是农业现代化发展的现实约束。第三次农业普查数据显示,中国小农户经营主体数量占比已经超过98%,小农户从业人数占农业从业总人数的90%,小农户所经营耕地面积占全国总耕地面积的70%(刘振远,2019)。与全国平均水平相比,西部山区农业经营"小"的特征更加突出,"九山半水半分田""人均不过一亩三分地"是西部山区小农户农业生产的现实写照。在中国共产党的带领下,经过各族同胞的共同奋斗,中国已经全面建成小康社会,并进入乡村振兴战略期(高帆,2023),农业现代化发展水平也随之不断提升,农业适度规模化经营"大"的特征愈加明显。在这一进程中,对于西部山区而言,如何调和区域农户"小"与农业现代化发展"大"二者之间的矛盾,促进小农现代化,不断向实现乡村振兴目标迈进是亟待解决的难题,也是学术界关注的热点问题。本书则以小农现代化新动能——农业生产性服务业为切入点,对其展开针对性研究。

第一节 研究背景和意义

一 研究对象

西部山区。西部山区是指位于中国西部(重庆、四川、云南、贵州、西藏、陕西、甘肃、青海、新疆、宁夏、内蒙古、广西 12 个省、自治区、直辖市),地形地貌以山地、丘陵为主的区域。为便于研究,进一步将其限定为地处"六盘山区""武陵山区""乌蒙山区""滇桂黔石漠化区""滇西山区""大兴安岭南麓山区""高寒藏区"等区域的48个地级市的309个县（区、市）①。如表1-1所示。

表1-1　　　　　　　　　西部山区的区域划分

区域	省份	地级市	县（区、市）
六盘山区	甘肃	天水市	清水县、秦安县、张家川回族自治县等
		临夏回族自治州	临夏市、东乡族自治县、积石山保安族东乡族撒拉族自治县等
	青海	西宁市	湟中区、湟源县等
		海东市	民和回族土族自治县、互助土族自治县、化隆回族自治县、循化撒拉族自治县等
	宁夏	吴忠市	同心县等
		固原市	原州区、西吉县、隆德县等
		中卫市	海原县等
武陵山区	湖北	恩施土家族苗族自治州	恩施市、利川市、建始县等
		宜昌市	长阳土家族自治县、五峰土家族自治县、秭归县等
	湖南	湘西土家族苗族自治州	吉首市、泸溪县、凤凰县等
		怀化市	麻阳苗族自治县、新晃侗族自治县，芷江侗族自治县、靖州苗族侗族自治县等
	贵州	铜仁市	玉屏侗族自治县、松桃苗族自治县、印江土家族苗族自治县、沿河土家族自治县等
		遵义市	正安县、道真仡佬族苗族自治县、务川仡佬族苗族自治县等
乌蒙山区	贵州	遵义市	桐梓县、习水县、赤水市
		毕节市	纳雍县、威宁彝族回族自治县等
	四川	乐山市	沐川县、马边彝族自治县等
		凉山彝族自治州	普格县、布拖县、金阳县等
	云南	昆明市	禄劝彝族苗族自治县、寻甸回族彝族自治县等
		曲靖市	会泽县、宣威市等
		昭通市	昭阳区、鲁甸县、巧家县等
		楚雄彝族自治州	武定县等

---

① 虽然此处对"西部山区"的界定或许有所遗漏，但是后文对48个地级市的309个县（区、市）相关数据和案例分析所得到的结论，仍然能够较好地反映本书研究对象的特质。

续表

区域	省份	地级市	县（区、市）
滇桂黔石漠化区	广西	柳州市	融安县、融水苗族自治县、三江侗族自治县等
		桂林市	龙胜各族自治县、资源县等
		南宁市	隆安县、马山县、上林县等
		百色市	田阳区、德保县、靖西市等
		河池市	罗城仫佬族自治县、环江毛南族自治县、巴马瑶族自治县、都安瑶族自治县等
		来宾市	忻城县等
		崇左市	宁明县、龙州县、大新县、天等县等
	贵州	六盘水市	六枝特区、水城区，钟山区等
		安顺市	镇宁布依族苗族自治县、关岭布依族苗族自治县、紫云苗族布依族自治县等
		黔西南布依族苗族自治州	兴仁市、普安县、晴隆县等
		黔东南苗族侗族自治州	黄平县、施秉县、三穗县等
		黔南布依族苗族自治州	荔波县、贵定县、独山县等
	云南	曲靖市	师宗县、罗平县等
		红河哈尼族彝族自治州	屏边苗族自治县、泸西县等
		文山壮族苗族自治州	砚山县、西畴县、麻栗坡县等
滇西山区	云南	保山市	隆阳区、施甸县、龙陵县等
		丽江市	玉龙纳西族自治县、永胜县、宁蒗彝族自治县等
		普洱市	宁洱哈尼族彝族自治县、墨江哈尼族自治县、景东彝族自治县等
		临沧市	双江拉祜族佤族布朗族傣族自治县、耿马傣族佤族自治县、沧源佤族自治县等
		楚雄彝族自治州	双柏县、牟定县、南华县等
		红河哈尼族彝族自治州	石屏县、金平苗族瑶族傣族自治县、绿春县等
		西双版纳傣族自治州	勐海县、勐腊县等
		大理白族自治州	漾濞彝族自治县、南涧彝族自治县、巍山彝族回族自治县等
		德宏傣族景颇族自治州	芒市、梁河县、盈江县等
		怒江傈僳族自治州	泸水市、贡山独龙族怒族自治县、兰坪白族普米族自治县等

续表

区域	省份	地级市	县（区、市）
大兴安岭南麓山区	内蒙古	兴安盟	阿尔山市、科尔沁右翼前旗、科尔沁右翼中旗等
高寒藏区	四川高寒藏区	阿坝藏族羌族自治州	马尔康市、金川县、小金县等
		甘孜藏族自治州	康定市、泸定县、丹巴县等
		凉山彝族自治州	木里藏族自治县等
	云南高寒藏区	迪庆藏族自治州	香格里拉市、德钦县、维西傈僳族自治县等
	甘肃高寒藏区	甘南藏族自治州	合作市、舟曲县、卓尼县等
		武威市	天祝藏族自治县等

二 研究背景

（一）西部山区农业经济稳步发展，但现代化水平仍然偏低

第一，农业经济持续增长，各西部山区共同发展。2009—2020年，尤其是党的十八大以来，西部山区加大"三农"投入力度，农业生产总值得到较大幅度提升。根据对《中国统计年鉴》、西部山区地级市统计年鉴数据的整理汇总以及西部山区范围的界定，整体来看，西部山区农业生产总值从2009年的2946.21亿元增长至2020年的9897.07亿元，增加6950.86亿元，增幅235.93%，年均增长率为11.65%，分别比同期全国农业生产总值增幅139.29%和年均增长率8.25%高96.64个百分点和3.4个百分点，具体如图1-1所示。2012年起，西部山区农业生产总值在全国占比有所上升，从2009年占比9.83%提升至2020年占比13.79%。从增幅和占比来看，西部山区农业经济持续增长。分区域来看，2009—2020年，六盘山区、武陵山区、乌蒙山区、滇桂黔石漠化区、滇西山区、大兴安岭南麓山区、高寒藏区所含西部山区农业总产值年均增长率分别为10.59%、10.41%、11.25%、11.64%、13.03%、11.47%、10.57%，均高于全国农业生产总值年均增长率的8.05%，各西部山区农业共同迈上新台阶。

第二，人民生活日益改善，农村居民收入稳定增加。2009—2020年西部山区经济发展迅速，农村居民家庭人均可支配收入由2009年的3349.69元增长至2020年的13305.04元，增加9955.35元，增幅297.20%，分别比同期全国城镇居民的人均可支配收入增幅159.36%和

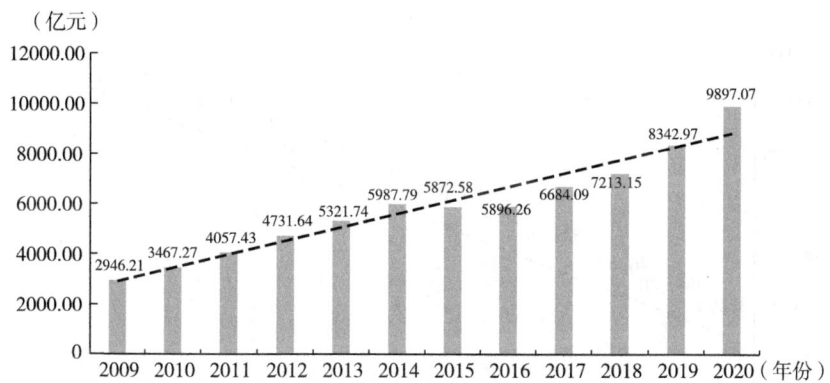

图1-1 2009—2020年西部山区农业生产总值

资料来源：相关年份《中国统计年鉴》。

农村居民的人均可支配收入增幅 215.20% 高 137.84 个百分点和 82 个百分点；年均增长率 24.77%，分别比同期全国城镇居民的人均可支配收入年均增长率 13.28% 和农村居民的人均可支配收入年均增长率 17.93% 高 11.49 个百分点和 6.84 个百分点（具体如图 1-2 所示）。分区域来看，2009—2020 年，六盘山区、武陵山区、乌蒙山区、滇桂黔石漠化区、滇西山区、大兴安岭南麓山区和高寒藏区所含西部山区农村居民家庭人均可支配收入增幅分别为 243.62%、297.77%、290.57%、304.06%、322.69%、286.70% 和 319.33%。从增速角度来看，各区域所辖西部山区农村居民家庭人均可支配收入增速均高于全国城镇和农村居民人均可支配收入增速。

第三，财政支农力度有所提升，但不均衡问题依然突出。将地区农林水事务支出作为反映财政支农力度的指标，发现当前西部山区与全国平均水平之间、少数民族人口聚居区（受数据可得性的限制，此处所述少数民族人口聚居区包含内蒙古、广西、西藏、宁夏、新疆、贵州、云南、青海 8 个省区，为便于表述，以下简称"八省区"）以及西部山区内部的发展差距依旧较大。2009—2020 年，西部山区农林水事务支出虽然有所增加，但是西部山区农林水事务支出在全国农林水事务中的占比仍然很低。例如，2009 年西部山区农林水事务支出在全国的占比为 9.86%，直到 2020 年才增长至 14.83%，东部地区 2009 年农林水

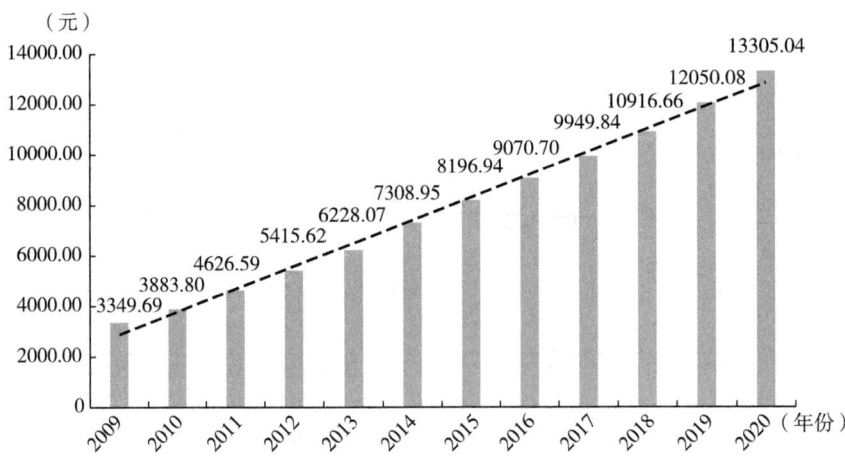

图1-2　2009—2020年西部山区农村居民的人均可支配收入

资料来源：相关年份《中国统计年鉴》。

事务支出在全国比重就已经达到32.33%。除此之外，2009年西部山区粮食单位面积产量为278.07千克/亩（1亩≈666.67平方米），而2020年西部山区粮食单位面积产量为317.19千克/亩，11年间仅增长39.12千克/亩。2009年东部地区和全国粮食单位面积产量分别为372.42千克/亩和324.70千克/亩，发展至2020年，粮食单位面积产量分别增长至424.30千克/亩和382.23千克/亩。对比三者数据可以发现，西部山区粮食单位面积产量低于东部地区和全国粮食单位面积产量，具体如图1-3所示。在此基础之上，西部山区粮食单位面积产量波动较为明显，负增长时有出现。例如，2009—2011年、2012—2013年和2017—2019年西部山区粮食单位面积产量分别下降了8.37千克/亩、1.36千克/亩和3.89千克/亩。综上可以看出，西部山区土地生产能力并没有充分开发，西部山区农业发展不平衡不充分问题依然突出。

第四，农林牧渔业发展较快，总体水平不断提高。2009—2020年西部山区农林牧渔业总产值从8321亿元增长至25424亿元，增幅212.48%，年均增长率10.91%；同期全国、东部地区和八省区增幅分别为128.26%、97.81%和205.54%，年均增长率分别为7.79%、6.40%

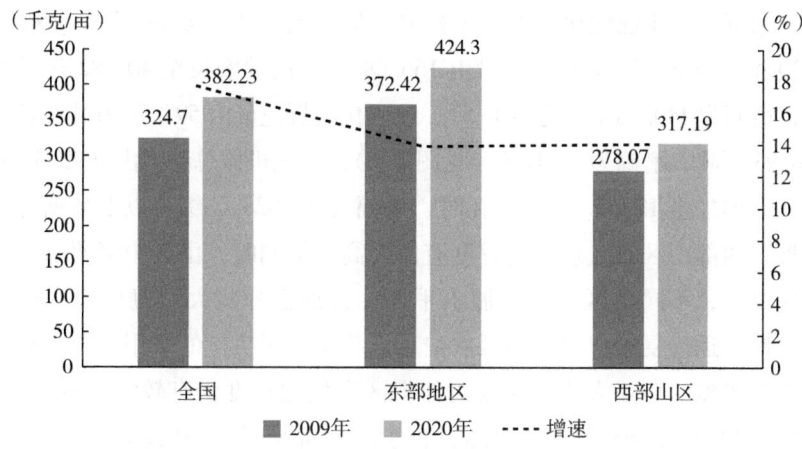

图 1-3　2009—2020 年全国、东部地区、西部山区粮食单位面积产量情况

资料来源：相关年份《中国统计年鉴》。

和 10.69%；相比之下，西部山区农林牧渔业发展速度明显高于其他地区。分区域看，六盘山区、武陵山区、乌蒙山区、滇桂黔石漠化区、滇西山区和高寒藏区所含西部山区农林牧渔业总产值年均增速分别为 10.36%、13.29%、11.64%、9.42%、11.15% 和 10.55%，均高于同期全国和东部地区年均增长率，表明西部山区农业水平不断提高，具体如图 1-4 所示。

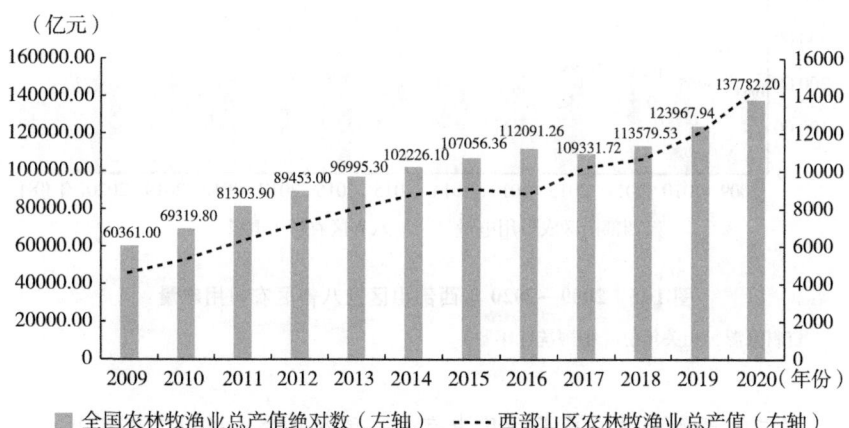

图 1-4　2009—2020 年全国、西部山区农林牧渔业总产值情况

资料来源：相关年份《中国统计年鉴》。

第五，农业现代化程度不断提升，但仍然有较大发展空间。2009—2020年，西部山区农村用电量由166.88亿千瓦时增长至401.82亿千瓦时，增幅为140.78%（见图1-5）；农用化肥折纯量由594.78万吨增长至696.93万吨，增幅为17.17%（见图1-6）；农业机械总动力由7995.57万千瓦时增加至12362.71万千瓦时，增幅为54.62%，综合以上数据可以发现，西部山区农业现代化程度有所提高。但同时，由于中国西部山区地貌复杂，不同地区之间发展不平衡，再加上一些大型机械生产成本高、操作运行复杂，西部山区农户难以负担购买机械的费用以及少有使用农业机械的专业人才，导致西部山区现代化程度仍有较大提升空间。例如，2009—2020年西部山区亩均农业机械总动力投入使用量从0.26千瓦时增长至0.36千瓦时，与之相比，2009—2020年全国和东部地区亩均农业机械总动力投入使用量分别从0.37千瓦时和0.55千瓦时增长至0.42千瓦时和0.57千瓦时，不难看出西部山区农业现代化程度有所提高但明显落后于其他地区，仍然有较大发展空间。

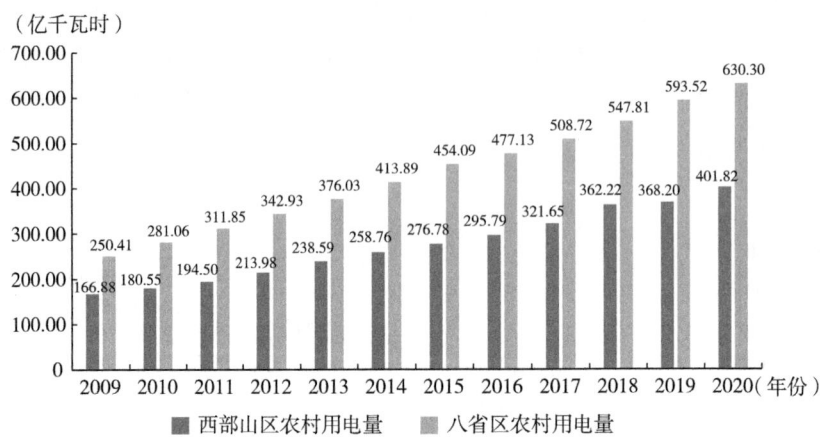

图1-5　2009—2020年西部山区及八省区农村用电量

资料来源：相关年份《中国统计年鉴》。

（二）西部山区农地面积稳中有升，但农户生产规模仍然较小

第一，耕地保护政策取得成效，农地播种面积稳中有升。西部山区所辖地区耕地保护政策逐步完善，压实地方党委、政府耕地保护责任，

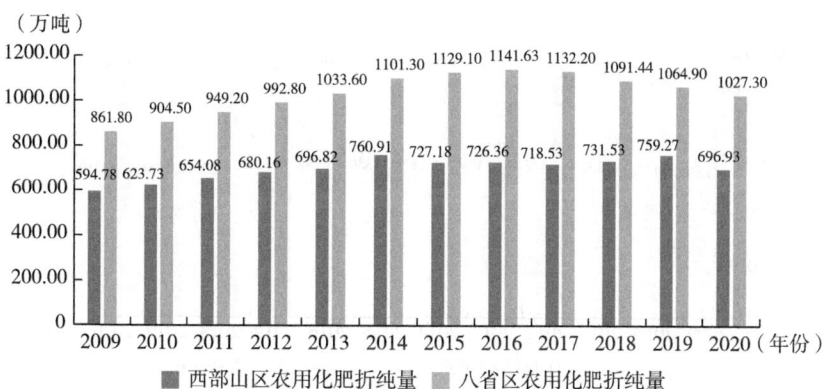

图 1-6 2009—2020 年西部山区及八省区农用化肥折纯量

资料来源：相关年份《中国统计年鉴》。

严格划定耕地保护红线，加强改进占补平衡、坚决遏制耕地"非农化""非粮化"，通过采取一系列措施，初步遏制耕地减少势头，耕地保护措施取得积极成效。2009—2020年，西部山区农作物播种面积由20428千公顷增长至22668千公顷，扩大播种面积2240千公顷；粮食作物播种面积由12508千公顷增长至12810千公顷，扩大播种面积302千公顷，西部山区耕地总量实现净增加，具体如图1-7所示。与之相比，东部地区农作物播种面积呈现负增长，农作物以及粮食作物播种面积分别由38258.70千公顷、24734.80千公顷变为2020年的36004.00千公顷、24892.50千公顷，增长率低于西部山区增长水平。不难看出，耕地保护政策在西部山区取得较好成效并且农地播种面积有所增加，西部山区守住耕地红线，耕地保护取得了成效。

第二，人均作物播种面积相对较小，扩大农业生产规模挑战大。2009—2020年西部山区的乡村人均农作物播种面积以及乡村人均粮食作物播种面积分别从3.19亩和1.95亩增长至4.40亩和2.49亩。但2009—2020年，全国乡村人均农作物播种面积以及乡村人均粮食作物播种面积分别从3.45亩和2.33亩增长至4.55亩和3.43亩；八省区乡村人均农作物播种面积以及乡村人均粮食作物播种面积由3.83亩和2.37亩增长至5.87亩和3.29亩。与之相比，西部山区人均农作物播种面积以及人均粮食作物播种面积一直低于全国和八省区平均水平，具

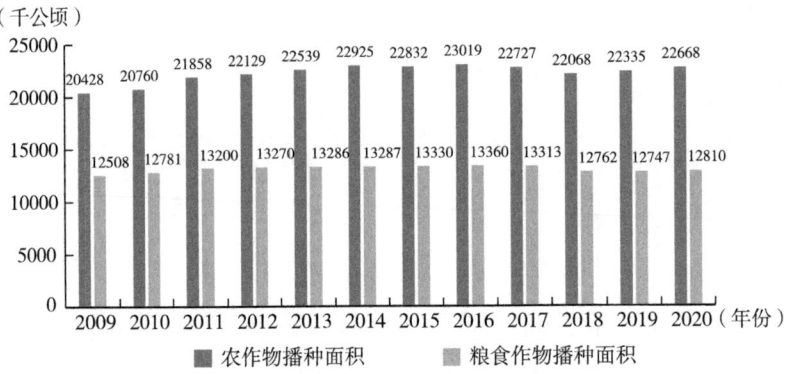

图 1-7　2009—2020 年西部山区农作物及粮食作物播种面积

资料来源：相关年份《中国统计年鉴》。

体如图 1-8 所示。这主要是由于西部山区地理条件相对恶劣，平地少、坡地多且耕地分布较为零散，农作物种植结构较为单一，导致农户难以扩大生产规模，且不能形成规模效益。

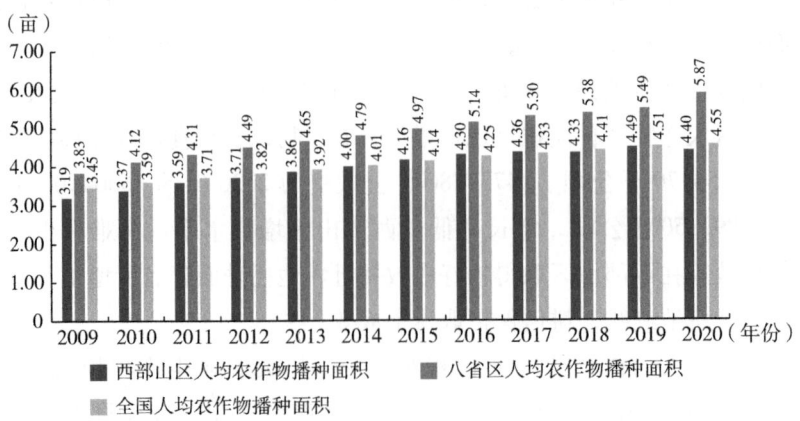

图 1-8　2009—2020 年全国、西部山区及八省区人均农作物播种面积情况

资料来源：相关年份《中国统计年鉴》。

（三）西部山区第三产业持续发展，但农业生产性服务业发展仍然滞后

第一，产业结构持续优化，第三产业比重上升。从整体来看，

2009—2020年西部山区产业结构持续优化，三次产业比例由17.19：42.21：40.60变化为15.89：33.88：50.23，第一产业和第二产业占比分别下降1.3个百分点和8.33个百分点，第三产业比重上升9.63个百分点。其中，第三产业增加值由2009年的9268亿元增加至2020年的40123亿元，增幅为332.89%，年均增长率为14.25%，分别高于全国和东部地区平均水平1.96个百分点、2.23个百分点。分区域来看，2009—2020年滇西山区第三产业增加值增幅最高为453%，其次为乌蒙山区377.71%，且除六盘山区、大兴安岭南麓山区外其他五处增幅均超过300%。由此可见，西部山区第三产业规模不断扩大，产业结构持续优化，具体如图1-9、图1-10所示。

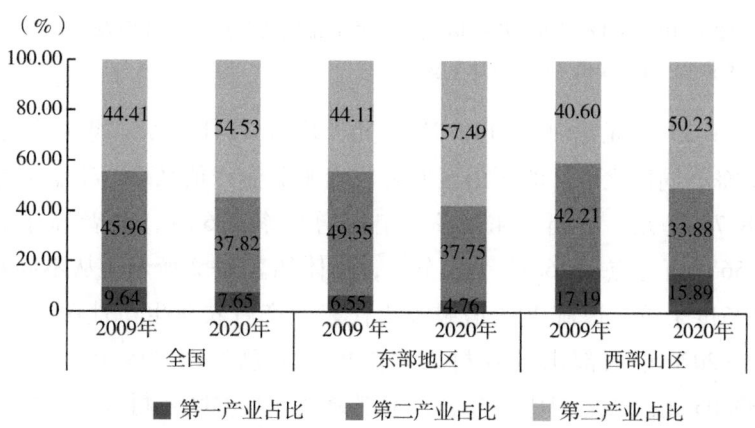

图1-9　2009—2020年全国、东部地区、西部山区一二三产业占比变化

资料来源：相关年份《中国统计年鉴》。

第二，农业生产性服务业体量小，发展参差不齐。从总量角度来看，2009—2020年滇桂黔石漠化区农林牧渔服务业产值从53.51亿元增加至181.01亿元，同比之下，六盘山区农林牧渔服务业产值从9.38亿元增长至33.29亿元。对比可以发现，2009年滇桂黔石漠化区的农林牧渔服务业产值就已经大于2020年六盘山区农林牧渔服务业产值，并且2020年滇桂黔石漠化区农林牧渔服务业产值是同期六盘山区农林牧渔服务业产值的5.44倍。2009—2020年武陵山区农林牧渔服务业产

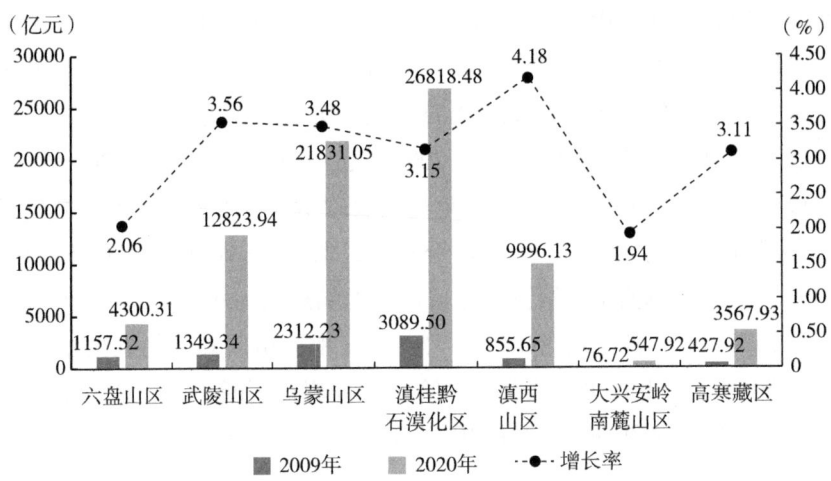

图 1-10　2009—2020 年各区域所含西部山区第三产业增加值及增长率

资料来源：相关年份《中国统计年鉴》。

值从 11.35 亿元增加至 140.95 亿元，增幅 1141.85%，年均增长率 25.74%，同比之下，滇西山区农林牧渔服务业产值从 28.71 亿元增加至 78.75 亿元，增幅 174.29%，年均增长率 9.62%，前者高于后者 967.56 个百分点和 16.12 个百分点，具体如表 1-2 所示。从不同环节服务角度来看，以邮电通信服务为代表的产后农业生产性服务为例，2009—2020 年西部山区乡村人均邮电业务总量由 895.45 元增加至 10983.05 元；与之相比，全国、东部地区、八省区乡村人均邮电业务总量分别由 3944.63 元、6744.57 元和 2612.26 元增加至 30949.26 元、45180.23 元、26423.89 元，均高于西部山区水平，可以看出当前西部山区农业生产性服务业体量仍然相对较小。分区域来看，西部山区之间农业生产性服务业发展水平仍然参差不齐，同样以邮电业务为例，2020 年乌蒙山区邮电业务总量为 7007.23 亿元，是滇西山区邮电业务总量 924.45 亿元的 7.58 倍；从增幅和增长率来看，2009—2020 年乌蒙山区邮电业务总量增幅 2185.35%，年均增长率 32.9%，分别比滇西山区邮电业务总量增幅 836.15% 和年均增长率 22.55% 高 1349.2 个百分点和 10.35 个百分点。对比以上数据可以发现，西部山区内部各区域农业生产性服务业发展参差不齐，部分地区发展相对较慢。具体如图 1-11 所示。

表 1-2　　　　2009—2020 年各区域所含西部各山区农林牧渔服务业发展情况　　　单位：亿元

年份	六盘山区	武陵山区	乌蒙山区	滇桂黔石漠化区	滇西山区	大兴安岭南麓山区	高寒藏区
2009	9.38	11.35	31.06	53.51	28.71	1.73	9.03
2010	10.54	12.42	30.93	58.56	27.95	1.85	9.88
2011	12.12	19.74	34.86	66.15	32.18	2.08	10.88
2012	13.78	24.47	37.94	74.05	36.51	2.28	12.35
2013	15.47	27.06	43.26	82.52	42.36	2.48	13.57
2014	17.00	29.86	48.48	93.04	46.54	2.65	15.57
2015	18.72	37.05	69.17	99.68	55.46	2.78	17.19
2016	19.96	53.33	83.23	73.20	58.22	2.93	18.85
2017	29.21	105.61	93.71	129.88	61.93	3.09	31.58
2018	29.85	117.54	100.14	142.45	69.62	3.22	33.11
2019	31.56	130.79	110.37	169.71	78.11	3.34	36.62
2020	33.29	140.95	125.94	181.01	78.75	3.51	37.94

资料来源：相关年份《中国统计年鉴》。

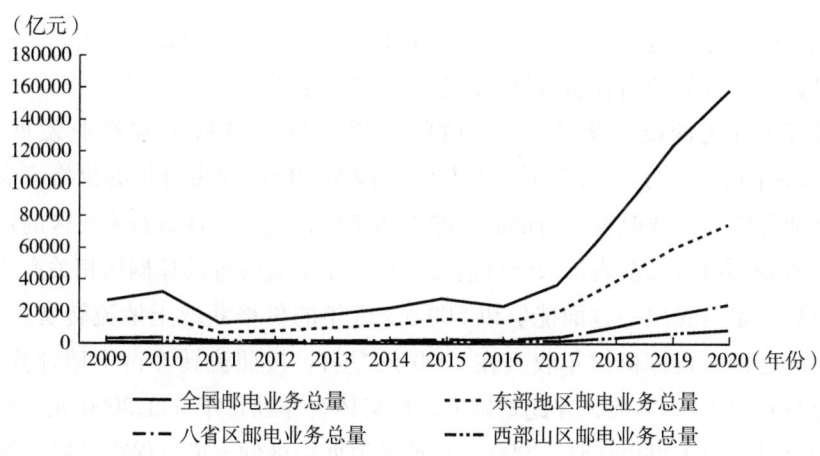

图 1-11　2009—2020 全国、东部地区、西部山区及八省区邮电业务总量

资料来源：相关年份《中国统计年鉴》。

三 研究意义

西部山区小农户参与农业现代化发展面临诸多约束与挑战。如何破除这些约束，逐步实现小农现代化是亟待解决的关键问题。对于西部山区而言，从理论层面看，有两条路径可供选择。

第一条路径，以马歇尔所提出的规模经济理论为指引，即"土地规模会限制农业分工，并降低农业规模化生产的经济性"。基于这一理论，小农户如果想实现现代化，必须扩大自身的农业生产规模。为实现这一目标，2018年12月29日十三届全国人大常委会第七次会议上表决通过了《全国人民代表大会常务委员会关于修改〈中华人民共和国农村土地承包法〉的决定》（以下简称《决定》），《决定》明确提出"承包方承包土地后，享有土地承包经营权，可以自己经营，也可以保留土地承包权，流转其承包地的土地经营权，由他人经营"；"国家保护承包方依法、自愿、有偿流转土地经营权，保护土地经营权人的合法权益，任何组织和个人不得侵犯"。《决定》从制度层面构建了农村土地所有权、承包权和经营权相分离的格局，即"三权分置"。在"三权分置"框架下，西部山区小农户可以选择将土地经营权进行有偿流转，自身既能从事非农生产活动也能以出售劳动力的方式继续从事农业生产活动；土地经营权人则实现了将广大小农户细碎土地整合后进行规模化生产的目标。这一路径的实施在西部山区取得了较好的成效，例如，地处武陵山区的湖南省湘西州泸溪县以土地流转为抓手，探索"公司+合作社+村支两委+农户+社会精英"模式推动乡村旅游产业发展，2021年村集体分红30万元，参与农户按照3000元/亩每年的价格享受产业补贴，有效改善了当地群众的生活条件；地处滇桂黔石漠化区的贵州省安顺市紫云苗族布依族自治县，通过土地流转推动棕榈树相关产业发展，参与农户一方面能够以500元/亩年的价格获取土地流转费用，另一方面每亩棕榈树年收入在2000元左右，按照流转4亩土地计算，每户年收入9200元，在此基础上，村集体合作社每年分红3000元，农户合计年收入可以达到12000元；地处滇西山区的云南省保山市隆阳区西邑乡探索出了一条"高标农田建设+烟草配套设施+土地集中流转+产业统筹规划"的土地流转新模式——"鲁图模式"。2021年"鲁图模式"实施区内,烟草农业快速发展,综合效益达到 1.05 万元/亩;2022 年,大春烤烟种植收益达到 6900 万元,烟后小春作物种植收益达到 4500 万元。① 但同时也需要注意,西部山区受地形地貌特征的限制,细碎土地分布较为分散,即使进行土地经营权流转,农业生产规模也依然小于平原和丘陵地区,农业生产规模效益低于全国平均水平。因此,这在一定程度上限制了西部山区土地经营权的流转,降低了相关政策在西部山区的有效性和执行效益。

第二条路径,以亚当·斯密所提出的分工理论为指引,即"分工有利于增进劳动者的熟练程度并进而提高工作效率"。基于这一理论,小农户实现现代化不再仅仅依靠扩大自身的经营规模来实现,同时也可以农业生产性服务为纽带,将分散的小农户彼此连接,形成规模化生产集体。为实现这一目标,2017 年 8 月,农业部(现农业农村部)、国家发展改革委、财政部联合印发《关于加快发展农业生产性服务业的指导意见》,指出"要以服务农业农民为根本,以推进农业供给侧结构性改革为主线,大力发展多元化多层次多类型的农业生产性服务,带动更多农户进入现代农业发展轨道"。② 第二条发展路径与第一条发展路径相比较,最大的区别在于三个方面:第一,前者主要以培育农业经营主体为抓手,而后者主要以培育农业服务主体为抓手;第二,广大小农户可以不再以流转土地经营权为途径实现农业生产效益提升的目标,而能够借助以购买农业生产性服务为纽带,卷入现代农业发展体系分享发展红利;第三,发展农业生产性服务业能够有效破除西部山区土地分布较为分散的现实约束,实现农业生产的规模化发展。这一路径的实施在西部山区也取得了一定的发展,例如,地处武陵山区的湖北省恩施土家族苗族自治州利川市,以农产品技术研发、农业品牌包装与宣推、农产品仓储物流等农业生产性服务业为抓手,推动小农现代化,截至 2021 年年末,全市蔬菜面积达 55.15 万亩、年产量 82.77 万吨,蔬菜龙头企业 21 家,各类蔬菜经营主体 1400 余家,注册蔬菜品牌 36 个,蔬菜产业实现年产值 12.8 亿元;③ 地处大兴安岭南麓山区的内蒙古自治区兴安

---

① http://www.baoshan.gov.cn/info/1032/142962.htm.
② http://www.gov.cn/xinwen/2017-08/23/content_5219766.htm.
③ http://news.cnhubei.com/content/2022-09/08/content_15041702.html.

盟阿尔山市，以"技术推广"为支撑，稳步推进特色主导产业发展，全市农作物种植面积较为稳定地保持在 30 万亩以上，阿尔山黑木耳和卜留克均成为获得"国家地理标志"和"全国名特优新农产品"称号的特色农产品，助力农民增收效果显著。①

虽然西部山区以农业生产性服务业为抓手促进小农现代化已经取得了一定的成效，但与东、中部地区，尤其是与粮食主产区相比，仍有较大的效益提升空间；同时，与土地流转给小农户带来的收益相比，农业生产性服务业的成效仍然偏低。因此，为进一步厘清西部山区农业生产性服务业作为新动能促进小农现代化的理论逻辑，国内外大量学者相继展开了针对性研究。

第二节　国内外研究现状与评述

一　国内外研究现状

（一）国外研究现状

当前国外研究成果大多集中于农业生产性服务业概念以及促进小农现代化路径、成效的研究上。在农业生产性服务业概念界定方面，美国经济学家舒尔茨在《改造传统农业》中第一次提出农业生产性服务业的概念，他认为改造传统农业的关键在于寻找新的生产要素与技术（Schultz，1972），在此基础上，一些学者相继提出"逆向产品周期""四维度模型"（Barras，1986；Hertog，2000；Blazevic，2008）等概念，丰富了农业生产性服务业的内涵。

在促进小农现代化路径方面，部分学者将农业生产性服务作为直接投入，利用农村地区农产品产出模型，研究农业生产性服务对小农户发展的影响（Reinert，1998）；并指出农业生产性服务业通过提高区域农业产业全要素生产率、推动土地制度改革、驱动农业集群化发展（Goe，2002；Lanaspa，2016）、促进服务贸易和农业技术进步（Alston，2011；Yang，2013）等路径推进小农现代化。部分学者则使用生产迂回学说阐述了农业生产性服务业对于小农户生产效率提高的影响，并认

---

① http：//nmj.xam.gov.cn/xamagri/1023721/1023756/qxdt84/5101987/index.html.

为生产性服务通过将农业生产环节外包实现小农户生产的专业化，进而产生具有主体差异的农业生产效率提升；农业生产性服务业基于专业化的分工协作，可以促进生产技术进步，成为改造小农户生产的重要途径（Yujiro，2000；Schumpeter，2003）。在促进小农户现代化取得的成效方面，随着理论的不断夯实，以及农业生产性服务业的不断发展和壮大（Stare，2007），学者也逐渐开展对不同地区农业生产性服务业促进小农现代化成效的剖析。以农业生产性服务业发展较为成熟的国家——美国（Gopinath，2000）、荷兰（Massayo，2008）、日本（Tanaka，2010）等为对象，总结了农业生产性服务业促进小农现代化所取得的成效和经验（Gianessi，2005；Paulrajan，2010）。

（二）国内研究现状

当前国内关于农业生产性服务业促进小农现代化的研究主要集中在模式、效益以及影响因素等方面，同时还有部分成果以西部地区为对象展开针对性研究。

1. 在农业生产性服务业促进小农现代化模式方面

大部分学者认为农业生产性服务业是当前我国小农户发展新的增长点（蒋永穆，2019；张天佐，2018），是实现以工促农（潘锦云，2009）和建立新型城乡关系的纽带（姜长云，2010）。从对农业的作用来看，农业生产性服务业充分实现机械对人力、畜力的替代并能对接大市场、融合社会化大生产，进而成为中国农业现代化历史上的第三次动能（冀名峰，2018）。农业生产性服务业日益成为农业产业价值增值的主要源泉，因此加快转变农业发展方式需要农业生产性服务业贡献一份力量（姜长云，2016）。同时，基于农业产业链的延伸和拓展，农业生产性服务业既能够通过外溢效应提高农业生产力（郝爱民，2015），也能够有效化解农业耕地质量退化、农业环境污染加重、局部生态环境破坏等方面的问题。从对农村的作用来看，农业生产性服务业推进了乡村振兴和城乡融合发展，其在农业生产过程中提供的高新技术、信息化服务、标准化管理对农村地区实现生态宜居、乡风文明目标打下坚实的基础，并且农业生产性服务业将城市优质资源要素下放到农村，能够较为有效地实现以城促乡，推动城乡融合发展（李红松，2020）。从对农民的作用来看，农业生产性服务业通过培育农业合作社、家庭农场、农业企业等新型农业经营主体，以"现代农业企业家+发达的农业生产性服务业+为数众多的小规模兼业农户"的模式，将分散的小农户集中起来，推动规模化、机械化生产，进而提高生产率（姜长云、郑秋芬，2015），为有效解决"谁来种地""如何种地"提供了新路径；并通过提高农产品市场竞争力和发挥"黏合剂"的作用达到实现提升农民收入的目标（兰晓红，2015）。同时，由于农业生产性服务业本身凝聚着较高的知识、技术等要素，在推广和发展进程中，能够对农民知识结构和文化素养的提升产生明显的外溢效应，进而促进传统农民向新型职业农民转变（陈鸣、肖刚纯，2016）。在此基础上，对于中国农业生产性服务业促进小农现代化模式的研究早期主要聚焦政策差异性视角和主体差异性视角。前者将模式划分为公益性、经营性以及介于二者之间三类（肖卫东、杜志雄，2012）；后者将模式划分为政府引导型（吴重庆、张慧鹏，2019）、合作社扩张型（姜长云，2011）、龙头企业拉动型（姜长云，2010）以及市场带动型（张振刚，2011）。随着研究的持续展开，对于模式研究的侧重点逐渐转移至经营性服务方面，一方面尝试从演化特征的视角展开，具体可以归纳为四类：农业生产单一环节服务模式（芦千文、姜长云，2017）、农业产业服务链模式（叶敬忠，2018）、农业产业服务平台或集成服务商模式、农业生产经营区域服务体系模式（张红宇，2015；冀名峰，2018）；另一方面尝试从契约模式的视角展开，根据农业社会企业对农户提供的生产性服务内容的不同，区分为仅有改良投入共担的分散式、改良投入共担及生产成本节约分成的紧密式、改良结合地权入股实现收益共享的集中式三种（刘鲁浩等，2021）。除此之外，从分工理论视角出发，将其分为基于"熟人社会"形成的人际关系纽带、基于"收益捆绑"形成的利益联结机制、基于"组织创新"形成的组织联结机制、基于"服务叠加"形成的服务联结方式、基于"产业融合"形成的产业联结方式五种模式（芦千文、高鸣，2020）。伴随信息技术在农业领域应用的不断深化，线上综合服务平台模式、线上专项服务平台模式、"线上+线下"服务模式不断出现（夏蓓、张鹏，2021）。

2. 在农业生产性服务业促进小农现代化效益方面

不同学者使用不同的模型方法进行了多角度的分析。例如，使用随机前沿分析方法分析了农业生产性服务业对小农现代化的外溢效应（郝爱民，2015；赵玉姝，2013）；通过构建超越对数生产函数，以水稻生产为对象，分析了农业生产性服务业对小农户产生的具体影响（张忠军，2015）；运用动态面板数据模型发现农业生产性服务业的发展与城乡收入差距间呈负相关关系，农资配送服务、农业信息服务、农村金融保险服务等水平的提高有利于缩小城乡收入差距（鲁钊阳，2013）；根据空间计量模型和面板门槛模型分析得出，农业生产性服务业有利于缩小本地区的城乡居民收入差距，对周边地区也存在显著的空间溢出效应，同时农业生产性服务业发展会随着城镇化水平的提高对缩小城乡收入差距的作用由促进转变为抑制（张荐华、高军，2019）；使用空间面板模型指出农业生产性服务业与小农户高质量发展具有空间耦合性（杜泽文，2019），前者对后者的空间溢出效应明显（张露、罗必良，2018）；使用面板门槛模型分析指出了农业生产性服务业对小农产业全要素生产率增长呈现"U"形特征（秦天，2017；张荐华、高军，2019）；使用 Tobit 模型分析了农业生产性服务业细分行业对小农户生产效率的具体影响（刘明，2018）；通过运用多元线性回归、协整检验、误差修正模型等方法发现现代农业的发展需要大力发展农业生产性服务业，有利于农民增产增收，维持经济社会稳定（乔瑞中、景刚，2019）；通过运用 DEA 方法，研究发现湖南省纯技术效率和规模效率均未到达有效状态（王芳、阳丽，2021）；基于 DEA-Malmquist 指数和中介效应模型进行实证检验，研究发现农业生产性服务业发展水平与农业全要素生产率间呈倒"U"形关系，其促进作用主要通过农业生产专业化分工程度的提高以及经营规模的扩大得以实现（顾晟景、周宏，2022）；利用广义最小二乘法、差分 GMM 和系统 GMM 法研究发现，农业交通运输服务业和批发零售业显著促进农业效率的提升，但是农业信息服务业、农业金融信贷服务业、农业商务服务业和农业科技服务业并未充分发挥其对农业效率的提升效应（楚明钦，2021）；基于空间杜宾模型，实证得出农业生产性服务业通过技术进步推动了农业全要素生产率的提升，并且这种推动作用西部地区更为显著，东部、东北部与中部地区次之，粮食产销平衡区更为显著，主产区与主销区次之，并存在正向的空间溢出效应（张恒、郭翔宇，2021）；运用 LSDV 估计方法与

IV-GMM 估计方法，发现发展农业生产性服务业能通过降低农业生产成本等直接途径和推进城镇化进程等间接途径缩小城乡收入差距（蒋团标、罗琳，2022）。

3. 在农业生产性服务业促进小农现代化影响因素方面

部分学者从政府定位和政策实施的角度，提出政府要加大对农业规模经营户、农村社会服务经营户以及小农户的扶持力度（芦千文、石霞，2018）；以落实国家金融扶持政策、完善基础设施建设、推动地区产业发展等为抓手，为工商资本下乡提供有利条件（苏会、赵敏，2019），进而为农业生产性服务业促进小农现代化提供适宜的环境。在此基础上，通过进一步构建包括完善农业科技服务、加强农业机械服务、提供农业托管服务和健全农业营销服务等在内的全方位农业社会化服务体系，能够有效促进小农现代化（徐旭初、吴彬，2018），并提出通过完善相应农业风险防范机制（崔红志、刘亚辉，2018）的方式巩固拓展小农现代化的成果。利用农业社会化服务体系发展农业生产性服务、金融性服务和经营性服务，共同促进小农户实现现代化（徐旭初、吴彬，2018）；积极建设更大规模的农业绿色生产服务体系，完善以绿色生态农业为导向的农业社会化服务支持政策体系，在推进小农现代化的同时，还能有效适应生态农业发展和社会发展要求（沈兴兴，2019）；基于对农户机械服务、保险服务、土地流转服务、资金信贷服务、农资供应服务、加工销售服务、信息服务等农业生产性服务可得性的分析，提出借助促使支农信息更有效地流入农民群体中等方式能够有效提升以农业生产性服务为桥梁促进农户现代化的成效（许彦君，2021）。另有部分学者尝试从微观角度展开分析。农户关系制约农业生产性服务的采用，同样制约农业生产技术效率提高，金融服务促进了农业生产性服务的采用（夏书华、陈昭玖，2022）；农村人口老龄化会刺激农业生产性服务的发展，农业生产性服务弥补了老龄农户在技术效率上的直接损失，间接促进了农业生产技术效率的提升（姜常宜、张怡，2022）；土地细碎化程度、服务价格对农户购买农业生产性服务具有负向影响，而组织化程度、技术复杂度则对其具有正向影响（吴松，2019）；农业生产风险偏好和风险认知也会对农户购买农业生产性服务产生明显的影响（徐建玲，2019）。除此之外，农户年龄（陈江华，

2016)、家庭收入、交通状态（李龙峰，2018）、性别、是不是村干部（王春雯，2019）、非农就业状态（王玉斌、赵培芳，2022）等因素也在不同程度上存在一定的影响。

4. 西部山区农业生产性服务业促进小农现代化方面

基于调研问卷分析了当前西部山区农户对农业生产性服务的需求意愿和模式选择。以甘肃省甘南藏族自治州为例，在分析政府、农户、企业三者特征的基础上，研究了三者在农业生产性服务业发展进程中的角色定位及相互关系（看召本，2012），发现在诸多农业生产性服务中农户更加倾向购买技术服务、金融服务、信息服务和流通服务，并且更加信赖专业合作社、政府以及金融机构等服务供给主体（杨爽等，2014）。在此基础上，以新疆为对象分析了不同种植规模（周风涛，2016）、地区经济发展水平（杨飞虎，2013）等外部因素对农户农业生产性服务需求意向产生的影响；通过实证分析新疆农业服务组织间关系对组织绩效（弹性绩效、发展绩效、财务绩效）的影响，明确了农业服务组织（或企业）之间的关系对提升组织（或企业）绩效的贡献作用（方华，2014），并分别从农业生产性服务的内容、主体、渠道、模式等方面分析了农业生产性服务业促进小农现代化的现状（蒲娟，2016）；通过对比分析发达、欠发达和不发达县市农业生产性服务内容和服务渠道获得、需求情况及结构失衡情况，分析了导致服务内容和渠道结构性失衡的影响因素，并从因地制宜提供农业生产性服务、大力发展农民专业合作组织、启动农户生产性服务需求、促进男性劳动力回流等方面提出了相应的对策建议（李霞，2013）。通过对河南省和云南省的农业生产性服务的组织管理进行对比分析，研究了两省在要素禀赋、发展定位和战略地位方面的差异性，为西部地区农业生产性服务业促进小农现代化更好发展提供了借鉴（姚利好、郭颖梅，2019）。相比东部、中部和东北部地区，农业生产性服务对西部地区农业全要素生产率的提升效果更为明显（张恒、郭翔宇，2021），但供给效率往往偏低（李颖慧、李敬，2019）；将农业主体区分为新型农业经营主体和小农户，发现二者均更加偏好于购买产中农业生产性服务，但前者的偏好强度要高于后者；农户类型、农户基本特征、家庭农业生产禀赋均会对农户购买农业生产性服务偏好异质性产生影响，其中农户类型的影响最为强烈和稳定，农业生产目的和生产技能的差异是异质性的来源（马楠，2022）。

二 研究评述

国内外学者对农业生产性服务业促进小农现代化进行了大量的研究，为本书奠定了扎实的理论基础和丰富的实证经验，但仍有三个方面需要进一步深入研究。

一是研究对象上，对西部山区的专门研究还不够充分。在乡村振兴背景下，针对西部地区尤其是西部山区经济社会和小农户生产生活特征所展开的农业生产性服务业促进小农现代化的学理分析和研究较为薄弱；从空间差异性、时间差异性等动态演化视角，对西部山区农业生产性服务业发展与小农现代化进行系统性梳理的成果仍不多见。

二是研究视角上，对西部山区农业生产性服务业促进小农现代化机制的研究还不够充分。当前相关研究大多从"模式""效益""影响因素"等方面对农业生产性服务业促进小农现代化展开研究，同时有少部分成果以西部山区为对象展开综合性研究，但对西部山区农业生产性服务业促进小农现代化作用机制以及效益传导的分析较为欠缺；从微观层面分析西部山区小农户农业生产性服务需求异质性特征与影响因素的研究则更为欠缺。

三是研究方法上，跨学科展开多视角的研究还不够充分。国内外对于农业生产性服务业促进小农现代化的实证研究方法十分丰富，但跨学科研究方法的应用较为薄弱。例如：使用地理学方法展开"时空演化"的分析，使用空间计量方法展开"空间溢出"的分析，使用双重差分和蒙特卡罗模拟方法展开"政策净效应"的分析等。

第三节 研究思路和研究方法

一 研究思路

研究遵循"现状调研—作用机制分析—政策有效性评价—问题与对策"的基本思路开展，如图1-12所示。

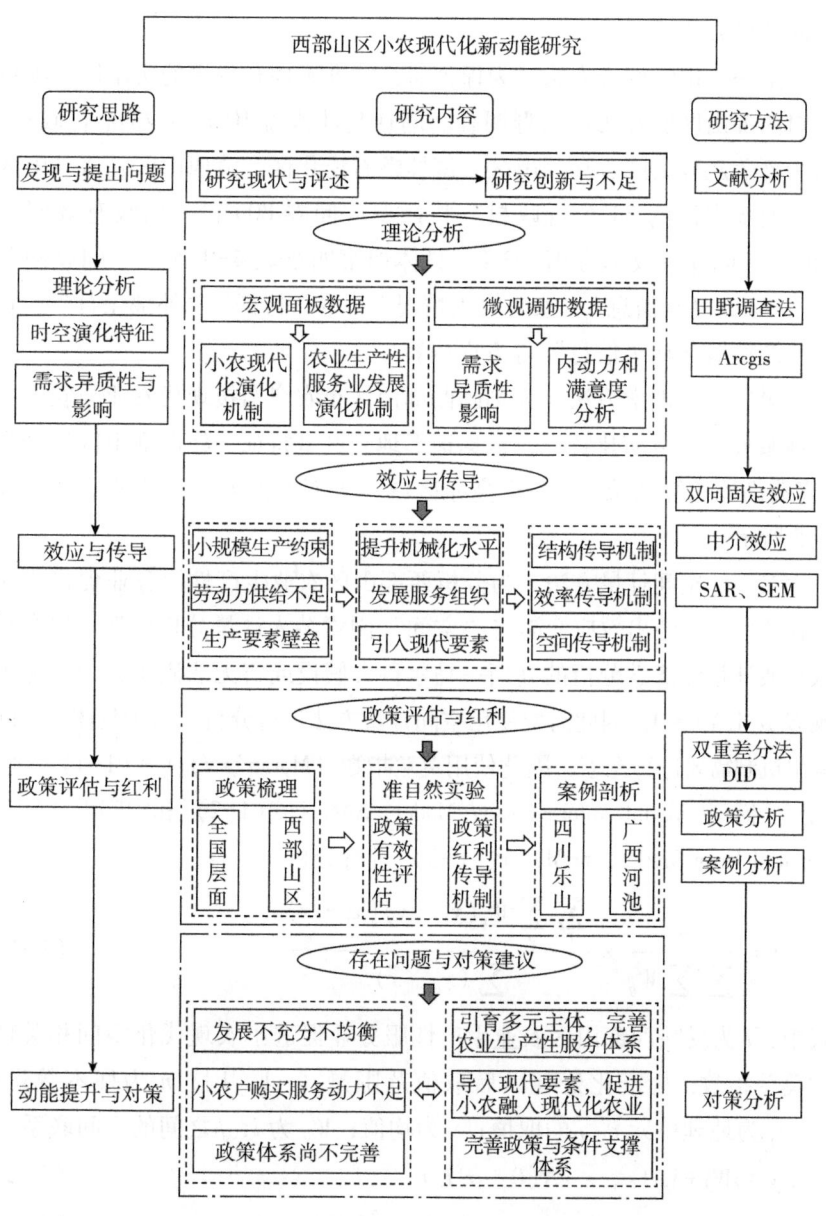

图 1-12 本书研究思路示意

二 研究方法

本书坚持理论联系实际，主要采取了田野调查方法、地理学方法、空间计量方法等。

第一,田野调查方法。为保证研究的准确性和成果的实用性,项目针对西部山区展开实地田野调查。调查共计覆盖10省区73个行政村,其中覆盖武陵山区、乌蒙山区、滇桂黔石漠化区、滇西山区、六盘山区五大西部山区的34个行政村。共计发放问卷805份,回收有效问卷740份,问卷有效率为91.93%,具体如第四章表4-1所示。问卷涵盖"农户家庭基本信息""家庭收支情况""生产特征""外部条件""农业生产性服务购买信息"等方面内容。

第二,地理学方法。为刻画西部山区小农户衔接现代农业与农业生产性服务业时空演化特征,依据地形地貌区域特征,将西部山区划分为"青藏高原边缘区域""黄土高原区域"等五类区域,具体如第三章表3-5所示。

第三,空间计量方法。为分析西部山区农业生产性服务业促进小农现代化的空间溢出效应,需将"空间"因素纳入计量分析框架,但会导致经典计量经济学分析的高斯—马尔科夫假设或将无法满足,即可能出现 $E(\mu_i \mid X) \neq 0$,因此需要使用空间计量方法进行分析。由于具体的空间溢出机制需要进行探索,因此使用莫兰指数(Moran's I)[式(1-1)]、空间滞后模型(Spatial Autoregressive Model,SAR)[式(1-2)]和空间误差模型(Spatial Error Model,SEM)[式(1-3)]进行分析。

$$I = \frac{n}{\sum_i \sum_j W_{ij}} \times \frac{\sum_i \sum_j W_{ij}(x_i - \bar{x})(x_j - \bar{x})}{\sum_i (x_i - \bar{x})^2} \qquad (1-1)$$

式中:I 为反映西部山区农业生产性服务业促进小农现代化空间相关性的莫兰指数,标准化处理以后取值范围是 [-1, 1];n 为样本数量;x_i、x_j 为地理单元 i、j 的取值;$\bar{x}$ 为均值;W_{ij} 为 i,j 之间的空间联系。

$$y = \rho W y + X\beta + \varepsilon, \quad \varepsilon \sim N(0, \sigma^2 I_n) \qquad (1-2)$$

$$y = X\beta + \mu, \quad \mu = \lambda W \mu + \varepsilon, \quad \varepsilon \sim N(0, \sigma^2 I_n) \qquad (1-3)$$

式中:W 为空间权重矩阵;ρ、β、λ 均为各类变量和误差项的系数。

第四,双重差分分析方法。为分析西部山区农业生产性服务业促进小农现代化政策的"净效应",此处引入双重差分模型,具体如式1-4所示。

$$y_{i,t}=\alpha+\beta treat_i\times time_t+\lambda_i+year_t+\eta control_{i,t}+\varepsilon_{i,t} \qquad (1-4)$$

式中：i 和 t 为地级市和时间（以年为单位）。$y_{i,t}$ 为被解释变量，表示西部山区农业生产性服务业促进小农现代化水平。$treat_i$ 和 $time_t$ 为虚拟变量，$treat_i=1$ 为处置组，即出台了相关政策的地区，$treat_i=0$ 为控制组，即未出台相关政策的地区；$time_t=1$ 表示在政策出台之后，$time_t=0$ 表示在政策出台之前。α、β、η 为待估计参数，其中交互项系数 β 为重点关注系数，表示西部山区出台农业生产性服务业政策促进小农现代化的净效应。$\varepsilon_{i,t}$ 为误差项。$control_{i,t}$ 为控制变量，λ_i 为个体固定效应，$year_t$ 为时间固定效应。

第四节　研究的创新与不足

一　研究可能的创新

本书可能存在以下三个方面的创新。

一是研究视角的创新。西部山区小农户特征明显，进入乡村振兴战略期后，小农户如何实现稳定脱贫、持续增收实现现代化发展是亟待解决的关键问题。将农业生产性服务业视为西部山区农业现代化发展的新动能，能够以专业化分工促进提质增效为引导，帮助小农户实现适度规模经营，实现数量质量双提升，进而促进小农现代化。

二是研究观点的创新。从"宏观和微观""时间和空间"等多个角度对西部山区农业生产性服务业促进小农现代化的"时空演化""需求异质性""效益传导""政策红利释放"等问题进行了较为全面的研究；针对当前西部山区农业生产性服务业促进小农现代化存在的问题，以及问题背后的深层次原因，提出了相应的对策建议。研究内容不仅能够回答西部山区"谁来种地""如何种地"等问题，同时也对推动西部山区乡村振兴战略实施提供理论指导。

三是研究方法的创新。将地理学、空间计量方法等引入西部山区农业生产性服务业促进小农现代化研究领域，并得到了较好的分析结果，为后续的相关研究提供了更为多样的研究视角和方法。

二　研究存在的不足

本书存在以下两个方面的不足。

一是田野调查范围可以进一步扩大。本书只覆盖了武陵山区、乌蒙山区、滇桂黔石漠化区、滇西山区、六盘山区等西部山区的 34 个行政村，如果能够进一步扩大田野调查范围，所得到的研究结论或将更为丰富。

二是分析对象可以进一步细化。受数据可得性限制，虽然第一章将西部山区的范围划分至县级层面，但后续的大部分研究仍集中在地级市层面，如果能够获得西部山区 309 个县（区、市）的相关数据，研究结论的实用性和创新性将得到较大幅度的提升。

第二章 西部山区小农现代化新动能的理论分析

本章首先阐述西部山区小农现代化新动能——农业生产性服务业的概念，并对小农户、现代农业等概念进行了界定。其次，分别对西部山区小农现代化的两次传统动能（"农业产业化""农业专业合作社"）和第三次新动能（"农业生产性服务业"）进行了较为详细的理论分析；在此基础上，对农业生产性服务业促进小农现代化研究涉及的相关理论进行了阐释。

第一节 相关概念的界定

一 农业生产性服务业

一般而言，服务业可以细分为生产性服务业、消费性服务业和公共性服务业。其中生产性服务业脱胎于制造业的专业化部门，其主要为制造业提供中间投入品，以提升其生产效率。农业生产性服务业是生产性服务业在农业领域的应用。农业生产性服务业概念最早由美国经济学家舒尔茨在《改造传统农业》中提出。在此基础上，后来的学者对这一概念进行了发展。关凤利和裴瑱（2010）定义为：以提升农业生产效率为产业发展目标，面向农业产前（良种供应、现代化农业机械等）、产中（新技术推广和应用等）、产后（农产品供求信息、质量检测等）三个环节提供专业化生产性服务的第三产业；赵天娥（2012）基于生产性服务业是脱胎于工业制造业内部的独立部门，将农业生产性服务业定义为，以专业化的人力资本和技术资本为主要投入方式，以提升农业生产效率为目标，面向农业生产全过程的独立性服务部门；为将农业生产性服务纳入计量经济学分析框架进行定量分析，姜长云（2016）将其进一步细化为农资配送服务、农业信息服务、农业金融保险服务、农机供应服务、农业生产技术服务、农业生产管理服务的行业，基于此，鲁钊阳（2013）、马楠和贾淑仁（2020）分别将《国民经济行业分类》（GB/T4754—2017）、《生产性服务业分类（2015）》，对应"交通运输、仓储和邮政业""信息传输、计算机服务和软件业（信息传输、软件和信息技术服务业）""金融业""租赁和商务服务业""科学研究、技术服务和地质勘查业（科学研究和技术服务业）""水利、环境和公共设施管理业"六个行业，如表2-1所示。虽然不同学者所提出的农业生产性服务业的概念略有区别，但对其能够有效推进农业发展，助力农户增收致富的积极作用秉持一致的观点。

表2-1　　　　　　　　农业生产性服务业的分类概览

	类别	行业
农业生产性服务业	产前农业生产性服务	金融业
		科学研究、技术服务和地质勘查业（科学研究和技术服务业）
	产中农业生产性服务	租赁和商务服务业
		水利、环境和公共设施管理业
	产后农业生产性服务	交通运输、仓储和邮政业
		信息传输、计算机服务和软件业（信息传输、软件和信息技术服务业）

注："行业"在不同"类别"生产性服务领域存在交叉，如"科学研究、技术服务和地质勘查业"同时涉及"产前农业生产性服务""产中农业生产性服务""产后农业生产性服务"三个类别，此处为便于概览农业生产性服务业的分类，并未列出行业之间的交叉关系。

二　小农户

农户的"大"或"小"往往从农业主体生产规模加以区分，小农户是一类小规模经营主体，是"在特定资源禀赋下以家庭为单位、集生产与消费一体的农业微观主体"（施祖法，2018）。根据世界银行所提出的标准，户均耕地小于30亩（2公顷）的农户均为小农户；中国户均耕地远低于这一水平，依照国家划定的18亿亩耕地红线，以及

2020年乡村人口数约5.1亿计算，人均耕地面积仅为3.53亩，按每户6人计算，中国户均耕地面积约为21亩。小农户经营规模一般较小，农产品种类较为单一，农业生产的标准化程度不高，农业生产方式较为粗放，生产经营目的以自给自足为主，当其面对市场各类冲击与风险时，抵御能力往往不足。与其相比，大农户一般是指农业种植大户、农场主、专业合作社等新型农业经营主体。生产经营规模大于小农户，农产品类别多样且随市场需求变化不断调整，农业生产的标准程度相对较高，农业生产方式更加集约，生产经营目的是在满足自给自足的基础上对外出售，其市场风险的抵御能力也要高于小农户。

根据农业收入占家庭总收入比重的不同，小农户大致可以分为"纯小农户""农业兼业小农户""非农兼业小农户"三类（陈航英，2019）。其中，"纯小农户"是指农户大部分家庭成员主要从事农业生产活动，农业收入是维系家庭基础支出的主要来源；虽然在农闲季节部分家庭成员也会从事一定的非农劳动，但非农收入往往较低。受"纯小农户"受教育水平相对较低、年龄偏大、家庭总收入不足等方面的影响，其在小农现代化的过程中，相关生产要素投入不足，对于新技术、新管理模式的接纳能力和接纳意愿偏弱，小农现代化的紧密度往往较为脆弱。"农业兼业小农户"是指受多重因素影响（如照顾子女、老人等），农户家庭中的青壮年主要劳动力从事农业生产活动，而年轻妇女等次主要劳动力从事非农生产活动。其农业生产活动收入占家庭总收入的50%—80%，如果去除这部分农业收入，家庭生活质量则会明显下降，因此在缺乏稳定非农收入来源和家庭中有子女、老人需要照顾的情况下，该类小农户不会轻易地与农业脱离。"非农兼业小农户"是指家庭的青壮年和年轻子女等主要劳动力已经脱离农业生产活动，仅有老人、妇女依然从事农业生产。这类农户的农业生产活动收入占家庭总收入的比重往往较低（一般在30%左右），并且为了从土地获得更多的资本收益，其会将家庭所承包土地的经营权进行流转。

无论何种类型的小农户，其在实现小农现代化的进程中均会面临两个方面的困境。第一，生产方式较为粗放。受土地细碎等农业生产规模"小"的影响，诸多现代农业要素无法较好地融入农业生产，例如：购买农机具进行机械化生产、使用新技能进行精准的作物种植、建设水利工程实现作物的精准灌溉等。而这些恰恰是现代农业所具备的特点与优势。第二，市场角色定位偏弱。一方面，伴随市场对于高品质农产品需求愈加强烈，小农户已经不能脱离良种抚育、病虫害治理、化肥农药等要素的投入，单纯依靠"自身力量"完成整个农产品种植过程。而小农户在市场购买这些要素时，由于采购量较少，往往只能作为价格的"接受者"，议价能力很弱，这便使其农业生产的收益被压缩。另一方面，面对国内新型农业经营主体（农场主、农业企业等）不断降低农业生产成本的竞争以及来自国外低价格农产品的挤压，小农户农产品价格也必须"随行就市"，其农业生产的收益被进一步压缩。数据分析显示，农民农业生产收益占比从1999年的29%下降至2010年的20%（武广汉，2012）。

三 现代农业

在1949年全国第一次农业生产会议上，周恩来同志率先提出了农业现代化发展的目标；1954年第一届全国人民代表大会的政府工作报告，将农业现代化发展作为中国"四化"建设任务之一；1961年在广州召开的中央工作会议上，周恩来同志正式将农业现代化目标设定为实现农业生产的机械化、水利化、化肥化、电气化。随着农业生产技术水平的不断提高，1979年邓小平同志将技术要素引入农业生产，并对农业现代化的概念进行了更新，其认为农业现代化不仅是生产力的现代化，同时也是生产关系的现代化（刘琦、赵明正，2018）。在此基础上，农业现代化的概念不断发展与完善。

从科学水平角度来看，现代农业是将现代化的生产技术、生产管理方式、生产装备、产品加工方法、物流交通等要素融入传统农业后所形成的产供销一体化的农业发展方式（何忠伟等，2004）。从生产方式的角度来看，传统农业生产以自给自足为主要目标，依托小农户分散化生产经营方式进行生产。与之相比，现代农业则是在满足自给自足的基础上以出售农产品获取产业利润为主要目标，以市场为载体，依托新型农业经营主体进行集约化、规模化的生产。从产业体系的角度来看，传统农业主要局限于种植业、养殖业等第一产业领域，产业体系相对较为单一。现代农业则将产业领域进一步扩展至第二、第三产业，例如：农产品深加工、农产品仓储物流、农业生产技术与信息服务等，产业系统相对更为完整（孟秋菊，2008）。当前农业已经作为一个"部门"纳入现代经济体系，分工更加明确、专业化程度持续增强、受政治和经济因素的影响也更大（陈航英，2019），其不再是单一整体而是一个更为复杂的有机统一体，并且对地区经济和农户收入的推动能力也更强（刘昕、吴志奇，2022）。

根据驱动力的不同，现代农业发展大致可以概括为"龙头企业带动型""中介组织联动型""合作社一体化型"三类（郭晓鸣等，2007）。其中，"龙头企业带动型"是指以龙头企业为主要载体，依托"龙头企业+合作社+农户""龙头企业+政府+合作社+农户"等模式，围绕几类农产品及其衍生品推动整个产业链条的稳定快速发展。在此基础之上，根据企业与合作社、农户所签订协议的完备程度来区分，可将"龙头企业带动型"进一步分为"非合作一次性博弈""非合作重复博弈""松散型""半紧密型""短期效用型""长期效用型"六个子类。[①]"中介组织联动型"是指以各类中介组织（专业合作社、联合社、供销社、协会等）为主要载体，提供涵盖产前、产中、产后等各个生产环节服务的一种群体性组织，其能够较为有效地将分散的小农户连接在一起，实现农业生产的规模效益。"合作社一体化型"是指以农业专业合作社为起点，通过合作社向企业的不断发展，为合作社内部成员和外部人员提供育种、生产、管理、加工、销售等一体化服务。这种模式往往对技术和资本等要素的投入要求相对较高，且运行成本和风险也较大。

除此之外，伴随互联网在农业领域的不断应用，农业信息化、网络化特征也愈加明显。互联网等现代化信息技术对传统农业生产方式的作用正在发生变化（李国英，2015），以互联网为纽带的农业产业可以破除信息阻隔并实现三次产业的深度融合，推动农业产业创新发展，延展农业功能属性，优化农业资源配置进而实现农业生产成本的不断降低（程瑶，2022）。

---

① 参考笔者主持的题为"滇桂黔石漠化区中药材特色产业精准脱贫研究"（16CMZ023）的国家社科基金项目。

第二节 西部山区小农现代化发展的传统动能

一 西部山区小农现代化发展第一次动能："农业产业化"

中华人民共和国成立以来，农业始终是经济社会快速稳定发展的压舱石，外汇储备、制造业发展、城镇化建设等都离不开农业和农民所作出的巨大贡献。改革开放以前，中国主要在计划体制下推动农业发展，这一过程中农业发展经历了较大幅度的波动。1953—1954 年，为提高农业生产效率，农户自发组建形成了较小规模的"互助组"（一般包含 3—5 户农户）；1954—1955 年，为放大"互助组"的规模效益，出现了"初级合作社"，农业生产规模一般在 2—30 户农户，农业生产实行土地分红和工分制；1956—1957 年，"初级合作社"得到进一步扩大，演化为"高级合作社"，农业生产规模已经达到 150—200 户农户。在此背景下，似乎出现了"一味扩大农业生产规模便能够有效推动农业经济快速发展和农民收入快速增加"的认识偏差，进而导致 1958 年 8 月起出现了"人民公社"，发展至 11 月全国已有 99%的农户加入"人民公社"，每个公社规模大概为 5000 户农户、10000 名农民，所经营的耕地面积高达 60000 亩。但是"人民公社"的出现并没有推动中国农业实现快速发展，反而在 1959—1961 年农业出现"大倒退"。1962—1978 年农业生产规模回归至 20—30 户农户组成的生产小队集体生产经营。

1978 年 12 月，党的十一届三中全会正式开启了中国改革开放的征程。农村地区家庭联产承包责任制的推行，成为改革开放在农村地区落地执行的第一步。在家庭联产承包责任制的框架下，土地以包产到户（包干到户）的形式破除了"人民公社"遗留下来农业生产的低效率性和平均主义，解决了"吃大锅饭"的制度弊端。其间，由于赋予了农民在农业生产中更多的能动性，大量的农户参与到家庭联产承包责任制当中，参与率由 1979 年的 1.02%快速攀升至 1983 年的 98%（孙圣民、陈强，2017）。与此同时，大量的劳动力解放出来，乡村农业企业数量不断增加，推动中国农业产业化发展走出了第一步。在这种背景下，西部山区农业也得到了快速发展。

观察表 2-2 及图 2-1、图 2-2 可以发现，数据所示结果和前文论述保持一致。基于家庭联产承包责任制的农业产业化发展是我国小农现代化的第一次动能，也是西部山区小农现代化的第一次动能。

表 2-2　　　1953—1980 年西部山区（部分）农业发展情况　　　单位：亿元

城市年份	遵义	毕节	铜仁	安顺	昆明	六盘水	武威	临夏	南宁	桂林	河池
1953	1.9	0.2	0.1	0.4	—	0.4	0.6	0.1	1.5	1.4	0.5
1954	2.0	0.2	0.1	0.5	—	0.5	0.6	0.1	1.5	1.5	0.5
1955	2.2	0.2	0.1	0.5		0.5	0.7	0.1	1.5	1.5	0.5
1956	2.6	0.4	0.2	0.6	—	0.6	0.8	0.1	1.5	1.5	0.6
1957	3.2	0.3	0.2	0.6	0.8	0.6	1.0	0.1	1.6	1.6	0.7
1958	3.5	0.3	0.2	0.6	—	0.6	0.9	0.1	1.6	1.7	0.7
1959	2.5	0.2	0.2	0.5		0.6	0.8	0.1	1.7	1.6	0.7
1960	2.3	0.2	0.2	0.6	—	0.5	0.6	0.1	1.4	1.2	0.6
1961	1.7	0.2	0.2	0.6		0.5	0.5	0.1	1.4	1.5	1.1
1962	2.0	0.2	0.2	0.6	0.9	0.6	0.5	0.1	1.5	1.6	1.2
1963	2.2	0.2	0.2	0.6	1.1	0.6	0.5	0.2	1.6	1.7	1.0
1964	2.6	0.3	0.2	0.7	1.1	0.6	0.8	0.2	1.8	2.0	1.2
1965	2.9	0.3	0.2	0.9	1.2	0.7	1.1	0.2	2.2	2.3	1.7
1966	3.0	0.4	0.2	0.9	1.2	0.8	1.1	0.2	2.3	2.4	1.7
1967	3.4	0.4	0.2	1.0	1.2	0.7	1.4	0.3	2.6	2.5	1.7
1968	3.7	0.3	0.2	0.8	1.2	0.7	1.3	0.3	2.5	2.4	1.7
1969	3.6	0.4	0.2	0.8	1.3	0.7	1.4	0.3	2.9	2.6	1.9
1970	3.4	0.4	0.2	0.9	1.5	0.8	1.3	0.3	3.4	2.8	2.1
1971	2.8	0.4	0.2	0.9	1.6	0.9	1.3	0.3	3.8	3.0	2.2
1972	3.7	0.5	0.2	1.1	1.8	0.9	1.4	0.3	4.3	3.2	2.3
1973	3.9	0.5	0.2	1.3	2.0	1.0	1.4	0.3	4.8	3.3	2.5
1974	3.8	0.4	0.2	1.2	1.6	0.9	1.5	0.4	5.0	3.3	2.5
1975	3.6	0.5	0.2	1.3	2.1	1.2	1.8	0.5	5.3	3.6	2.5
1976	3.7	0.5	0.2	1.3	1.8	1.1	1.7	0.4	5.2	3.6	2.4
1977	3.8	0.6	0.2	1.4	1.8	1.3	1.6	0.4	5.5	3.9	2.5

续表

年份\城市	遵义	毕节	铜仁	安顺	昆明	六盘水	武威	临夏	南宁	桂林	河池
1978	3.9	0.7	0.2	1.4	2.0	1.4	1.6	0.4	6.2	4.9	2.5
1979	3.9	0.6	0.2	1.5	2.0	1.3	1.7	0.4	6.6	5.7	3.1
1980	4.4	0.6	0.3	1.8	2.2	1.4	1.9	0.5	7.0	6.1	3.9

资料来源：地方统计年鉴，由 EPS 数据整理。

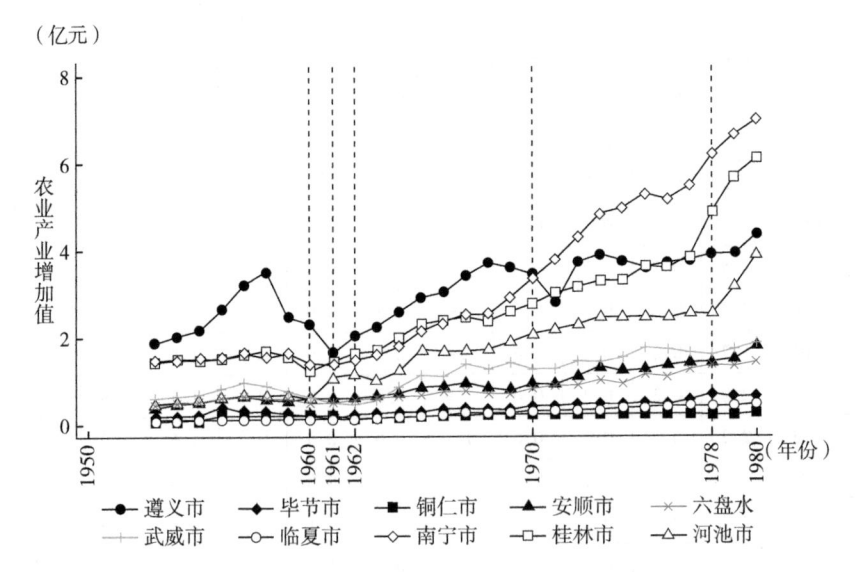

图 2-1　1953—1980 年西部山区（部分）农业产业发展趋势

资料来源：地方统计年鉴，由 EPS 数据整理。

二　西部山区小农现代化发展第二次动能："农业专业合作社"

虽然家庭联产承包责任制有效推动了农业的快速发展，但同时也将中国农业的基本格局锁定在了"大国小农"格局，与规模化生产相比，小农生产面临更高的生产成本和市场冲击风险，因此为缓解诸如此类不利因素的影响，20 世纪 80 年代农业专业合作社应运而生，其作为"小农户"和"大市场"的桥梁，有效提升了小农户与市场经济的对接能力，成为推动中国小农现代化的第二次动能（冀名峰，2018）。2004—2021 年连续十八年中央一号文件均提到了农民合作社的发展，据国家市场监督管理总局公布的数据，全国农民专业合作社数量已经由 2007 年

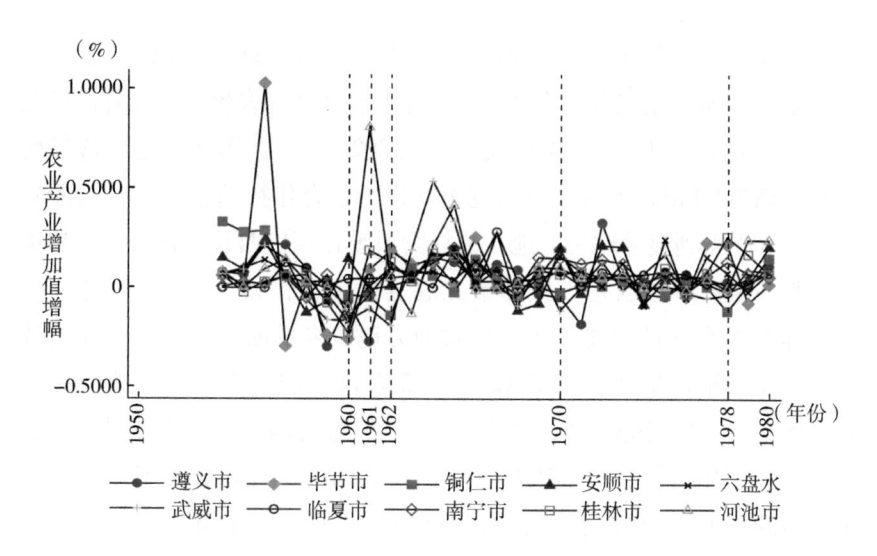

图 2-2　1953—1980 年西部山区（部分）农业产业增速发展趋势

资料来源：地方统计年鉴，由 EPS 数据整理。

的 2.6 万家增长至 2021 年的 225.9 万家、联合社超过 1.4 万家。

依据合作社是否参与土地承包经营权流转以及领办主体的差异性，西部山区农业合作社主要有两种模式（邢锴，2019）。第一，紧密型合作社。农户将自身土地承包经营权流转入股至合作社，入社农户土地作为合作社的资产由合作社统一规划与使用，所生产的农产品归合作社所有。在这种模式的合作社中，农户收益有两个主要渠道：其一，根据农户流转土地所对应的入股份额，分享合作社的发展红利；其二，农户为合作社提供有偿农业生产劳动并获取相应工资报酬。第二，松散型合作社。农户同样将自身土地承包经营权流转入股至合作社，但流转后的土地仍然由农户进行耕作，合作社主要为农户提供种苗、化肥、技术指导等中间性投入，农户则根据合作社的质量要求以不低于市场平均价格的水平向合作社出售农产品。在这种模式的合作社中，农户收益有三个主要渠道：其一，根据农户流转土地所对应的入股份额，分享合作社的发展红利；其二，根据农民与合作社之间的农产品交易体量，分享合作社的经营红利；其三，向合作社出售农产品获得的销售收入。

地处乌蒙山区云南省曲靖市的会泽县以发展农业专业合作社为抓

手,有效推进了农业产业链的不断延伸。"会泽县峰源种植专业合作社"是"曲靖市重点龙头企业""云南省示范家庭农场""云南省科技型中小企业",2012年合作社成立,至2022年,合作社土地经营规模已经达到3000亩,覆盖农户超过100户。在合作社的带动下,当地农户生活水平得到显著改善。地处滇桂黔石漠化区广西壮族自治区桂林市的龙胜各族自治县建立"桂林市龙胜县供销合作社",通过构建"三位一体"的合作社发展模式,有效助力地区乡村振兴。在合作社的带领下,罗汉果种植面积由2012年的2万亩增加至5万亩,销售额达到1.5亿元。在此基础上,合作社进一步为贫困社员提供免费种苗,化肥农药先用后付,在解决其资金约束的同时,有效激发了全县罗汉果种植的发展活力[①]。甘肃省武威市的天祝藏族自治县天堂镇,依托"专业合作社+家庭农场+农户"的方式,建立"富民源中药材种植合作社"大力发展中药材产业,合作社2012年成立,至2022年社员已经超过100户,种植规模合计达到500亩,合作社为农户中药材种植提供种苗和技术指导。以中药材羌活种植为例,亩均产值可以达到15000元,农户每年增收达到4万元,这为农户增收致富提供了强有力的支撑。

第三节 西部山区小农现代化发展的新动能

农业生产性服务业之所以被认为是西部山区小农现代化发展的新动能,主要是因为建立在对西部山区农业发展基本情况和发展困境的客观判断之上。第一,西部山区小农现代化发展长期面对"大国小农"的约束。第三次全国农业普查数据显示,就中国整体层面而言,小农户数量占农业经营主体的98%以上,小农户从业人员占农业从业人员的90%[②],与全国相比,受区域地形地貌特征的影响,西部山区"小农户"特征更为明显。如何促进小农户与大市场有效衔接是西部山区小农现代化发展进程中亟待破解的第一个矛盾。第二,伴随中国经济社会的不断发展,老龄化问题日渐突出,农业劳动力供给量将由长期过剩转

---

① http://cunguan.youth.cn/cgxw/202209/t20220901_13966224.htm.
② http://finance.sina.com.cn/roll/2019-03-01/doc-ihrfqzkc0355362.shtml.

变为供给不足，并且这种下降趋势将在一段时期内保持稳定（李崇梅等，2018），西部山区也不例外；与此同时，劳动力工资水平则持续提升，如小麦、水稻、玉米等农作物的劳动力雇工工资已经由1998年约20元/天增加至约90元/天（杨进等，2016），如何在劳动力供给不足、成本不断提升的客观条件下实现压缩农产品生产成本的目标是亟待破解的第二个矛盾。第三，农业生产技术日益革新，如无人机喷药、短视频直播带货、智慧农业（无人值守）等，这些新技术的应用均需要一定的知识储备，然而当前西部山区农业从业人口大多为妇女、儿童和老年人构成的"386199"群体，加之农业人口受教育水平与全国的差距持续扩大，1982年二者相差0.3年，发展至2019年差距已经扩大至1.4年（刘厚莲、张刚，2021），如何帮助西部山区农业人口借助日新月异的新技术从事农业现代化生产是亟待破解的第三个矛盾。

而农业生产性服务业恰恰能够较为有效地同时解决西部山区小农现代化发展进程中这三个方面的主要矛盾。其一，以土地流转为抓手破除西部山区土地资源约束是促进小农户与大市场有效衔接的重要途径之一；面向农户农业生产的实际需求，将社会各类资本引入农业发展领域，为农户提供专业化的生产性服务供给，也能够以生产性服务为纽带将大量的小农户彼此连接，形成服务型规模化生产，进而降低生产成本，提高农业收益，这是西部山区在小农现代化发展进程中破除土地资源约束、促进小农户与大市场有效衔接的另一个重要途径。其二，通过购买农业生产性服务，农户通过租借的方式将农业生产机械引入农业生产过程，使其能够借助现代化的农业生产手段解决劳动力供给不足以及因劳动力成本不断提升所带来农产品生产成本增加的问题；在此基础上，将农业生产机械引入农户尤其是小农户的生产过程可以有效推广标准化生产，提升农业生产效率以及农产品质量、增加单位面积产量，有助于农户实现节本增收。其三，农业生产性服务业本身具有资本密集、技术密集、高度市场化等特点（张恒、郭翔宇，2021），发展农业生产性服务业，通过培育新型农业服务主体，以市场方式将各类农业现代生产要素导入西部山区农业生产过程，在助力西部山区农户有效跨越农业发展进程中所面临的技术和知识门槛的同时，促进农业"质""量"双提升。如图 2-3 所示。

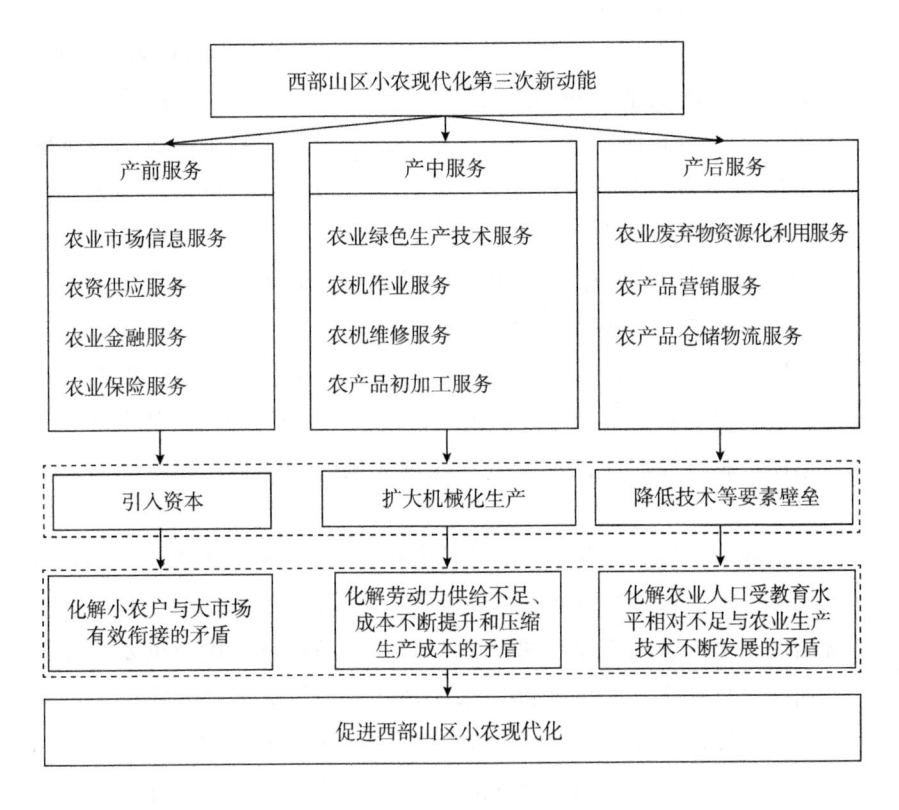

```
                    ┌──────────────────────────┐
                    │ 西部山区小农现代化第三次新动能 │
                    └──────────────────────────┘
           ┌─────────────────┼─────────────────┐
           ▼                 ▼                 ▼
   ┌───────────────┐ ┌───────────────┐ ┌───────────────┐
   │    产前服务    │ │    产中服务    │ │    产后服务    │
   │ 农业市场信息服务 │ │农业绿色生产技术服务│ │农业废弃物资源化利用服务│
   │   农资供应服务  │ │  农机作业服务   │ │  农产品营销服务  │
   │   农业金融服务  │ │  农机维修服务   │ │农产品仓储物流服务│
   │   农业保险服务  │ │农产品初加工服务 │ │                │
   └───────────────┘ └───────────────┘ └───────────────┘
           ▼                 ▼                 ▼
   ┌───────────────┐ ┌───────────────┐ ┌───────────────┐
   │    引入资本    │ │  扩大机械化生产 │ │ 降低技术等要素壁垒│
   └───────────────┘ └───────────────┘ └───────────────┘
           ▼                 ▼                 ▼
   ┌───────────────┐ ┌───────────────┐ ┌───────────────┐
   │化解小农户与大市场│ │化解劳动力供给不足│ │化解农业人口受教育水│
   │  有效衔接的矛盾 │ │成本不断提升和压缩│ │平相对不足与农业生产│
   │                │ │  生产成本的矛盾 │ │技术不断发展的矛盾 │
   └───────────────┘ └───────────────┘ └───────────────┘
                    ┌──────────────────────────┐
                    │    促进西部山区小农现代化    │
                    └──────────────────────────┘
```

图 2-3　西部山区小农现代化发展第三次新动能的理论结构

第四节　农业生产性服务业促进小农现代化理论依据

一　规模经济理论

规模经济理论是新古典经济学代表性学者马歇尔 1890 年在《经济学原理》中提出的："大规模生产的利益在工业上表现得最为清楚。大工厂的利益在于：专门机构的使用与改革、采购与销售、专门技术和经营管理工作的进一步划分。"并指出规模经济形成的两种途径，分别为内部规模经济和外部规模经济。内部规模经济是依赖个别企业对资源的充分有效利用、组织和经营效率的提高形成的，外部规模经济则是依赖多个企业之间因合理的分工与联合、合理的地区布局等形成的。在此基础上，马歇尔还进一步研究了规模经济报酬的变化规律，即随着生产规模的不断扩大，规模报酬将依次经过规模报酬递增、规模报酬不变和规模报酬递减三个阶段：第一阶段，规模报酬递增是指产量增加的比例大于各种生产要素增加的比例。例如，当全部的生产要素（劳动和资本）都增加100%时，产量的增加大于100%。产生规模报酬递增的主要原因是企业生产规模扩大带来生产效率的提高。第二阶段，规模报酬不变是指产量增加的比例等于各种生产要素增加的比例。例如，当生产要素（劳动和资本）都增加100%时，产量也增加100%。产生规模报酬不变的主要原因是生产组合上的调整受到了技术上的限制。第三阶段，规模报酬递减是指产量增加的比例小于各种生产要素增加的比例。例如，当全部的生产要素（劳动和资本）都增加100%时，产量的增加小于100%。产生规模报酬递减的主要原因是企业生产规模过大，使生产的各个方面难以得到协调，从而降低了生产效率。

规模经济理论在我国农业领域的运用也很广泛。农业规模经济是指农业生产或经营规模的扩大而引起的成本下降和产出的增加。农业规模经济的形成途径，也分为内部规模经济和外部规模经济。农业内部规模经济是指随着农业产出量的增加而发生的单位成本下降。如在农业中通过土地规模的扩大、物质技术的适量投入以及劳动力的节省，从而提高土地产出率等而取得的规模效益，即属于农业内部规模经济效益。农业内部规模经济产生的原因：一是农产品成本中可变费用虽然随着产量的增加而增加，但固定成本在一定规模范围内并不随着产出量的增加而增加，因此分摊到单位产品上的固定成本必然会随产出量的增加而减少，单位产品成本下降。二是随着产量达到较高水平，农业生产者之间的分工有可能进一步深化，可以实行集约化经营，提高劳动生产率，减少单位产品中分摊的劳动力费用，从而降低成本，获得规模经济。农业外部规模经济是指不承担农业成本支出而获得的利益，包括与农业规模无关的市场条件、物质技术服务的改善而带来的经济效益。农业外部规模经济产生的主要原因：一是经济发展，农产品市场兴旺，各农业生产单位因产品销路畅达而持续增加生产，普遍获得较好的规模经济效益，降低了成本。二是整个农村经济的发展促进了农业内部的分工和农业服务化体系的完善，使整个农业部门都能得到效率更高的服务，从而降低了各个生产单位的成本，分享了社会分工所产生的规模经济效益。三是农业生产单位不付任何费用而从其他方面得到的利益，如无偿使用农业科学技术成果、无偿利用整个社会科学技术水平提高所带动的劳动力素质提高而产生的社会经济效益等。

随着中国农业现代化建设的发展，逐渐走出了适合中国特色的社会主义农业规模经济模式，即发展农业适度规模经营。一是在坚持家庭承包经营的基础上，通过土地流转、土地托管、合作经营和订单农业等形式，推进农业适度规模经营，实现千家万户的小生产与千变万化的大市场有效对接，进一步激发农业和农村经济活力；二是把发展农业生产性服务业作为实现农业适度规模经营的重要途径，综合依托政府引导和市场调节，面向农户农业生产全过程，发展农业生产性服务，推动广大农户参与实施标准化生产，打造农产品品牌，充分发挥以服务为纽带推动农业规模经营的辐射效应，推动传统农业向农业集约化、规模化发展和转变；三是面对农村劳动力大量外出打工，土地撂荒的现状，农业现代化、城镇化建设快速推进的新形势，农资企业要加快转型升级，创新经营模式，积极探索开展农资集中供应、病虫害统防统治、机耕、机播、机收、农产品统一销售等系列化农业生产性服务，通过合作式、订单式、托管式方式，实现规模服务，推进农业适度规模经营。

二 专业分工理论

1776年亚当·斯密在《国民财富的性质和原因的研究》中首次提出了劳动分工的观点，并以"曲别针"制造为例，系统全面地阐述了劳动分工可以提高劳动生产效率，从而推动国民经济增长，增加国民财富。与此同时，亚当·斯密指出分工会受到市场规模的限制，即"市场决定分工"。市场的扩大是分工深化的必要条件，交易费用是影响市场扩大的关键因素。由于只考虑市场扩张会造成外生交易费用，而忽略交易制度的不完善和法律制度的不健全也会产生内生交易费用，该理论具有一定的局限。

1928年英国经济学家阿林·杨格发表了《报酬递增与经济进步》，他深化了亚当·斯密有关分工受市场规模限制的观点，指出劳动分工取决于市场规模，而市场规模又取决于劳动分工。经济进步的可能性就存在于上述条件之中，即杨格定理。定理主要包括三个方面：一是产业分工和专业化是报酬递增得以实现的一个基本条件，即报酬递增是分工的结果，同时还必须把产业经营看作相互联系的整体。二是劳动分工取决于市场规模，但同时又会影响市场规模的变化。三是报酬递增是生产的资本化或迂回的生产，即分工可利用迂回的生产方式。简而言之，杨格的思想可以概括为市场的大小不仅受人口规模的影响，也受购买力的影响，购买力受制于生产率，而生产率又依赖分工水平。这样一个动态机制产生了某种良性的循环，使分工得到深化、市场规模得到扩张。除此之外，分工的网络效应又促成了市场规模与分工程度的相互依赖。杨格把经济增长过程理解为分工深化，生产迂回环节增加，生产迂回方式改进，技术不断进步，产品价格持续下降，需求和市场不断扩展并导致分工进一步深化的循环动态过程，使亚当·斯密定理得到动态化发展，从而超越了其关于分工受市场规模限制的思想。但是杨格无法将他的理论数字化，因此未能得到主流经济学的重视，也就没有引起学者对专业化分工问题的关注。

20世纪50年代，由于线性规划和非线性规划方法的产生，给研究专业化分工提供了有力的实证工具。新古典经济学派的经济学家运用超边际分析方法将古典经济学中关于分工和专业化的思想转变为决策和均衡模型，扬弃了新古典经济学中消费者与生产者绝对分离的假定，改用"专业化经济"而非"规模经济"的概念，并综合考虑各种交易费用的一般均衡意义，建立了新古典经济学的分析框架。新古典经济学认为分工水平决定报酬递增程度，分工不仅受市场的大小决定，还受分工的收益与交易成本约束；分工与交易效率是生产的两个方面，二者相互促进；只有在交易效率最优时才能达到资源配置帕累托最优，这样，局部均衡和局部帕累托最优才能实现；而要想实现整个国民经济体系帕累托最优，则必须确保资源配置和分工结构同时实现最优。他们通过构建均衡模型认为，农业领域同样存在分工。农业生产性服务业的发展便是农业生产全过程分工经济的充分展现。具体可以理解为，将农业生产过程细分为产前（农业信息服务、金融保险服务）、产中（农资供应服务、农业技术服务、农机作业服务）和产后（加工销售服务）三个环节，依托专业化的服务主体，"让专业的人做专业的事"，进而实现"专业化经济"。

三　产业集群理论

1990 年美国经济学家麦克尔·波特在其代表作《国家竞争优势》一书中提出了产业集群理论。其含义是：在某一特定领域内互相联系的、在地理位置上集中的公司和机构的集合。它包括一批对竞争起着重要作用的、相互联系的产业和其他实体。如原材料、零部件、机器和服务等专业化投入的供应商和专业化设施的提供者；销售渠道和客户；辅助性产品的制造商以及与技能或投入相关的产业公司；提供专业化培训、教育、信息研究和技术支持的政府和其他机构等。如图 2-4 所示。

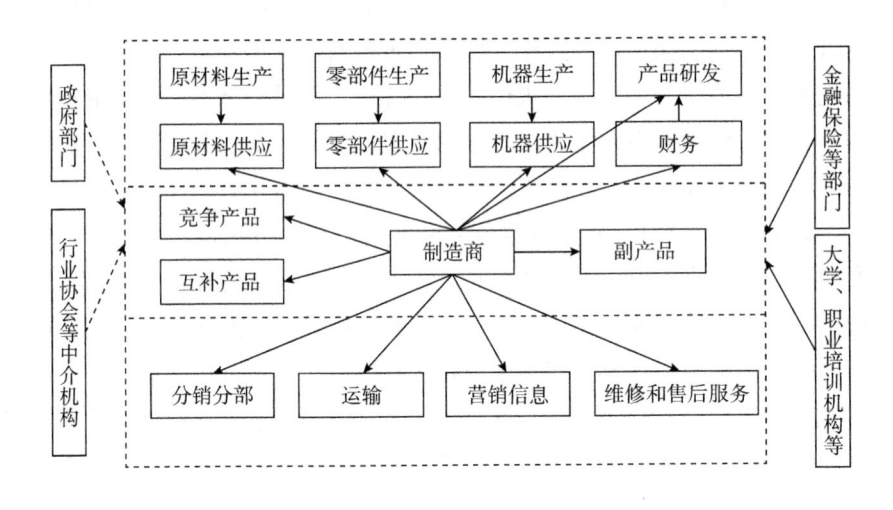

图 2-4　麦克尔·波特产业集群化发展示意

从总体来看，产业集群具有以下四个特点。第一，以中小企业为主的企业规模结构与空间集聚性特征。产业集群以中小企业为主，但同时也包括一些大企业或者跨国公司。从动态角度来说，随着产业集群的发展，集群内部会有少数中小企业逐渐成长为规模较大的企业，甚至有可能进一步发展为跨国公司，比如浙江温州柳市镇低压电器产业集群就已经出现了德力西、正泰等大企业集团；宁波服装产业集群也有雅戈尔、杉杉等大型企业。在经济全球化的背景下，成功的产业集群也会吸引一些区外大企业、海外跨国公司等。但是以上两方面的因素都不能改变产业集群在数量上以中小企业为主的特征。这些中小企业在大城市的近郊区或中小城市（镇）集聚成群，空间上的接近使经济活动高度密集，可以较容易地获得专业化、具有弹性的劳动力供给。

第二，专业化特征。产业集群的专业化特征具体表现为区域的专业化和集群内部生产（经营）的专业化。区域的专业化是指生产同一类型产品的中小企业在特定的区域内集聚，使因生产某一产品而形成的产业集群和特定的地区紧密联系起来，如温州柳市低压电器产业集群、大唐袜业集群、绍兴纺织产业集群、中关村高新技术产业集群等。集群内部的生产（经营）的专业化是指在产业集群内部，各个主体之间的分工比较明确，企业之间的联系主要是建立在专业化分工的基础上，由于这种专业化分工，使产业集群内部企业之间的架构比较稳定，减少企业之间的交易成本，如浙江苍南县金乡镇是全国最大的铝制标牌和徽章生产基地，已经成为典型的标牌和徽章产业集群。

第三，网络化特征。网络化是产业集群的结构特征。在产业集群中，许多处于同一产业或具有紧密产业联系又各自独立的企业及其相关机构（如大学、研究院所、中介机构、相关政府部门等）在同一区域聚集，不仅形成了基于专业化分工的交易网络和基于技术同源、技术衔接和技术交叉或组合的技术网络，而且由于企业之间、人员之间长期频繁的正式或非正式接触，基于共同的地域文化、产业文化和复杂的人缘关系形成了社会网络。可见，产业集群是一种交易网络（经济网络）、技术网络和社会网络相互交织的地方网络。

第四，经济外部性特征。主要包括技术的外部性和市场的外部性。技术的外部性强调集群成员在生产函数（技术）上的相互依赖，一方面表现为集群内知识的溢出，包括技术知识、技术诀窍、需求信息、供给信息、经营经验等知识的溢出；另一方面，表现为模仿创新在集群内具有普遍性，企业创新利益不能完全被创新者独占，还会溢出到集群内的其他成员中。市场的外部性强调集群成员在市场上的相互依赖，产业集群具有信息的集聚和分享功能。这种功能主要表现为，集群内汇集了主导产品及其相关中间产品的供求、成本、价格、技术、质量、款式和品种等大量的市场信息，同时汇集了专业化供应商和专业化服务提供者的相关信息，使集群内各主体快捷地了解到市场行情的变化，节约了搜寻市场信息的费用。市场的外部性还表现为集群内部的所有成员共享区位品牌，产业集群往往还促使专业市场的形成，如绍兴的中国轻纺城、永康的中国科技五金城、温州的纽扣市场、台州路桥的塑料制品市场等。此外，还会导致外部不经济。产业集群引起人口、资本在有限地域的过度集聚也会导致土地成本和人工成本增加、高技能员工短缺且跳槽频繁、电力短缺、生态环境恶化等不利情况，因此产业集群应保持适度的规模。

伴随产业集群的发展，也产生了很多新的模式，农业生产性服务业就是其中之一。它是以传统农户的农业生产为中心，大量具有共性和互补性的专业化的相关服务主体（企业、机构等）做支撑，由农户、企业及市场形成的密集柔性网络合作群体。现在，乡村振兴与农业农村现代化进入了新的发展阶段，农业生产性服务业作为产业振兴的重要助推器，是现代农业产业发展的趋势之一，有利于提高农业产业的竞争力，提高农民的收入，促进广大农户尤其是小农户实现现代化等。

第五节　本章小结

为进一步明确研究对象的范围，首先对"农业生产性服务业""小农户""现代农业"三个基本概念进行了界定与讨论。其次，在此基础上，分别对西部山区小农现代化的三次动能进行了理论分析。其中，第一次传统动能是农业产业化，第二次传统动能是"农业专业合作社"，第三次新动能是"农业生产性服务业"。最后，综述了农业生产性服务业促进小农户现代化的三个理论依据，即"规模经济理论""专业分工理论""产业集群理论"。

第三章 西部山区小农现代化新动能发展的时空演化特征

本章为探究西部山区小农现代化水平及其现代化新动能——农业生产性服务业发展的时空演化特征，在构建"小农现代化水平"和"农业生产性服务业发展状态评价指标体系"的基础上，对2009—2020年西部山区所辖48个城市的小农现代化水平和农业生产性服务业发展状态进行了测度；基于测度结果，综合使用地理学和经济学分析方法，分别从"时间""空间""结构"等维度刻画分析了西部山区小农现代化水平以及现代化新动能——农业生产性服务业发展的时空演化特征。

第一节 方法选取与指标设定

一 方法选取

在方法选取上，本章主要采用层次分析法与熵权法分别测算西部山区小农现代化与农业生产性服务业发展状态的各项指标权重，结合线性加权法对西部山区小农现代化水平与农业生产性服务业的发展水平进行综合评价，在此基础上，利用GIS空间分析法探究其时空演化特征。

（一）层次分析法

层次分析法（Analytic Hierarchy Process，AHP）是由美国运筹学家托马斯·萨蒂于20世纪70年代初首次提出的运用定量分析方法解决系统分析与决策等定性问题的一种多准则决策方法（铁永波、唐川，2006）。具体而言，该方法是将一个复杂的多重目标决策问题分解为多个单次目标或单重准则，进而分解为由多个指标构成的若干个有序层次，并通过定性指标模糊量化方法计算出对应的层次权重系数，以作为多目标或多方案优化决策的系统方法的重要支撑。

（二）熵权法

熵权法（Entropy Weight Method，EWM）是根据指标变异程度大小确定客观权重以解决复杂的多目标综合评价问题的一种分析方法（江新、余璐，2016）。其中"熵"广泛运用于信息论中，通过熵值大小可以度量某个指标的离散程度或不确定性信息。具体而言，某个指标的信息熵越小，表明指标变异程度越大，则提供的信息量越多，因而指标在综合评价中的重要性越大，其权重赋值越大；反之，若某个指标的信息熵越大，表明指标变异程度越小，则提供的信息量越少，因而指标在综合评价中的重要性越小，其权重赋值越小。

二　指标设定与数据来源

（一）指标设定

在考虑西部山区小农现代化水平的评价问题时，既要遵循农业现代化发展水平评价指标制定的典范性、科学性等原则，又要充分结合研究区域的特殊情况，确定相关具体指标。因此，本书基于上述指标设定原则，将西部山区小农现代化水平视作目标层（A），参照学者相关研究成果（贾登勋、刘燕平，2014），构建涵盖农业发展水平（$B1$）、农业结构水平（$B2$）、农业生产效率水平（$B3$）、农民收入水平（$B4$）4个方面的准则层（B），并结合西部山区小农现代化的具体情况，进而细致划分出与四个准则层指标相对应的指标层（C），分别是农业总产值（$C1$）、粮食产量（$C2$）、经济结构（$C3$）等。从整体上构建出涵盖4个二级指标和13个三级指标的西部山区小农现代化水平评价指标体系，如表3-1所示。

在考虑农业生产性服务业发展水平时，根据西部山区实际情况，依据指标选取的科学性、可比性、价值性等原则，将农业生产性服务业发

表 3-1　　　　　西部山区小农现代化水平评价指标体系

目标层 A	准则层 B	指标层 C
小农现代化水平	农业发展水平（B1）	农业总产值（万元）（C1）
		粮食产量（吨）（C2）
		经济结构=农业总产值/生产总值（C3）
		城镇化水平（C4）
	农业结构水平（B2）	农林水事务支出（万元）（C5）
		财政支农=农林水事务支出/地方财政总支出（%）（C6）
		农作物结构=粮食作物播种面积/农作物总播种面积（%）（C7）
		人均农作物播种面积=农作物总播种面积/乡村人口数（亩/人）（C8）
	农业生产效率水平（B3）	机械化水平=农业机械总动力（千瓦时）（C9）
		亩均农作物化肥施用量=化肥施用量/农作物总播种面积（千克/亩）（C10）
	农民收入水平（B4）	农村居民人均可支配收入（元）（C11）
		乡村人均农业产值=农业总产值/乡村人口数（元/人）（C12）
		收入分配=城镇居民人均可支配收入/农村居民人均可支配收入（C13）

展水平视作目标层（A），参照已有学者相关研究（江胜名、阮凯，2022），构建涵盖经济效益水平（B1）、科学技术水平（B2）、基础设施建设水平（B3）3 个方面的准则层（B），并结合西部山区农业生产性服务业的具体情况，进而细致划分出与 3 个准则层指标对应的指标层（C），分别是农林水事务支出（C1）、农林牧渔业总产值（C2）、农林牧渔服务业总产值（C3）等。从整体上构建出涵盖 3 个二级指标和 10 个三级指标的西部山区农业生产性服务业发展水平评价指标体系，如表 3-2 所示。

（二）数据来源

基于 EPS 数据库、中国经济社会大数据研究平台所提供的历年《中国统计年鉴》《中国农村统计年鉴》《国民和经济发展统计公报》等，得到本章所用西部山区相关数据。表中数据有两点需要说明，其一，农用化肥折纯量以实物量中氮肥 28.89%、磷肥 21.83%、钾肥 34.50%、

表 3-2　西部山区农业生产性服务业发展水平评价指标体系

目标层 A	准则层 B	指标层 C
农业生产性服务业发展水平	经济效益水平（B1）	农林水事务支出（万元）（C1）
		农林牧渔业总产值（亿元）（C2）
		农林牧渔服务业总产值（万元）（C3）
		粮食单位面积产量=粮食产量/粮食作物播种面积（公斤/公顷）（C4）
	科学技术水平（B2）	农业机械总动力（千瓦时）（C5）
		农用化肥折纯量（吨）（C6）
		邮电业务总量（万元）（C7）
	基础设施建设水平（B3）	货物周转量（万吨公里）（C8）
		货物运输量（万吨）（C9）
		公路里程（公里）（C10）

复合肥43.88%进行折算；其二，对于少数缺失值采用插值法补齐。为了消除指标不同及量纲不同所带来的影响，此处采用极值标准化即归一化处理方法对原始数据进行处理，具体如式3-1所示：

$$X=(X'-X'_{min})/(X'_{max}-X'_{min}) \tag{3-1}$$

式中，X为数据标准化值，取值范围为[0, 1]；X'为原始数据值；X'_{min}为原始数据最小值；X'_{max}为原始数据最大值。

第二节　西部山区小农现代化水平时空演化特征与机制

一　西部山区小农现代化水平的时空演化特征

（一）西部山区小农现代化水平评价

在表3-1所述的指标体系基础上，使用层次分析法进一步确定由农业发展水平（B1）、农业结构水平（B2）、农业生产效率水平（B3）、农民收入水平（B4）四个方面所组成的准则层B相对于目标层A的判断矩阵和指标层（C1—C13）相对于准则层B的判断矩阵。同时，为提升小农现代化水平测度的科学性，此处使用德尔菲法（Delphi method）共计发放专家问卷 31 份，回收有效问卷 31 份，问卷有效率为 100%，用于确定各级指标权重，具体如表 3-3 所示。

表 3-3 西部山区小农现代化水平指标权重

目标层 A	准则层 B	权重	指标层 C	权重
小农现代化水平	农业发展水平 B1	0.126	农业总产值 C1	0.056
			粮食产量 C2	0.021
			经济结构 C3	0.021
			城镇化水平 C4	0.009
			农林水事务支出 C5	0.019
	农业结构水平 B2	0.112	财政支农 C6	0.084
			农作物结构 C7	0.028
	农业生产效率水平 B3	0.488	人均农作物播种面积 C8	0.044
			机械化水平 C9	0.222
			亩均农作物化肥施用量 C10	0.222
	农民收入水平 B4	0.247	农村居民人均可支配收入 C11	0.067
			乡村人均农业产值 C12	0.024
			收入分配 C13	0.184

基于表 3-3 指标权重，代入标准化后指标层数据，得到西部山区小农现代化水平测度结果①。

需要注意的是，西部山区分布较为分散，既有集中分布在西北地区的六盘山区，也有集中分布在西南地区的滇桂黔石漠化区、滇西山区等，还有集中分布在中西部地区的武陵山区等。为科学分析西部山区小农现代化水平的时空演化特征，此处基于中国陆地地形地貌特征，借鉴地理区域划分方法，根据海拔、气候、河流、地貌等地理特征对区域进行划分（顾晶晶等，2022），将中国从整体上划分为四类区域，分别是"四大高原"（青藏高原、内蒙古高原、云贵高原和黄土高原）、"四大盆地"（塔里木盆地、准噶尔盆地、四川盆地、柴达木盆地）、"三大

---

① 2009—2020 年西部山区小农现代化水平测度结果如附件 1 所示。

平原"（东北平原、华北平原、长江中下游平原）以及"辽东丘陵、山东丘陵、东南丘陵等丘陵地带"。在此基础之上，结合西部山区农业生产方式、生产力发展水平等因素，将48个西部山区地级市划分为五类区域，分别是"青藏高原边缘区域"[①]"黄土高原区域""云贵高原区域""秦岭—淮河线以南云贵高原以东区域"[②]"大兴安岭区域"，具体如表3-4所示。

表3-4　　　　　　　　西部山区地理区域划分

西部山区所归属省（区）[③]	西部山区归属地理区域
青海省、四川省、云南省西部	青藏高原边缘区域
甘肃省、宁夏回族自治区	黄土高原区域
云南省东部、贵州省	云贵高原区域
湖南省、湖北省、广西壮族自治区	秦岭—淮河线以南云贵高原以东区域
内蒙古自治区	大兴安岭区域

（二）西部山区小农现代化水平时序特征

基于2009—2020年西部山区小农现代化水平测度数据，在此基础之上，参照表3-4所示西部山区地理区域划分方法，从区域性视角展开分析。2009—2020年西部山区五类区域小农现代化水平增速的时序变化，如图3-1所示。

基于图3-1所示结果可以发现：（1）从区域差异性视角来看，不同年份西部山区五类区域间小农现代化水平的增速波动较为明显；（2）从"指标层"视角来看，不同西部山区驱动小农现代化水平提升的主要动力存在一定差别。

[①] 主要包括横断山脉、川西高原、松潘高原、陇中高原及其向祁连山脉方向延伸的部分区域。
[②] 在本书中表示包括长江中下游平原、东南丘陵和两广丘陵等地区。
[③] 云南省位于云贵高原和横断山脉的交界过渡区域，因此在地域划分时，以云贵高原和横断山脉的分界线"玉龙雪山—苍山—哀牢山"一线为界将云南省划分为东部与西部。

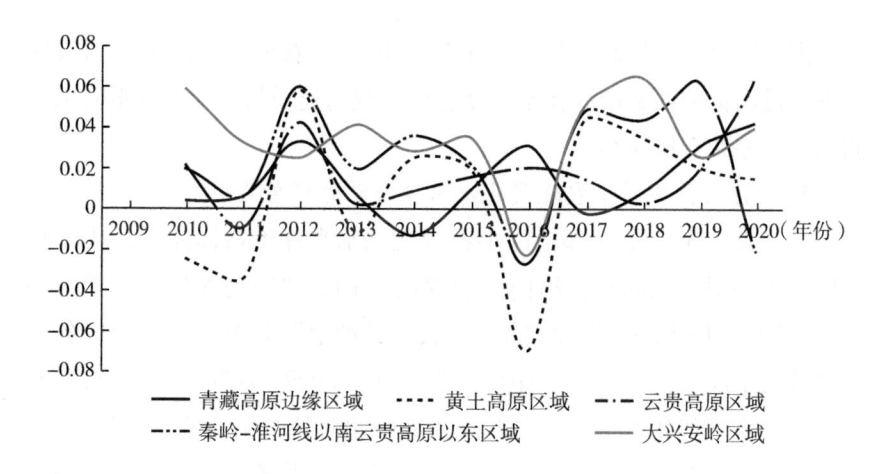

图 3-1　2009—2020 年西部山区五类区域小农现代化水平区域增速时序特征

1. 西部山区五类区域小农现代化水平的增速波动较为明显

（1）2011 年西部山区五类区域小农现代化水平增速情况为，"大兴安岭区域">"秦岭—淮河线以南云贵高原以东区域">"青藏高原边缘区域">"云贵高原区域">"黄土高原区域"，其中"云贵高原区域"和"黄土高原区域"增速分别为-1.04%和-3.52%，均出现负增长；（2）2012 年"秦岭—淮河线以南云贵高原以东区域">"黄土高原区域">"云贵高原区域">"青藏高原边缘区域">"大兴安岭区域"，均保持正增长；（3）2016 年"青藏高原边缘区域">"云贵高原区域">"大兴安岭区域">"秦岭—淮河线以南云贵高原以东区域">"黄土高原区域"，其中仅有"青藏高原边缘区域"和"云贵高原区域"保持正增长，增速分别为3.06%、2.01%。

2. 西部山区整体小农现代化水平增速突变明显

（1）2011 年、2016 年，由于"云贵高原区域"和"黄土高原区域"所含西部山区面积大于其他区域所含西部山区面积，同时这两类区域所含西部山区小农现代化水平出现负增长，因此两者叠加对西部山区整体增速产生了不利影响，进而出现整体负增长态势。（2）2012 年，西部山区五类区域小农现代化水平均呈现正增长，使西部山区整体由 2011 年的负增长转为正增长；在此基础上，"青藏高原边缘区域""秦岭—淮河线以南云贵高原以东区域"等区域小农现代化水平得到快速发展,进而推动西部山区在本年度整体呈现高速增长态势,且不同区域间的水平差距有所减小。

3. 西部山区驱动小农现代化水平提升动力存在差别

基于表3-1所示西部山区小农现代化水平评价指标体系,从"指标层"视角对区域间进行横向比较发现,(1)"亩均农作物化肥施用量""农村居民人均可支配收入""农业总产值"是缩小西部山区各地理区域间小农现代化水平差距的重要抓手。2009—2020年"大兴安岭区域"小农现代化水平增速在五类区域中始终处于领先地位,其13个指标中相对增长率[①]排在前四位的分别为"亩均农作物化肥施用量"(6.33%)、"农村居民人均可支配收入"(1.08%)、"农业总产值"(0.88%)和"乡村人均农业产值"(0.42%);而与之相比,其余区域13个指标中相对增长率排在前四位的分别为机械化水平(3.94%)、农村居民人均可支配收入(1.14%)、农业总产值(0.97%)、亩均农作物化肥施用量(0.8%)。因此可以认为,为不断提升西部山区小农现代化水平,缩小区域差距,"亩均农作物化肥施用量""农村居民人均可支配收入""农业总产值"是重要抓手。其中,一方面,"亩均农作物化肥施用量"和"农业总产值"的增长能够反映区域农业综合生产力的进步与发展,是小农现代化水平发展与演变的物质基础,对西部山区传统农业生产关系迈向现代农业生产关系具有基础性作用。另一方面,"农村居民人均可支配收入"的增加能够反映区域农民生活状态的改善以及城乡发展差距的不断缩小。(2)"农作物结构"和"经济结构"优化进度相对较为缓慢甚至出现负增长,是长期以来导致西部山区五类区域间小农现代化水平增速差距的关键。一方面,"经济结构"能够在一定程度上反映区域的产业结构水平以及农业发展状态,缓慢的"经济结构"增速能够反映出西部山区农业发展仍处于相对落后的状态。另一方面,"农作物结构"指标增长缓慢甚至出现负增长,反映出西部山区在农业发展进程中存在两个矛盾急需解决,即经济作物种植与

---

① 以2011年为基期,计算2012年各指标的增长率,再乘指标对应权重,即相对增长率(贡献率)。

粮食作物种植间的矛盾，坚守农业用地底线（"18亿亩耕地红线"）与工业用地、交通用地等城市化扩张需求间的矛盾。在此基础之上，叠加西部山区地形崎岖、生态脆弱、耕地零散分布等农业发展约束，导致两个矛盾在西部山区更加尖锐，如何平衡这些矛盾、推动西部山区农业协调平稳发展，成为西部山区小农现代化水平提升亟待解决的问题。

（三）西部山区小农现代化水平空间格局特征

前文从时间维度，对2009—2020年西部山区小农现代化水平的演化特征进行了分析。为进一步从"空间"角度刻画西部山区小农现代化水平的格局特征。此处基于附件1所示2009—2020年西部山区小农现代化水平测度结果，以2009年为基期，取西部山区所辖48个地级市的小农现代化水平测度结果平均值为阈值，将其划分为两大梯度区域。在此基础上，分别以两大梯度区域小农现代化水平测度结果平均值为阈值再次进行划分，将西部山区小农现代化水平从低到高依次划分为"第一梯度区域""第二梯度区域""第三梯度区域""第四梯度区域"，具体如表3-5所示。

表3-5　　西部山区小农现代化水平层次梯度区域阈值规则

西部山区小农户现代化水平综合得分	归属层次梯度区域
(-∞, 0.2161724]	第一梯度区域
(0.2161724, 0.2520947]	第二梯度区域
(0.2520947, 0.288017]	第三梯度区域
(0.288017, +∞)	第四梯度区域

为与国家"五年规划"保持一致，此处以2009年为基期，选取2010年、2015年和2020年三个时间节点对西部山区小农现代化水平的空间分布格局特征进行分析。

可以发现：(1) 整体来看，西部山区各区域小农现代化水平不均衡特征较为明显；(2) 以"秦岭—淮河"线为界，尤其以第四梯度区域为代表的高层次梯度区域存在显著的南北纵向空间差异特征；

(3)"秦岭—淮河"线以南区域的东西横向差距显著性持续增强;
(4)"云贵高原区域"梯度过渡性特征逐渐被削弱甚至消失。

1. 整体来看,西部山区各区域小农现代化水平不均衡特征较为明显

2009—2020 年西部山区五类区域小农现代化水平得到一定发展,但区域间现代化水平差异性仍然较为突出,整体梯度差距仍未被打破。2009—2020 年西部山区五类区域小农现代化平均水平由高到低分别为"大兴安岭区域"、"秦岭—淮河线以南云贵高原以东区域"、"云贵高原区域"、"黄土高原区域"、"青藏高原边缘区域",具体如图 3-2 所示。本书认为可从以下三个方面加以理解:(1)西部山区五类区域小农户现代化初始水平差距较大。根据 2009 年五类区域小农现代化水平测度数据可以发现,"大兴安岭区域">"秦岭—淮河线以南云贵高原以东区域">"云贵高原区域">"黄土高原区域">"青藏高原边缘区域",这与区域间的水平梯度差异十分吻合;(2)西部山区五类区域小农现代化水平增速差距较为明显。根据 2009—2020 年五类区域小农现代化水平增速相关数据可以发现,"大兴安岭区域"和"秦岭—淮河线以南云贵高原以东区域"相近,"云贵高原区域"和"青藏高原边缘区域"相近;(3)初始差距较大且后期增加速度差异明显,导致西部山区五类区域间小农现代化水平差异性仍然较为突出。

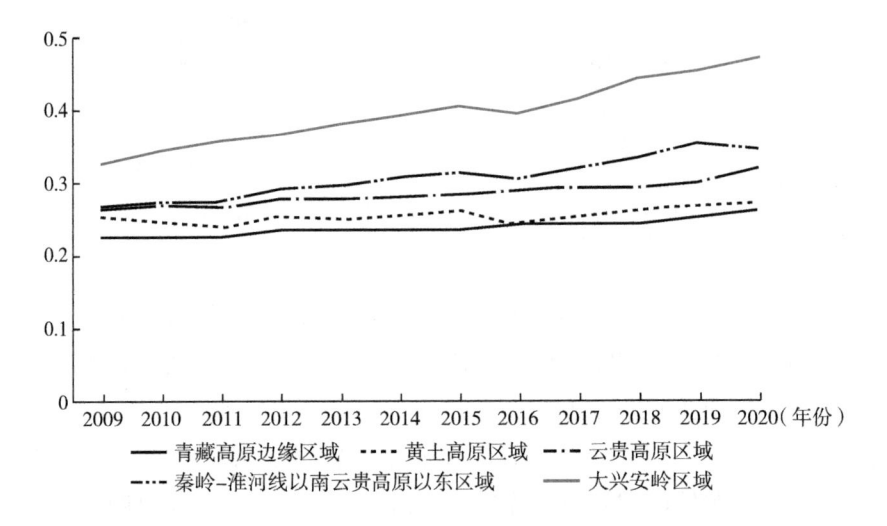

图 3-2 2009—2020 年西部山区五类区域小农现代化平均水平

2. 以"秦岭—淮河"线为界，高层次梯度区域存在显著的南北纵向空间差异特征

（1）从西部山区梯度区域分散与集聚的视角来看，2009—2020年第四梯度区域"秦岭—淮河"线以南部分在总体上呈现由"零星分布"向"集群式分布"转变的趋势，而"秦岭—淮河"线以北第四梯度区域基本保持稳定不变，总体上分散集中于部分行政区划中，如内蒙古自治区兴安盟、甘肃省中部、宁夏回族自治区东北部与南部等；（2）从西部山区梯度区域空间动态演变分布的角度来看，"秦岭—淮河"线以北区域第四梯度占据主导地位，存在少部分第二、第三梯度区域；而在"秦岭—淮河"线以南区域，第四梯度区域在初期并未呈现主导性数量特征，而是表现为过渡性梯度区域与第四梯度区域共存的局面，在中后期才逐渐演变成第一、第四梯度区域占据主导性态势。由此导致西部山区以"秦岭—淮河"线为界，高层次梯度区域尤其是第四梯度区域呈现较为显著的南北纵向空间差异特征。

3. "秦岭—淮河"线以南区域的东西横向差距显著性持续增强

西部山区中的"青藏高原边缘区域"主要为第一梯度区域，其中四川省所属部分是分布面积最大的第一梯度区域，而少数的第一梯度区域分布在靠近"青藏高原边缘区域"边界线的"云贵高原区域"，其余则零星分布于各地。2009—2020年分布在青海省东部和甘肃省西南部省界线相重合处的第一梯度区域基本保持不变（部分出现第二梯度区域状态），但是四川省第一梯度区域部分沿着四川西部省界线逐渐由边界向内部扩张，在方向上表现为自东北向西南扩张，且2019年第一梯度区域已经基本占据了四川省西北区域，并且进一步出现与云南省第一梯度区域相交合的总体趋势，即第一梯度区域自东南向西北方向扩张，导致"青藏高原边缘区域"整体梯度由高层次下降至低层次梯度。同时，"秦岭—淮河线以南云贵高原以东区域"以广西壮族自治区西部第四梯度区域集中处为起源地，整体分布变化方向为自西南向东北，由第二、第三、第四梯度区域交杂分布式格局逐渐变化成以第四梯度区域为主导梯度的单一稳定格局，其增速与"青藏高原边缘区域"第一梯度范围拓展增速相当，由此形成"青藏高原边缘区域"以第一梯度为主而"秦岭—淮河以南云贵高原以东区域"以第四梯度

为主的差异性空间格局分布。综合以上，"秦岭—淮河线以南云贵高原以东区域"和"青藏高原边缘区域"小农现代化水平差距持续扩大化导致西部山区"秦岭—淮河"线以南区域的东西横向差距显著性持续增强。

4."云贵高原区域"梯度过渡性特征逐渐被削弱甚至消失

2009—2020年第二、第三梯度区域所含国土面积日渐缩小且地理区位逐渐向西迁移，导致以第二、第三梯度区域为主"云贵高原区域"梯度过渡性特征逐渐被削弱甚至消失。这主要是由于：（1）"秦岭—淮河线以南云贵高原以东区域"所含西部山区的第一梯度区域日渐饱和，对于"云贵高原区域"小农现代化扩散效应也就越发强烈，可以发现"云贵高原区域"的变化趋势近乎是在重复最初的"秦岭—淮河线以南云贵高原以东区域"发展进步的路径，即由第四梯度区域集中处逐渐拓展，将周围的第二、第三梯度区域同化为新的第四梯度区域，从东部方向对第二、第三梯度区域形成挤压；（2）以四川省为代表的"青藏高原边缘区域"西部山区的第一梯度部分沿着四川西部省界线逐渐由边界向内部扩张，进一步从西部方向挤压第二、第三梯度区域空间。但需要注意的是，来自东部、西部的区域扩张速度并不一致，即"云贵高原区域"的第四梯度区域拓展速度要远远快于其第一梯度区域的拓展速度。由此可以预见：在此变化趋势下，"云贵高原区域"所含西部山区的第二、第三梯度区域将大幅消退，丧失第二、第三梯度区域所独有的过渡性特征，被第一、第四梯度区域所替代，形成"云贵高原区域"西部山区第一、第四梯度区域共存的短期格局。从长远来看，"云贵高原区域"西部山区最终将呈现以第四梯度区域为主导的单一型区域格局分布特征，跨入现代农业的门槛，成为下一个西部山区中的"先进区域"。

（四）西部山区小农户现代化水平结构特征

以上分别从整体和区域的角度对西部山区小农现代化水平的时空特征进行了分析，发现当前西部山区小农户现代化在2009—2020年呈现"水平不均衡较为明显"等四个方面的特征。为进一步从"结构"视角对西部山区小农户现代化水平的演化特征进行分析，此处用上文分析方法，选取2009年、2010年、2015年和2020年四个时间节点，绘制各年度各梯度区域所含西部山区地级市数量的结构漏斗,具体如图 3-3 所示。

第四梯度区域	8
第三梯度区域	18
第二梯度区域	17
第一梯度区域	5

□ 2009年各梯度区域数量
（a）

第四梯度区域	13
第三梯度区域	17
第二梯度区域	14
第一梯度区域	4

□ 2010年各梯度区域数量
（b）

第四梯度区域	19
第三梯度区域	14
第二梯度区域	10
第一梯度区域	5

□ 2015年各梯度区域数量
（c）

第四梯度区域	28
第三梯度区域	11
第二梯度区域	8
第一梯度区域	1

□ 2020年各梯度区域数量
（d）

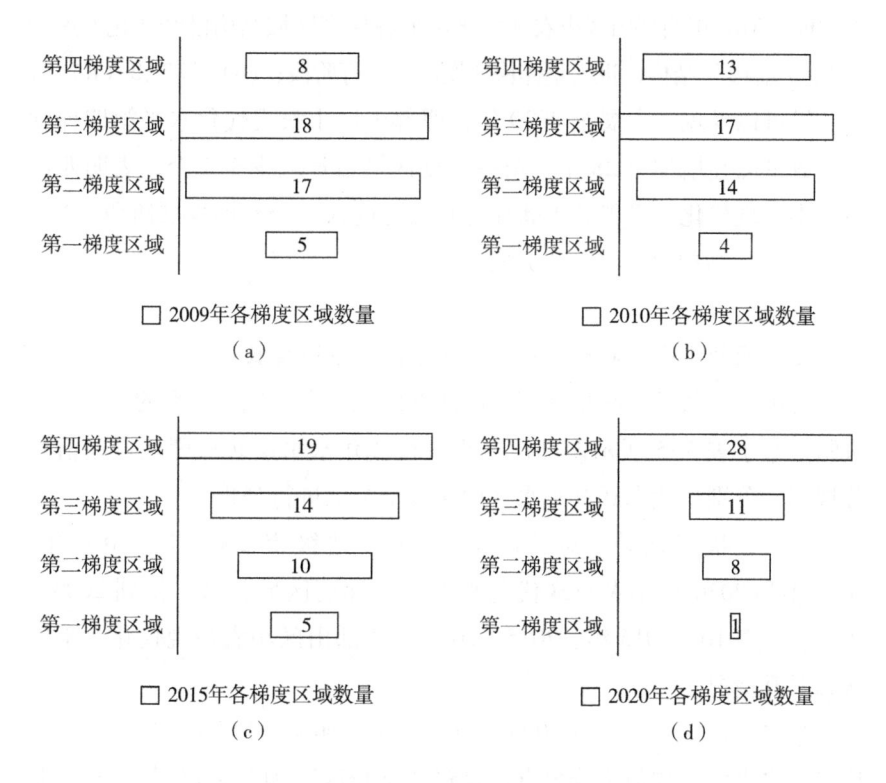

图 3-3　2009 年、2010 年、2015 年和 2020 年
西部山区小农现代化水平结构特征

注：单位为个。

（1）根据图 3-3（a）所示结果可以发现,2009 年西部山区小农现代化水平在各梯度区域结构呈现出显著的"纺锤"结构特征,即第三梯度区域（18 个）>第二梯度区域（17 个）>第四梯度区域（8 个）>第一梯度区域（5 个）。由于在发展层次方面,第四梯度区域>第三梯度区域>第二梯度区域>第一梯度区域,因此在这一阶段,第三梯度区域和第二梯度区域所占据数量主导地位的"纺锤"结构特征具有明显的过渡性特征；（2）图 3-3（b）所示结果可以发现,2010 年西部山区小农现代化水平第四梯度区域的数量由 2009 年的 8 个增长至 13 个,增速超过 50%,并且第一、第二梯度区域在数量层面也持续减少,表明西部山

区小农现代化水平并不满足于长期处于过渡性阶段，正在积极地向结构更为优化的"倒金字塔形"结构演化发展；（3）图3-3（c）所示结果可以发现，2015年西部山区小农现代化水平各梯度区域结构已经演化发展为"倒金字塔形"结构，进入整体快速发展的良好阶段；（4）图3-3（d）所示结果可以发现，发展至2020年，西部山区小农现代化水平第四梯度区域数量已经增加至28个，第一梯度区域数量减少至1个，表明西部山区小农现代化水平得到不断提升并已经进入一个新的发展阶段，"倒金字塔形"结构得到进一步夯实。

二 西部山区小农现代化水平时空演化渐进增长机制

为进一步从动态视角观察中国西部山区小农现代化水平的时空演进机制，基于表3-5所示西部山区小农现代化水平层次梯度区域阈值划分规则，分别从状态跃升和水平增速两个维度进行分析。

第一，状态跃升。对西部山区48个地级市2009年、2010年、2015年和2020年小农户现代化水平所处梯度区域相减，得到2009—2010年、2010—2015年、2015—2020年西部山区小农户现代化水平的状态跃升情况。

第二，水平增速。以2009—2010年为参照系，以48个地级市小农现代化水平增长均值为分界点，设置"增长区"和"衰退区"；在其基础之上，进一步以"增长区"和"衰退区"的增长均值为分界点，划分为"快速增长区""低速增长区""快速衰退区""低速衰退区"四个梯度区域，以测算2010—2015年、2015—2020年西部山区小农现代化水平增速情况（如表3-6所示）。

表3-6　　　西部山区小农现代水平增速阈值设定

西部山区小农现代化水平演进速度	归属层次梯度区域
$(-\infty, -0.0096157]$	快速衰退区
$(-0.0096157, 0.0026255]$	低速衰退区
$(0.0026255, 0.0148666]$	低速增长区
$(0.0148666, +\infty)$	快速增长区

基于表 3-6 所示阈值标准，分析西部山区小农现代化水平增速。

结果发现，2009—2020 年中国小农现代化水平演进呈现"渐进增长机制"，并在不同时间阶段表现出显著差异化的演进态势。其中，2009—2010 年呈"低速分化发展"态势，2010—2015 年呈"快速跃升发展"态势，2015—2020 年呈"高速平稳发展"态势。

（一）低速分化发展

2009—2010 年西部山区小农现代化水平演进特征总体平稳，但地域间演进速度空间差异分化明显。从西部山区小农现代化水平的状态跃升情况来看，在 48 个地级市中小农现代化水平状态维持不变的有 35 个，占比达 73%，主要分布在六盘山区、乌蒙山区等，以连片式分布为主。部分地区呈现倒退和单级跃升态势。从西部山区小农现代化水平增速来看，西部山区整体进程表现出显著的空间分异特征，即以"胡焕庸"线（胡焕庸，1935）为界，整体呈现西北部衰退、东南部增长的分异态势。这主要是由于"胡焕庸"线东南部 36% 国土居住着 94.4% 人口（丁金宏等，2021），以平原、丘陵、喀斯特和丹霞地貌为主要地理特征，气候湿润，人口、地形地貌、自然资源等农业生产要素为农耕经济发展奠定了良好基础，也为农业生产性服务业促进小农现代化提供了较好的外部支撑；而"胡焕庸"线西北 64% 的国土面积居住着 5.6% 的人口，人口密度低，以沙漠和雪域高原为主要地理特征，可用于农业生产的土地少，不利于集约化、规模化、机械化生产，再加上基础设施落后和严峻的生态环境，在一定程度上制约了区域农牧业发展和农村经济的稳定发展，农业经济发展乏力，农业现代化进程缓慢。此外，可以发现，无论是小农现代化状态跃升还是水平增速，均以贵州省西部为界，呈现"中心倒退、两边跃升态势"，差异明显。一方面，贵州省东部以平原为主，西部以高原山地为主，平原地区为集约化生产、机械化耕作提供了较好的外部条件，进而促进小农现代化实现更高水平发展；另一方面，2009 年 7 月至 2010 年 4 月，贵州大部分地区出现历史罕见的夏秋连旱叠加冬春连旱（杨静、郝志斌，2012），其中贵州西南部地区出现全省最长连续无有效降雨的情况，旱情严重，导致 2009—2010 年贵州西部农业生产乏力，最终呈现"中心倒退、两边跃升"态势。同时，从该阶段西部山区小农现代化水平演进增速划分区域所含城市数量上来看,"快速增长区""低速增长区""低速衰退区""快速衰退区"所包含地级市数量大体相当,分别为11个、13个、15个、9个。因此,从整体层面来看,2009—2010年西部山区小农现代化水平得到一定发展,但整体进程较为缓慢,且现代化水平多维持原有状态并未实现跃升式上升、水平增速空间分异显著。

(二)快速跃升发展

2010—2015年西部山区小农现代化进程表现出明显的空间分异特征,地域间水平发展差异明显。从西部山区小农户现代化状态跃升情况来看,在48个地级市中小农现代化水平状态维持不变的有29个,主要分布于六盘山区、云南省西部、贵州省外围等区域。单级跃升地级市有15个,较2009—2010年阶段实现两倍增长,主要分布在云南省西南部和湖南省、湖北省,呈团块状和条带状。而四川省凉山州实现跨级跃升,这主要是由于2010年凉山州逐步推动农业产业化经营,推动龙头企业成立151家、农民专业合作经济组织成立1969个、农村经纪人和大户达到5.39万个,直至2014年全州加大农业综合开发项目投入资金15260.4万元,用于土地治理、中灌节水等项目,实现全州农业增加值253.3亿元,增长4.5%,从而推动了本地区小农现代化水平快速跃升。从西部山区小农现代化水平增速来看,对比2009—2010年表现出的空间显著分异性特征,2010—2015年分异特征稍有减弱,其增长和衰退交错分布。以贵州省南部为例,2010—2015年受土壤侵蚀影响,局部区域水土流失形势十分严峻,小农户现代化动力不足,导致演进速度滞缓。同时,从该阶段西部山区小农现代化演进增速划分区域所含数量上来看,"增长区"与"衰退区"包含地级市的数量差异明显,分别为13个、35个。但其中处于"低速增长区"的地级市仅有8个,而处于"快速增长区"的地级市则多达27个。因此,从整体层面来看,2009—2010年西部山区小农户现代化得到不断发展,演进过程加快,并且现代化水平逐步实现跃升式发展。

(三)高速平稳发展

2015—2020年西部山区小农现代化进程表现出空间均衡特征,地域间演进差异不大。从西部山区小农现代化状态跃升情况来看,西部山区48个地级市中小农现代化水平基本保持稳定态势,无倒退趋势。其中，小农现代化水平维持不变的有 33 个，占比达 69%，广泛分布于西部山区的 48 个地级市。少数地级市呈现单级跃升态势，主要分布在滇桂黔石漠化区的中心区域，以连片式分布为主要特征，其余散落分布于普洱市、乐山市、天水市等地级市。从西部山区小农户现代化水平增速来看，西部山区整体进程以增长态势为主但仍有少部分地区出现增长衰退。其中，六盘山区、云南省西北部等地级市呈现衰退态势，其余地区呈现连片式增长态势，四川省、广西壮族自治区、湖南省、贵州省等地多实现快速增长。同时，该阶段西部山区小农户现代化水平"增长区"与"衰退区"所包含地级市的数量差异明显，分别为 40 个、8 个。但其中处于"低速增长区"的地级市仅有 6 个，而处于"快速增长区"的地级市多达 34 个。因此，从整体层面来看，2015—2020 年西部山区小农现代化得到快速增长，现代化水平较为稳定未发生大面积的跃升或倒退，处于高速平稳发展阶段。这主要是由于，一方面，西部山区加快发展农业生产性服务业是推动产业兴旺、乡村振兴的重要途径。2015 年，国务院办公厅发布《关于推进农村一二三产业融合发展的指导意见》，强调大力发展农业生产性服务业。2017 年，农业部、国家发展改革委、财政部联合印发《关于加快发展农业生产性服务业的指导意见》，提出满足普通农户和新型经营主体的生产经营需要，立足服务农业生产产前、产中、产后全过程，建立覆盖全产业链的农业生产性服务业。系列政策文件推动了农业生产性服务业不断发展，由此促进农业与二三产业融合程度不断加深，推动小农现代化水平不断提升，为实现乡村振兴奠定基础。另一方面，2010—2015 年，西部山区小农现代化水平整体实现跨越式上升，导致 2015—2020 年虽然快速增长但进入瓶颈期，普遍保持不变水平，并未实现跃升式发展。

第三节　西部山区农业生产性服务业发展时空演化特征与机制

一　西部山区农业生产性服务业发展时空演化特征

（一）西部山区农业生产性服务业发展水平评价

在表 3-2 所述农业生产性服务业评价指标体系基础上，使用熵值法计算指标层 C 对应权重，如表 3-7 所示，并代入标准化后指标层数据，得到西部山区农业生产性服务业发展水平得分[①]。

表 3-7　　农业生产性服务业发展水平评价指标体系

目标层 A	准则层 B	指标层 C	权重
农业生产性服务业发展水平	经济效益水平（B1）	农林水事务支出（万元）（C1）	0.060
		农林牧渔业总产值（亿元）（C2）	0.124
		农林牧渔服务业产值（万元）（C3）	0.139
		粮食单位面积产量=粮食产量/粮食作物播种面积（千克/公顷）（C4）	0.057
	科学技术水平（B2）	农业机械总动力（千瓦时）（C5）	0.093
		农用化肥折纯量（吨）（C6）	0.106
	基础设施建设水平（B3）	邮电业务总量（万元）（C7）	0.054
		货物周转量（万吨千米）（C8）	0.142
		货物运输量（万吨）（C9）	0.103
		公路里程（千米）（C10）	0.122

（二）西部山区农业生产性服务业发展时序特征

基于 2009—2020 年西部山区农业生产性服务业发展水平测度数据，参照表 3-4 所示西部山区地理区域划分方法，从区域性视角展开分析。2009—2020 年西部山区五类区域农业生产性服务业发展水平增速的时序变化，如图 3-4 所示。

基于图 3-4 所示结果可以发现：（1）从区域差异性视角来看，不同年份西部山区五类区域间农业生产性服务业发展水平波动较为明显，但波动幅度低于小农现代化水平的增速波动幅度；（2）西部山区整体农业生产性服务业不断发展但增速突变明显；（3）从"准则层"和"指标层"综合来看，西部山区驱动农业生产性服务业发展动力来源多样。

[①] 2009—2020 年西部山区农业生产性服务业发展水平测度结果如附件 2 所示。

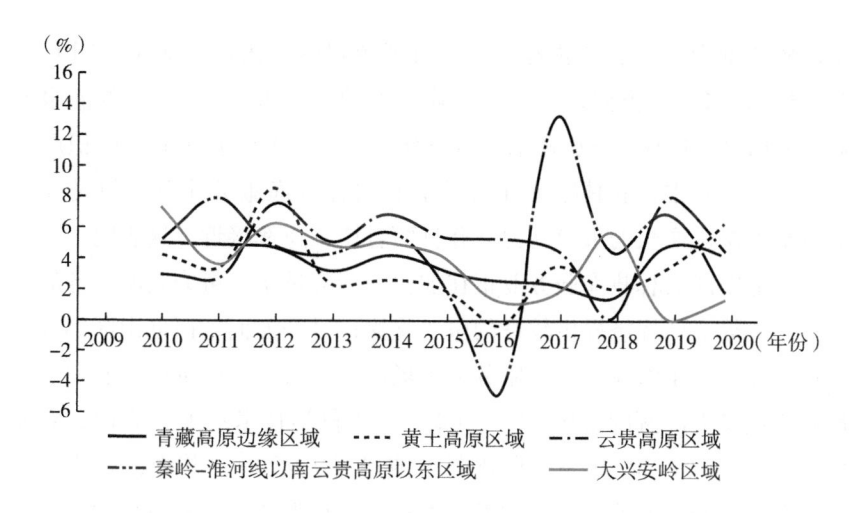

第三章 西部山区小农现代化新动能发展的时空演化特征 | 63

图 3-4 西部山区农业生产性服务业发展增速时序变化特征

1. 西部山区五类区域间农业生产性服务业发展水平波动较为明显

（1）2012 年西部山区五类区域农业生产性服务业发展水平增速情况为，"黄土高原区域">"云贵高原区域">"大兴安岭区域">"秦岭—淮河线以南云贵高原以东区域">"青藏高原边缘区域"，均保持正增长；（2）2016 年"云贵高原区域">"青藏高原边缘区域">"大兴安岭区域">"黄土高原区域">"秦岭—淮河线以南云贵高原以东区域"，其中只有"黄土高原区域"和"秦岭—淮河线以南云贵高原以东区域"在该期保持负增长，增速分别为-0.40%、-4.90%。

2. 西部山区整体农业生产性服务业不断发展但增速突变明显

（1）在"黄土高原区域""云贵高原区域""青藏高原边缘区域"等西部山区农业生产性服务水平高速提升的拉动下，西部山区整体农业生产性服务业发展水平保持高速增长态势，且促进西部山区彼此间农业生产性服务业发展水平的差距逐渐缩小；（2）由于"黄土高原区域""秦岭—淮河线以南云贵高原以东区域"面积占比较大而其他区域面积占比相对较小，"黄土高原区域""秦岭—淮河线以南云贵高原以东区域"大面积的负增长和其余区域的增速对冲，导致西部山区农业生产性服务业整体在 2016 年呈现较低水平的增长态势。

3. 西部山区驱动农业生产性服务业发展的动力来源多样

基于表 3-2 所示西部山区农业生产性服务业发展水平评价指标体

系,从"准则层"和"指标层"进行区域间横向比较,发现:(1)在"经济效益水平"方面,农林牧渔业总产值(1.94%)>农林牧渔服务业总产值(1.89%)>农林水事务支出(1.29%)>粮食单位面积产量(0.48%)。其中,农林牧渔业总产值和农林牧渔服务业总产值是经济效益水平快速增长的重要动力,并且两者增长速率接近。这表明,一方面,西部山区农林牧渔服务业正在加快完善与进步,可为其所服务的农林牧渔业等实体经济提供较好的服务支撑;另一方面,西部山区小农现代化激发了对于农业生产性服务的市场需求,可以为西部山区农业生产性服务提供更广阔的市场空间。(2)在"科学技术水平"方面,农业机械总动力(1.30%)>农用化肥折纯量(0.96%)。其中,农业机械总动力的提升是农业科学技术发展的重要表现形式。农业机械化水平的提升既有助于提高西部山区小农户农业生产的效率和产品质量,也能够反向拉动小农户主动提升自身农业生产素质。(3)在"基础设施建设水平"方面,货物周转量(3.91%)>货物运输量(2.06%)>邮电业务总量(0.80%)>公路里程(0.41%)。其中,货物周转量和货物运输量的整体提升与迅猛发展,有助于破除西部山区地形闭塞、交通不畅的弊病,释放西部山区经济发展潜力,促进对内市场的统一与联结,深化对外开放程度。

(三)西部山区农业生产性服务业发展空间格局特征

前文从时间维度,对2009—2020年西部山区农业生产性服务业发展的演化特征进行了分析,进一步从"空间"角度刻画西部山区农业生产性服务业发展的格局特征。此处参照前文对西部山区小农现代化空间格局特征的分析方法,基于2009—2020年西部山区农业生产性服务业发展水平测度结果,以2009年为基期,取西部山区所辖48个地级市的农业生产性服务业测度结果平均值作为阈值,将其划分为两大梯度区域,在此基础上,分别以两大梯度区域农业生产性服务业测度结果平均值为阈值再次进行划分,将西部山区农业生产性服务业发展水平由低到高划分为"第一梯度区域""第二梯度区域""第三梯度区域""第四梯度区域",具体如表3-8所示。

表 3-8　西部山区农业生产性服务业发展层次梯度区域阈值规则

西部山区农业生产性服务业发展综合得分	归属层次梯度区域
(-∞, 0.1697659]	第一梯度区域
(0.1697659, 0.2056292]	第二梯度区域
(0.2056292, 0.2558379]	第三梯度区域
(0.2558379, +∞)	第四梯度区域

参考西部山区小农现代化水平研究方法，为与国家"五年规划"保持一致，此处在以 2009 年为基期的基础上，选取 2010 年、2015 年和 2020 年三个时间节点，对西部山区农业生产性服务业的空间分布格局进行分析。

(1) 西部山区五类区域农业生产性服务业发展水平不均衡特征较为明显；(2) 高层次梯度区域尤其是第四梯度区域南北纵向空间差异特征显著；(3) "秦岭—淮河"线以南区域农业生产性服务的东西横向差距显著性减弱。

1. 西部山区五类区域农业生产性服务业发展水平不均衡特征较为明显

2009—2020 年西部地区农业生产性服务业持续发展，五类区域间的发展水平差距逐渐减小，但不均衡特征仍然较为明显。2009—2020 年西部山区五类区域农业生产性服务业发展水平由高到低分别为："秦岭—淮河线以南云贵高原以东区域">"云贵高原区域">"大兴安岭区域">"青藏高原边缘区域">"黄土高原区域"，具体如图 3-5 所示。相比小农现代化的"一地领先，其余追赶"方式不同，农业生产性服务业发展不均衡特征的区域整体性更强，表现为"秦岭—淮河线以南云贵高原以东区域""云贵高原区域""大兴安岭区域"成一个整体梯度区域，而"青藏高原边缘区域"和"黄土高原区域"又另成一个整体梯度区域，导致这两类整体区域发展间存在明显的"鸿沟"。本书认为可从以下三个方面加以理解：(1) 西部山区五类区域农业生产性服务业发展初始水平差距较大。根据 2009 年五类区域农业生产性服务业发展水平测度数据可以发现："秦岭—淮河线以南云贵高原以东区域">"云贵高原区域">"大兴安岭区域">"青藏高原边缘区域">"黄土高原区域"。(2) 西部山区五类区域农业生产性服务业发展增速差距较为明显。根据 2009—2020 年五类区域农业生产性服务业发展水平增速相关数据可以发现,"云贵高原区域""秦岭—淮河线以南云贵高原以东区域"相近,"大兴安岭区域""青藏高原边缘区域""黄土高原区域"相近,具体表现为:"云贵高原区域">"秦岭—淮河线以南云贵高原以东区域">"大兴安岭区域">"青藏高原边缘区域">"黄土高原区域"。(3) 初始差距较大且后期增收速度差异明显,导致西部山区五类区域间农业生产性服务业发展水平差异性仍然较为突出,这与前文分析西部山区各区域小农现代化水平不均衡的原因较为一致。

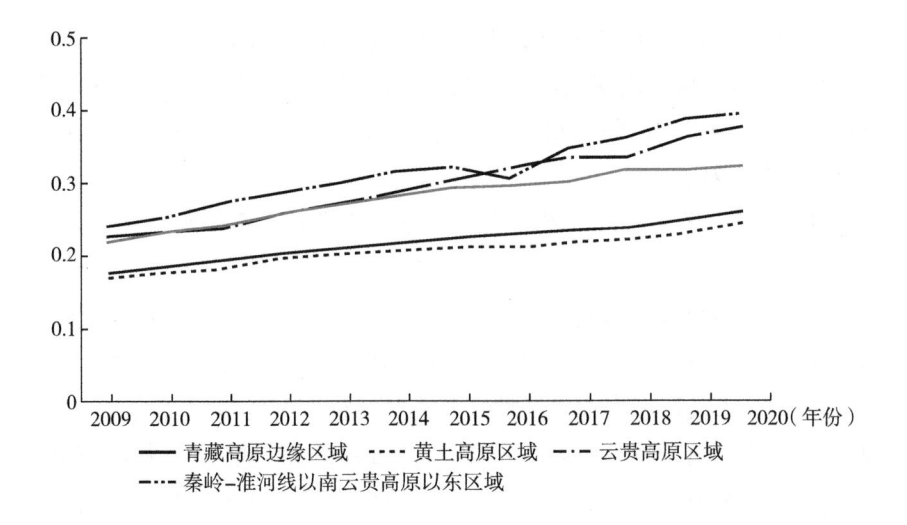

图 3-5 2009—2020 年西部山区五类区域农业生产性服务业发展趋势示意

2. 高层次梯度区域尤其是第四梯度区域南北纵向空间差异特征显著

(1) 从西部山区梯度区域数量、速率动态演化的视角来看,2009—2020 年"秦岭—淮河"线以北的第四梯度区域经历由无到有的过程,到后期则总体上分散于各行政划中,基本稳定不变,扩张增速较慢;而"秦岭—淮河"线以南的第四梯度区域由"少"到"多",扩张速度逐渐加快。(2) 从西部山区梯度区域主导性地位动态演化的角度来看，在"秦岭—淮河"线以南部分，农业生产性服务第四梯度区域逐步占据主导地位，2020年存在少部分第一梯度区域，过渡性梯度区域基本消失，而在"秦岭—淮河"线以北部分，第四梯度区域在发展后期仍与其他梯度区域共存，且其他梯度区域渐进地向第四梯度区域演变。(3) 与小农现代化初期南北梯度区域空间特征呈现"南弱北强"的态势相比，农业生产性服务业发展初期的南北梯度区域空间特征则可以概括成"南强北弱"，而其共性在于"秦岭—淮河"线以北地区较以南地区的渐进式演变特征更加显著。综上所述，农业生产性服务高层次梯度区域尤其是第四梯度区域南北纵向空间差异特征显著。

3. "秦岭—淮河"线以南区域农业生产性服务的东西横向差距显著性减弱

与前文分析所得小农现代化水平梯度区域分布相似，"青藏高原边缘区域"农业生产性服务业发展初期主要以第一梯度区域为主。其中，四川省所属部分是分布面积最大的农业生产性服务业第一梯度区域，而"云贵高原区域"西北部地区以第四梯度区域为主。这一东西差异显著性减弱的变化可从两个方面加以理解：(1) 从外部影响来看，2009—2020年"秦岭—淮河"线以南区域农业生产性服务业第四梯度区域由"零散式少量分布"向"集聚式大量分布"转化，由低纬度地区向高纬度地区拓展，由低海拔地区向高海拔地区演化，呈现向西推进的渐进式发展趋势，形成梯度区域的规模效应与集聚效应，不断挤压第一、第二、第三梯度区域的生存空间，使在"秦岭—淮河"线以南区域的农业生产性服务业第四梯度区域对其余梯度区域客观上所施加的影响力进一步强化，进而减弱东西横向差距显著性。(2) 从内部演化因素来看，以第一梯度区域为主的"青藏高原边缘区域"内部出现向上增长变革的动力，呈现渐进式梯度推移的变化趋势，由低梯度向高梯度演化，由南部向北部推进，从而带动当地梯度区域发展形成量变，最终在长期来看形成质变，实现向更高层次梯度区域演进。由此，受内外双重促进作用的影响，"秦岭—淮河"线以南区域农业生产性服务的东西横向差距显著性减弱。

(四) 西部山区农业生产性服务业发展结构特征

以上分别从整体和区域的角度对西部山区农业生产性服务业发展水

平的时空特征进行了分析，发现当前西部山区农业生产性服务业发展在2009—2020年呈现"发展水平不均衡较为明显"等三个方面的特征。为进一步从"结构"视角对西部山区农业生产性服务业的演化特征进行分析，参考西部山区小农现代化水平结构特征的分析方法，选取2009年、2010年、2015年和2020年四个时间节点，绘制各年度各梯度区域所含西部山区地级市数量的结构漏斗，具体如图3-6所示。

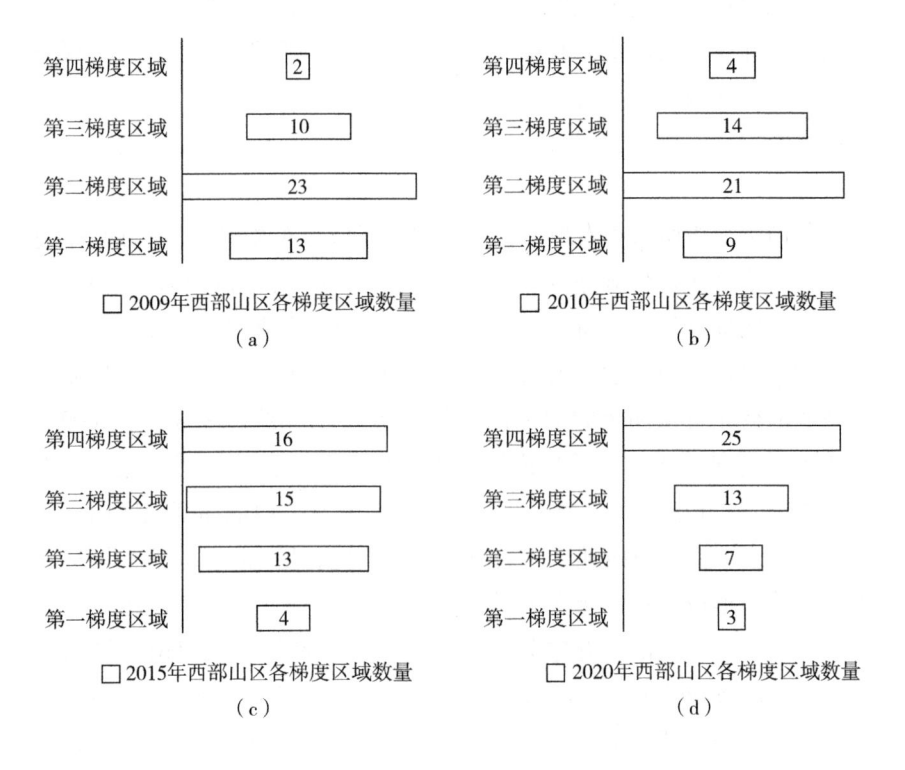

区域	(a) 2009年	(b) 2010年	(c) 2015年	(d) 2020年
第四梯度区域	2	4	16	25
第三梯度区域	10	14	15	13
第二梯度区域	23	21	13	7
第一梯度区域	13	9	4	3

图3-6　2009年、2010年、2015年和2020年西部山区农业生产性服务业结构特征

注：单位为个。

从图3-6所示结果可以发现，2009年西部山区农业生产性服务业发展在各梯度区域结构呈现显著的"纺锤"特征，即第二梯度区域（23个）>第一梯度区域（13个）>第三梯度区域（10个）>第四梯度区域（2个）；发展到2015年"倒金字塔形"结构已经基本成型，第四梯度区域（16 个）、第三梯度区域（15 个）、第二梯度区域（13 个）、第一梯度区域（4 个）；2020 年"倒金字塔形"结构得到进一步夯实，第四梯度区域数量增加至 25 个，而第一梯度区域数量缩减至 3 个。通过对 2009—2020 年西部山区农业生产性服务业结构特征的分析可以发现，其与小农现代化水平的结构特征较为相似，但是同时也存在一定的区别：（1）农业生产性服务业初期发展基础相对薄弱。在 2009 年初期阶段，农业生产性服务业发展第一、第二梯度区域在数量层面仍然占据主导地位，其背后反映的是 2009 年农业生产性服务业发展仍处于第一梯度向第二梯度过渡转化时期，属于"纺锤"结构的早期发展阶段。相较同期小农现代化水平处于"纺锤"后期以第二、第三梯度为主，农业生产性服务业发展水平整体相对滞后。（2）中后期发展的渐进性与稳定性增强。农业生产性服务业发展过程中第三、第四梯度区域数量的增长总是与第一、第二梯度区域数量的减少相伴而生，特别是 2009—2010 年；发展至 2020 年，则呈现第四梯度区域增长伴随其余梯度区域减少的特征。而西部山区小农现代化的发展水平一直是以第四梯度区域增长而其余梯度区域减少为总体变化特征，相较而言变化的整体推进性更强。

二 西部山区农业生产性服务业发展时空演化快速发展机制

此处参考本章第二节中西部山区小农现代化水平演进机制的研究方法，同样分别从状态跃升和水平增速两个维度对西部山区农业生产性服务业发展的时空演进机制进行分析。

第一，状态跃升。依据表 3-8 所示西部山区农业生产性服务业发展层次梯度区域阈值规则，对西部山区 48 个地级市 2009 年、2010 年、2015 年和 2020 年农业生产性服务业水平所处梯度区域进行相减，得到 2009—2010 年、2010—2015 年、2015—2019 年中国农业生产性服务业发展的状态跃升情况。

第二，水平增速。以 2009—2010 年为参照系，以 48 个地级市农业生产性服务业水平增长均值为分界点，设置为"增长区"和"衰退区"；并进一步分别以"增长区"和"衰退区"增长均值为分界点，划分为"快速增长区""低速增长区""快速衰退区""低速衰退区"四个梯度区域，以测算2010—2015年、2015—2020年我国农业生产性服务业发展的水平增速情况。具体划分情况如表3-9所示。

表3-9　西部山区农业生产性服务业发展水平增速区域阈值规则

西部山区农业生产性服务业演进速度	归属层次梯度区域
(−∞，0.0037228]	快速衰退区
(0.0037228，0.0087919]	低速衰退区
(0.0087919，0.0134554]	低速增长区
(0.0134554，+∞)	快速增长区

基于表3-9所示阈值标准，分析西部山区农业生产性服务业发展水平增速。从中发现，2009—2020年中国农业生产性服务业发展呈现"快速发展机制"，并由空间分异逐步向空间趋同演化。具体而言，2009—2010年呈"裂变发展"态势，2010—2015年呈"快速提升发展"态势，2015—2020年呈"平衡稳定发展"态势。

（一）裂变发展

2009—2010年西部山区农业生产性服务业演进特征总体平稳，地域间演进速度空间差异分化显著。从西部山区农业生产性服务业状态跃升情况来看，在48个地级市中农业生产性服务业水平维持不变的有34个，占比达71%，主要分布在四川省西部、贵州省、广西壮族自治区等区域，以连片分布为主。其余14个地级市呈现单级跃升态势，主要呈散点状，分布于四川省南部、云南省中部、宁夏回族自治区、湖南省湘西州等区域。从西部山区农业生产性服务业发展水平增速来看，以云南省东北部为界，其左侧呈现衰退态势，右侧整体为增长态势。具体而言，云南省西双版纳州、德宏州等大部分区域等呈现衰退态势，2006年云南省实施新农村建设，推动农村相关服务业发展水平逐步提升，但农业生产性服务业发展依然缓慢（周紫林，2014）。在市场农业生产性服务供给不足与农户农业生产性服务需求的不足双重限制下，云南省大部分区域农业生产性服务业发展较为滞后。此外，与小农现代化水平情况相似，农业生产性服务业发展水平演进速度呈现以贵州省西部（毕节、安顺、六盘水）为界，"中心倒退、两边跃升"态势。同时，该阶段西部山区农业生产性服务业"快速增长区""低速增长区""低速衰退区""快速衰退区"所包含地级市的数量大体相当，分别为 10 个、13 个、16 个、9 个。因此，从整体层面来看，2009—2010 年西部山区农业生产性服务业得到不断发展，但整体进程较为缓慢，并且发展水平未实现跃升式发展，演进速度分化显著。

（二）快速提升发展

2010—2015 年西部山区五类区域间农业生产性服务业演进速度表现出较为明显的空间一致特征。从西部山区农业生产性服务业状态跃升情况来看，在 48 个地级市中农业生产性服务业水平维持不变的有 21 个，主要分布于六盘山区、云南省西部与北部等区域，呈现团块状分布。农业生产性服务业单级跃升地级市有 26 个，主要分布在四川省西部、云南省西南部、广西壮族自治区与贵州省交界处，呈连片式分布。其中，贵州省黔西南州农业生产性服务业发展水平实现二级跃升。从西部山区农业生产性服务业发展水平增速来看，该阶段中国农业生产性服务业无"衰退区"，西部山区 48 个地级市中多达 46 个地级市整体进程实现快速增长。因此，从整体层面来看，2010—2015 年西部山区农业生产性服务业得到不断提升，逐步实现跃升式发展，演进速度基本实现全域快速增长。

（三）平衡稳定发展

2015—2020 年西部山区农业生产性服务业演进特征保持平稳，地域间演进速度表现出明显的空间均衡特征，地域间演进趋同明显。从西部山区农业生产性服务业状态跃升情况来看，在 48 个地级市中农业生产性服务业水平维持不变的有 32 个，占比达 66.67%，主要分布在云贵高原、六盘山区等地区，农业生产性服务业单级跃升地级市有 15 个，较 2010—2015 年有一定下降，并主要分布于四川省西部、云南省西南部、广西壮族自治区与贵州省交界处，呈块状式分布。其中，云南省丽江市农业生产性服务业发展水平实现三级跃升，丽江市积极培育壮大新型经营主体，加快经营体系现代化建设，支持市场主体建设区域性农业全产业链综合服务中心，推动农业生产性服务业发展水平快速提升。从西部山区农业生产性服务业发展水平增速来看，该阶段农业生产性服务业无"衰退区"，西部山区 48 个地级市中多达 47 个地级市整体进程实现快速增长。因此，从整体层面来看，2015—2020年虽然西部山区农业生产性服务业得到不断发展，进程较为快速，但农业生产性服务业发展水平普遍较为稳定，未发生大面积跃升或倒退。这主要是由于，一方面，西部地区落实乡村振兴战略，加快了农业生产性服务业的发展；另一方面，2010—2015年西部山区农业生产性服务业水平实现跨越式上升，但受基数效应影响，表现为2015—2020年虽然快速增长但未实现跃进，普遍保持水平不变的平稳状态。

第四节 本章小结

本章聚焦西部山区小农现代化水平及其现代化新动能——农业生产性服务业的发展，运用层次分析法与熵权法，分别测算2009—2020年二者的发展水平，在此基础之上，结合GIS空间分析，探究西部山区小农现代化水平与农业生产性服务业发展时空演化特征。主要研究发现：第一，从时序特征上看，2009—2020年西部山区小农现代化水平与农业生产性服务业发展水平总体呈现增长趋势，历年增速呈现波动态势。第二，从空间格局特征上看，以2009年为基期，参考国家"五年规划"选取2009年、2010年、2015年、2020年四个时间节点发现：西部山区小农现代化水平在空间上存在不均衡发展特征；并以"秦岭—淮河"线为界，尤其以第四梯度区域为代表的高层次梯度区域存在显著的南北纵向空间差异特征；同时，"秦岭—淮河"以南区域的东西横向差距显著性持续增强。农业生产性服务业在空间上同样存在不均衡发展特征，以第四梯度区域为代表的高层次梯度区域南北纵向空间差异特征显著；同时，"秦岭—淮河"以南区域农业生产性服务业的东西横向差距显著性减弱。第三，从结构特征上看，2009—2020年西部山区小农现代化水平与农业生产性服务发展在梯度区域数量上由"纺锤形"逐渐向"倒金字塔形"转变，表明二者发展水平逐步提升。第四，从时空演进特征上看，2009—2020年中国西部山区小农现代化水平演进呈现"渐进增长"态势，并在不同时间阶段表现出显著的空间差异特征；农业生产性服务业演进呈现"快速发展态势"，并由空间分异逐步向空间趋同演化。

第四章 西部山区小农现代化新动能的需求异质性与影响

本章基于项目组在贵州、云南、宁夏、广西、内蒙古等地区开展专项调研所获取的 805 份问卷数据，首先对西部山区小农户是否购买农业生产性服务，以及购买"产前""产中""产后"何种类型农业生产性服务的异质性特征进行了分析；其次分析了"农户基本特征""农业生产特征""农户家庭农业生产禀赋"等因素对需求异质性的影响；最后剖析了当前西部山区小农户现代化新动能对农业生产性服务需求的内动力、购买来源和满意度状态。

第一节 调研区域的选取

本章数据来源于课题组于 2020—2022 年在贵州、云南、广西等 10 个省区开展的主题为"西部山区小农现代化新动能研究"的专项调研问卷。调研按照分层整群抽样方法，在 10 个省区分别选取 1—2 个反映不同层次农业生产性服务业发展水平的代表地级市，在每个地级市选取 1—2 个县，在每个县（区、市）按照相同标准选取 2—3 个代表乡镇，在每个乡镇选择 2—3 个样本村，在每个样本村选择 10—20 个样本农户进行问卷调研。问卷采用调查员和被访问者一问一答的形式填写。本次调研共计覆盖 10 个省区 73 个行政村，其中包括武陵山区、乌蒙山区、滇桂黔石漠化区、滇西山区、六盘山区五大西部山区所在的 34 个行政村。共计发放问卷 805 份，回收有效问卷 740 份，问卷有效率为 91.93%。

农业生产性服务供给与小农户实际需求的精准匹配，是西部山区依托农业生产性服务业发展促进小农户现代化的重要前提。其中，基于田野调查研究西部山区小农户购买农业生产性服务需求的区域异质性特征及其影响因素是关键的现实问题之一。根据表4-1中对西部山区范围的界定,为分析西部山区小农户农业生产性服务需求异质性特征,此处在综合考虑西部山区地形地貌以山地为主且经济发展水平较中东部地区相对滞后特点的基础上,将调研区域划分为"西部山区""西部非山区""中东部地区"① 三类。其中,西部山区小农户占调研总量的45.54%。具体如表4-1所示。

表4-1　　　　　　　　调研地区分类统计

类型	片区	省	市	县(区、市)	乡、镇	村
西部山区	武陵山区	湖北省	恩施土家族苗族自治州	来凤县	旧司镇	后坝村
					百福司镇	安家堡村
				利川市	忠路镇	凤凰村
					文斗镇	高峰村
						金龙村
					汪营镇	清江村
						齐心村
						齐跃桥村
				咸丰县	坪坝营镇	张家坪村
						大溪村
				鹤峰县	中营镇	八字山村
					下坪乡	江坪村
				巴东县	绿葱坡镇	龙池槽村
	乌蒙山区	贵州省	毕节市	纳雍县	猪场乡	猪场村
						大多拱村
					沙包镇	凹革村
						化启社区
					昆寨乡	宋家沟村
						大寨村
					乐治镇	高枧社区

---

① 虽然调研区域涵盖东北地区的吉林省,但由于数据量相对较少(仅有吉林市永吉县拉溪乡的杜花村),不会对样本整体性特征产生显著影响,此处也将其纳入"中东部地区"一并进行分析。

续表

类型	片区	省	市	县（区、市）	乡、镇	村
西部山区	乌蒙山区	贵州省	毕节市	大方县	绿塘乡	高潮村
					普底乡	东风村
				黔西市	洪水镇	附廓村
					钟山镇	新龙村
	滇桂黔石漠化区	云南省	文山壮族苗族自治州	广南县	八宝镇	砂斗村
		贵州省	黔西南布依族苗族自治州	兴义市	万峰林街道	双生村
						纳录村
					则戎镇	安章社区
	滇西山区	云南省	大理市	巍山县	紫金乡镇	儿以摩村
						纳么据村
	六盘山区	宁夏回族自治区	固原市	彭阳县	罗洼乡	罗洼村
				泾源县	大湾乡	大湾村
			吴忠市	同心县	河西镇	上河湾村
			中卫市	海原县	李旺镇	杨山村
西部非山区		广西壮族自治区	防城港市	上思县	叫安镇	百包村
						平达村
					平福乡	雄杰村
		宁夏回族自治区	银川市	西夏区	镇北堡镇	团结村
						华西村
						德林村
			中卫市	中宁县	大战场镇	大战场村
		内蒙古自治区	呼和浩特市	托克托县	双河镇	养大圐圙村
					新营子镇	柳二营村
中东部地区		江西省	抚州市	资溪县	鹤城镇	南江村
						长兴村
						泸声村
						西郊村
						大觉山村
						三江村
						沙苑村
						下长兴村

续表

类型	片区	省	市	县（区、市）	乡、镇	村
中东部地区		湖北省	潜江市	潜江市	熊口镇	赵脑村
						孙桥村
						团结村
					老新镇	田李村
					周矶街道办事处	莫沟村
					高石碑镇	高石碑镇
						来麟村
					后湖管理区	二分场
					高场办事处	高场村
			黄冈市	武穴市	梅川镇	罗林村
				蕲春县	漕河镇	铁山村
			荆州市	沙市区	观音垱镇	垴林村
		福建省	漳州市	长泰区	陈巷镇	吴田村
						新吴村
						山重村
						美岭村
		吉林省	吉林市	永吉县	一拉溪镇	松花村
		湖南省	衡阳市	祁东县	风石堰镇	莲花村
			益阳市	桃江县	松木塘镇	桥头河村
					浮丘山乡	毛家桥村
					修山镇	麻竹垸村
						康家村

第二节　西部山区小农户农业生产性服务需求异质性特征

一　西部山区小农户主体异质性特征

从农户基本特征异质性来看。西部山区小农户呈现年龄偏大、文化程度较低、健康状况一般、农业生产技术能力和社会资本条件不足等的特点。（1）年龄偏大。"西部山区"受访小农户平均年龄约为49岁，大于同属西部地区的"西部非山区"农户平均年龄2.3岁。这反映出,在全国广大农村地区青年劳动力不断流向城市的大背景下,"西部山区"的劳动力流出情况也较为严重,老年人已经成为留守人口的主要组成部分。(2)文化程度较低。"西部山区"受访小农户受自然条件、交通便捷度等因素影响,对外交往、教育条件、教学设施等方面发展相对滞后,平均文化程度低于同属西部地区的"西部非山区"农户,文化程度以小学或初中为主。"西部山区"小农户文化程度较低会对其接受现代农业规模化和商品化的经营方式产生负面效应。(3)健康状况一般。"西部山区"区位偏远,医疗卫生条件、医生队伍与相关基础设施建设相对不足,导致受访小农户基础性和地方性疾病较为常见,健康状况普遍较为一般,比同属西部地区的"西部非山区"差。(4)农业生产技术能力不足。"西部山区"小农户接受农业生产技能培训的平均比值为0.34,虽高于"西部非山区"和"中东部地区",但平均比例仍低于0.5,农业生产技术能力不足。这反映出"西部山区"农技推广普及、送技下乡等工作已经取得一定成效,但仍有较大提升空间,小农户的规模化、农机化生产意识有待进一步提升。(5)社会资本条件不足。"西部山区"受访小农户中担任地方干部(村委会主任、村支书等)的比例相对较低,导致其依托政府机构所形成的社会资本条件相对不足,不利于其及时掌握市场信息和农业政策,影响小农户购买农业生产性服务的积极性。

从农业生产特征异质性来看。"西部山区"小农户呈现户均农地面积有限、农地细碎化程度高、农业生产以自给自足为主等特点。(1)户均农地面积有限。"西部山区"小农户均农地面积为9.46亩,按照每户6人计算,人均农地面积仅1.58亩。这反映出,"西部山区"受限于山地的地形地貌特点,土地分散,难以实现集中连片生产,可耕种的农地面积有限,农业生产规模偏小。(2)农地细碎化程度高。"西部山区"小农户均农地块数为7.36块,远大于"西部非山区""中东部地区"的4.18块和4.03块。"西部山区"农地细碎化程度越高,小农户利用土地流转实现农地规模经营的难度越大(王志刚等,2011),使用农机作业等农业生产性服务的成本也越高,不利于提升生产效率。(3)农业生产以自给自足为主。"西部山区"小农户由于种植经营规模较小，农地细碎化程度高，加之交通通信等基础设施条件有限，农业生产经营的商品化、集约化、规模化程度低，农产品市场化不足，其农业生产目的更偏向于自给自足。

从农户家庭农业生产禀赋异质性来看。"西部山区"小农户呈现农地分散、地形以山地为主、实际市场距离较远、基础设施条件较差等特点。（1）农地分散。"西部山区"小农户平均土地分散程度为1.58，小于"西部非山区"和"中东部地区"2.15和1.90的土地分散程度。表明"西部山区"农地较为分散，集中连片作业难度大，机械化、规模化生产程度低，不利于提升农业生产效率。（2）地形以山地为主。"西部山区"地形地貌特征以山地为主，地形起伏，地势落差大，农机作业的成本高，服务推广应用难度较大（颜玄洲等，2015）。（3）实际市场距离较远。"西部山区"小农户家庭住所到集市的平均距离为4.77千米，虽已经建有不同等级的公路，运输能力有所提升，但是由于山区道路崎岖，多为盘山公路，导致运输成本相对较高。（4）基础设施条件较差。"西部山区"受地理位置、地形地貌影响，农田水利、交通运输等设施升级改造难度较大，所需建设资源投入更多，而"西部山区"小农户均收入及地方政府财政支出有限，因此其基础设施完善程度明显落后于"西部非山区"和"中东部地区"，基础设施条件较差。具体如表4-2所示。

表4-2　　　　农户地区差异特征的描述性统计

变量		西部山区		西部非山区		中东部地区	
		均值	标准差	均值	标准差	均值	标准差
农户基本特征	年龄（岁）	48.51	12.91	46.21	18.18	56.32	10.00
	文化程度	1.79	1.04	2.27	1.36	1.65	0.76
	健康状况	3.93	1.05	4.40	0.77	3.92	0.77
	农业生产技术能力	0.34	0.47	0.04	0.35	0.15	0.36
	社会资本	0.05	0.21	0.04	0.20	0.05	0.23
农业生产特征	农地面积（亩）	9.46	11.50	7.41	6.83	6.81	10.70
	农地块数（块）	7.36	6.74	4.18	4.81	4.03	3.32
	农业生产主要目的	1.77	0.77	2.19	0.84	1.81	0.82

续表

变量		西部山区		西部非山区		中东部地区	
		均值	标准差	均值	标准差	均值	标准差
农户家庭农业生产禀赋	市场距离（千米）	4.77	4.76	4.08	2.53	5.34	4.09
	地形地貌特征	3	0	1.89	0.75	1.68	0.47
	基础设施条件	1.97	0.52	2.26	0.44	2.18	0.57
	土地分散程度	1.58	0.69	2.15	0.93	1.90	0.79

注：文化程度（1=小学及以下，2=初中，3=高中/中专，4=技校/大专，5=本科及以上）、健康状况（1=很差，2=稍差，3=一般，4=良好，5=很好）、农业生产技术能力（是否受过农业生产技能培训：1=是，0=否）、社会资本（是否担任干部：1=是，0=否）、农业生产主要目的（1=自用，2=部分出售，3=出售）、地形地貌特征（1=平原，2=丘陵，3=山地）、基础设施条件（农田水利等基础设施完善程度：1=较差，2=一般，3=较好）、土地分散程度（1=大部分分散，2=半集中、半分散，3=大部分集中）。

二 西部山区小农户购买农业生产性服务偏好特征

调研发现"西部山区"与"西部非山区""中东部地区"相比，小农户购买农业生产性服务偏好具有较为明显的区域异质性，具体如表4-3所示。

表4-3 西部山区小农户购买农业生产性服务偏好调研数据统计

地区类型	已购买农业生产性服务（户/%）	未购买农业生产性服务（户/%）	合计（户）
西部山区	153/45.40	184/54.60	337
西部非山区	53/72.60	20/27.40	73
中东部地区	106/32.12	224/67.88	330
合计	312/42.16	428/57.84	740

根据表4-3可以发现：第一，整体而言，农户选择购买农业生产性服务的比例普遍较低，未购买农业生产性服务的农户要多于已经购买农业生产性服务的农户。在740份有效问卷中，有428个农户未购买生产性服务，占比57.84%；312个农户选择购买了生产性服务，占比42.16%。表明：一方面，中国当前农业生产性服务供给能力和供给体系有待进一步提升和完善；另一方面，部分农业生产性服务供给对农业生产性服务的需求刺激不足、消费的示范引导不够，制约了农业发展方式的转变以及小农现代化进程（张晓敏、姜长云，2015）。第二，受具

体调查地区农业生产专业化、规模化和集约化程度影响,"西部山区"小农户购买农业生产性服务的偏好要明显低于"西部非山区"农户。在337个"西部山区"小农户中,购买农业生产性服务的小农户为153个,占比45.40%;与此相比,在73个"西部非山区"农户中,购买农业生产性服务的农户则有53个,占比达72.60%。表明:一方面,当前"西部山区"农业生产性服务业已经得到初步发展,能够在一定程度上满足山区小农户多样化的农业生产性服务需求;另一方面,同处西部地区,"山区"受地形区位等多重因素影响,与"非山区"相比,农户购买农业生产性服务的可得性依然受到较大程度限制。

三 西部山区小农户购买农业生产性服务类型偏好特征

依据农业生产性服务所面向农业生产环节的不同,将农业生产性服务细化为产前(农业信息服务、金融保险服务)、产中(农资供应服务、农业技术服务、农机作业服务)和产后(加工销售服务)3个大类6个子类。调研发现,西部山区小农户对不同类型农业生产性服务的需求偏好也存在显著差别,具体如表4-4所示。

表4-4　　　西部山区小农户对不同类型农业生产性
服务需求偏好调研数据统计　　　　单位:户/%

地区类型	产前农业生产性服务			产中农业生产性服务				产后农业生产性服务
	农业信息	金融保险	小计	农资供应	农业技术	农机作业	小计	加工销售
西部山区	10/6.54	62/40.52	72/47.06	70/45.75	76/49.67	68/44.44	214/139.87	4/2.61
西部非山区	11/20.75	11/20.75	22/41.51	43/81.13	23/43.40	32/60.38	98/184.91	2/3.77
中东部地区	11/10.38	18/16.98	29/27.36	56/52.83	46/43.40	78/73.58	180/169.81	6/5.66
合计	32/10.26	91/29.17	123/39.42	169/54.17	145/46.47	178/57.05	492/157.69	12/3.85

注:表中"小计"所列数据为农户购买对应类型农业生产性服务的频次(人次),对应斜杠后为购买频次数与各类农户数量的比值,因此会超过100%。

根据表4-4可以发现：第一，在产前、产中、产后三类农业生产性服务中，"西部山区"小农户更加倾向于购买农业技术、农机作业等产中农业生产性服务，调研所得"西部山区"小农户购买产中农业生产性服务的频次为214人次，占比达139.87%。而"西部山区"小农户对于农业信息、金融保险等产前和产后农业生产性服务的购买需求则相对较弱。此外，相较于农资供应等面向产中环节的农业生产性服务，"西部山区"小农户普遍对加工销售等面向产前和产后环节的农业生产性服务购买需求更低，小农户对该服务的需求占比仅为2.61%，低于"西部非山区"和"中东部地区"的3.77%和5.66%。这主要是由于"西部山区"小农户农业生产规模往往较小、商品市场化程度不高，其对加工销售等农业生产性服务的需求主要通过自我服务来满足。

第二，"西部山区"小农户购买产前农业生产性服务的需求总体要强于"西部非山区"和"中东部地区"的农户。"西部山区"小农户购买产前农业生产性服务的频次占已购买服务小农户总数的比重为47.06%，大于"西部非山区"和"中东部地区"农户的41.51%和27.36%；其中特别是金融保险服务，"西部山区"小农户购买比重为40.52%，远大于"西部非山区"和"中东部地区"农户20.75%和16.98%的购买比重。这主要是由于"西部山区"小农户受限于自然环境和农业技术水平，生产经营规模较小，抗击市场风险能力不足，其购买保险服务的预期边际效益要高于"西部非山区"和"中东部地区"农户，导致其服务需求相对更强（马楠等，2022）。

第三，"西部山区"小农户对产后农业生产性服务的需求要弱于"西部非山区"和"中东部地区"的农户。"西部山区"小农户购买加工销售等产后农业生产性服务的频次占已购买服务农户总数的比重仅为2.61%，低于"西部非山区"和"中东部地区"农户的3.77%和5.66%。这主要是由于当前"西部山区"加工销售等产后农业生产性服务的发展较为滞后，服务体系尚未健全，供给侧不能有效满足小农户加工、运输、仓储、销售等服务需求；同时从需求侧来看，"西部山区"小农户农产品生产的市场化程度低、农业生产性服务自给化程度高等因素限制了产后农业生产性服务的市场需求，不利于产后农业生产性服务进入。

第四，在细化的6个子类农业生产性服务中，"西部山区"小农户对农业技术和农资供应服务的需求最为强烈，对农业信息和加工销售服务的需求相对较弱，对金融保险和农机作业服务的需求介于二者之间。"西部山区"小农户对农业技术和农资供应服务的购买比重均在45%以上，最高达49.67%，表明对于"西部山区"小农户而言，通过将机械化设备以及病虫害防治技术等引入农业生产过程，能够较为显著地提升其农业生产效率，因此其更加偏好于购买农业技术和农资供应服务。

四 西部山区小农户购买农业生产性服务的内动力与满意度特征

（一）西部山区小农户购买农业生产性服务的内动力

对调研获得的312份已购买农业生产性服务农户的问卷数据分析可知，"西部山区"小农户购买农业生产性服务的主要内动力大多集中在"节省成本""方便省心""自己不会干或干不了"三个方面，具体如表4-5所示。

表4-5　西部山区小农户购买农业生产性服务内动力调查情况

单位：户/%

地区类型	节省成本	方便省心	自己不会干或干不了	其他	合计
西部山区	69/45.10	104/67.97	48/31.37	18/11.76	239/156.21
西部非山区	28/52.83	38/71.70	8/15.09	0/0	74/139.62
中东部地区	39/36.79	68/64.15	21/19.81	2/1.89	130/122.64
合计	136/43.59	210/67.31	77/24.68	20/6.41	443/141.99

注：问卷设计农户购买农业生产性服务的内动力为多选题，因此合计大于100%。

根据表4-5可以发现：整体来看，"西部山区"小农户购买农业生产性服务主要有两大内动力："方便省心"和"节省成本"，占比分别为67.97%和45.10%。这主要是由于，一方面，在"大国小农"的农业生产约束下，"西部山区"往往耕种的农地块数较多、土地细碎化严重、规模经营比重低、专业化和机械化投入不足、小农户均劳动力投入较多且生产耗时耗力。因此，"西部山区"小农户对农业生产性服务提高自身生产效率，释放家庭劳动力从而"方便省心"的重视程度更高。另一方面，"西部山区"小农户距市场的路程较远，且地形地貌复杂，基础设施欠缺，依靠自我服务虽然能减少部分农业用工成本（姜长云、郑秋芬，2015），但农机作业、排灌浇灌、物流运输等生产成本往往更高。此外，由于远离市场、社会资本薄弱，"西部山区"小农户往往还要负担农产品积压造成的折价出售损失、议价过程中的交易费用等额外隐性成本。因此，"节省成本"成为"西部山区"小农户购买农业生产性服务的主要内动力。

对于"西部山区"小农户来说，购买农业生产性服务除了"节省成本"和"方便省心"两大主要内动力，小农户"自己不会干或干不了"也是选择购买农业生产性服务的重要内动力，对应小农户占比达到31.37%。这主要是由于，从劳动技术角度来看，"西部山区"受历史积累影响，小农户往往受教育程度相对较低，对于新的农业生产技术学习能力不足；此外，"西部山区"区位环境偏远，在东部和中部地区已经较为成熟的良种抚育技术、病虫害防治技术、智慧农业技术等无法及时延伸至"西部山区"，形成了农业生产的技术门槛，因此"不会干"成为小农户购买农业生产性服务的一个内动力。从劳动能力角度来看，与其他地区相比，"西部山区"小农户多以农业生产为主要经济活动，兼业化程度相对较低（纪月清、钟甫宁，2011），农事繁多，劳动强度较高；然而，伴随着"西部山区"人口老龄化问题的不断加剧以及青壮年劳动力的不断流失，导致农业劳动力供给已经不能满足农业生产的需求，因此"干不了"成为小农户购买农业生产性服务的另一个内动力。除此之外，"提高农产品质量""弥补劳动力不足""增加农业收入"等也是"西部山区"小农户选择购买农业生产性服务的重要内动力，将其合并为"其他"，占比为11.76%。

（二）西部山区小农户购买农业生产性服务的满意度

基于田野调查数据，前文已经对"西部山区"小农户购买农业生产性服务的需求异质性和购买原因进行了剖析，但小农户对其所购买的服务是否满意尚不得而知，而这恰恰是"西部山区"小农户依托农业生产性服务业实现小农现代化的重要方面，因此此处针对"西部山区"小农户购买农业生产性服务满意度情况做进一步的研究。具体如表4-6所示。

表 4-6　西部山区小农户对农业生产性服务的满意度调查情况

单位：户/%

地区类型	很满意	比较满意	一般	不满意	很不满意	满意度（%）	不满意度（%）
西部山区	32/20.92	108/70.59	11/7.19	1/0.65	1/0.65	91.51	1.30
西部非山区	4/7.55	32/60.38	13/24.53	4/7.55	0/0	67.93	7.55
中东部地区	15/14.15	48/45.28	31/29.25	9/8.49	4/3.77	59.43	12.26
合计	51/16.35	188/60.26	55/17.63	14/4.49	5/1.60	76.61	6.09

注：表中数据经过四舍五入处理。

根据表4-6可以发现：将"很满意"和"比较满意"占比的和设定为"满意度"，将"不满意"和"很不满意"占比的和设定为"不满意度"。"西部山区"小农户对其所购买的农业生产性服务满意度较高，达到91.51%。表明农业生产性服务供给在很大程度上满足了"西部山区"小农户在农资采买、农机作业、浇灌撒药等方面的生产需要，大部分小农户对农业生产性服务供给给予了充分肯定。"西部山区"小农户对其所购买的农业生产性服务"不满意度"较低，仅有1.30%。实地调查中发现，"西部山区"存在少部分小农户已粗具经营规模（农地面积大于7.8亩），在自身经营农地上已投入较多传统农业生产性服务，农业产业化发展和现代化水平均高于所处"西部山区"平均水平，农业生产性服务应用成熟，该部分小农户对服务质量以及所带来农业生产效率提升的预期更高，因此会对"西部山区"农业生产性服务满意度产生不利影响，"不满意度"也会随之增加。但整体来看，"西部山区"小农户对农业生产性服务的满意度，仍远大于同为西部地区的"西部非山区"和"中东部地区"。这主要是由于，"西部山区"农业产业化发展相对滞后，农业现代化水平相对较低，小农户依靠农业实现增收致富的能力相对不足，当购买农业生产性服务后，服务给农业生产所带来的转变更为明显。

五　西部山区小农户农业生产性服务供给主体和购买来源特征

为了解"西部山区"小农户农业生产性服务的供给主体构成，此处在调研问卷中设置对应问题进行调研，结果如表4-7所示。

表 4-7　西部山区小农户农业生产性服务供给主体情况

单位：户/%

地区类型	邻里或亲友	农业大户	合作社	龙头企业	村集体经济组织	政府	专业服务公司	其他	合计
西部山区	16/10.46	34/22.22	50/32.68	52/33.99	19/12.42	44/28.76	0/0	16/10.46	231/150.98
西部非山区	11/20.75	10/18.87	16/30.19	21/39.62	9/16.98	13/24.53	0/0	1/1.89	81/152.83
中东部地区	28/26.42	10/9.43	18/16.98	20/18.87	7/6.60	6/5.66	11/10.38	25/23.58	125/117.92
合计	55/17.63	54/17.31	84/26.92	93/29.81	35/11.22	63/20.19	11/3.53	42/13.46	437/140.06

注：问卷设计农户购买农业生产性服务的供给主体为多选题，因此合计大于100%。

根据表4-7可以发现：在"西部山区"小农户主要通过邻里或亲友、农业大户、合作社、龙头企业、村集体经济组织、政府6个主体购买农业生产性服务，未见向专业服务公司购买过农业生产性服务。"西部山区"农业生产性服务的供给主体主要集中在"合作社"和"龙头企业"，占比分别为32.68%和33.99%，大于"中东部地区"的占比16.98%和18.87%。"西部山区"小农户购买农业生产性服务对于"合作社"和"龙头企业"的依赖程度远大于"中东部地区"。这主要是由于，一方面，"西部山区"地方政府较为偏好农业规模化、产业化发展，往往除以供给主体的形式参与农业生产性服务外，趋向于将大量资源投放给合作社、龙头企业等规模服务主体（陈航英，2019），促使其在"西部山区"的农业生产性服务市场得以迅速扩张并形成进入壁垒，占据专业化服务公司等其他主体的市场份额。另一方面，"西部山区"小农户通过合作社、龙头企业等服务主体不仅能将农地资源有效整合，发展规模化集约化经营，并联合利用农机作业等服务促进农业生产提质增效，而且能以集体组织形式统一对接消费大市场，完善农产品冷藏保鲜、仓储物流、上市销售等产后薄弱环节，解决农产品销售与变现难题，有利于小农户参与合作社分红，增加个人收入，实现小农现代化。"西部山区"调研未见小农户通过专业化服务公司购买农业生产性服务，表明当前"西部山区"专业化的农业生产性服务公司缺少布局，服务供给水平较低，尚有待进一步发展。

对于"西部山区"的小农户而言，农业生产性服务除"合作社"和"龙头企业"两大供给主体以外，"政府"也是重要的农业生产性服务供给主体之一。"西部山区"小农户通过政府购买农业生产性服务的占比达28.76%，大于同属于西部地区的"西部非山区"的24.53%。这主要是由于，"西部山区"社会非公有制资本参与农业现代化发展程度相对较低，为依托农业生产性服务助力"西部山区"小农现代化，政府则主动以服务供给主体的形式参与前期服务市场建设与发展，为广大小农户提供价格相对较低的农技推广、农业信息、农产品质检等农业生产性服务。但是，伴随"西部山区"农业生产性服务市场的不断发展与成熟，政府的主体地位将不断弱化，不断凸显市场对资源的配置作用，这与"中东部地区"仅有5.66%的农户通过"政府"购买农业生产性服务相互印证。

由于中国农业生产性服务业的市场化程度有待进一步深化，区域间的服务辐射能力相对不足，"西部山区"小农户购买农业生产性服务的区域性较为明显。为分析这种购买区域性的具体表现形式，此处基于调研问卷展开进一步分析，结果如表4-8所示。

表4-8　西部山区小农户农业生产性服务购买来源情况

单位：户/%

地区类型	本组	本村外组	本乡外村	本县外乡	外县	其他	合计
西部山区	51/33.33	30/19.61	77/50.33	35/22.88	19/12.42	2/1.31	214/139.87
西部非山区	16/30.19	18/33.96	17/32.08	23/43.40	1/1.89	0/0	75/141.51
中东部地区	19/17.92	12/11.32	18/16.98	52/49.06	7/6.60	6/5.66	114/107.55
合计	86/27.56	60/19.23	112/35.90	110/35.26	27/8.65	8/2.56	403/129.17

注：问卷设计农户购买农业生产性服务的来源地为多选题，因此合计大于100%。

根据表4-8可以发现："西部山区"小农户购买农业生产性服务的来源呈现较为明显的区域性特征，主要集中在县域范围内。具体而言，"西部山区"农业生产性服务主要来自"本乡外村"和"本组"，分别占全部已购买农业生产性服务小农户的50.33%和33.33%；"本县外乡"和"本村外组"次之，分别占比 22.88% 和 19.61%；"外县"和"其他"地区购买的比例最少，分别占比 12.42% 和 1.31%。"西部山区"农业生产性服务的来源主要集中在本地乡镇小半径范围内的"本乡外村"和"本组"。这主要是由于，一方面本地乡镇和村组内的农业生产性服务交易方式更为灵活，交易往往建立在社会关系的基础上，大多为先服务再付款，付款多延期至作物收获时期。而外县或其他外来服务由于缺少经济交易，往往要求现付，且双方信誉、经营规模等信息难以掌握，交易费用增加。另一方面以一定的关系、人情为依托的农业生产性服务交易（李虹韦、钟涨宝，2020），有利于供需双方互惠共赢，达成长期稳定的合作。此外，"西部山区"农业生产性服务来源半径范围远小于"中东部地区"，"本县外乡"和"外县"的来源比重较低。这主要是由于，相比"中东部地区"，"西部山区"农田水利、交通道路等基础设施条件较差，农业生产多依靠自我服务实现，规模化、产业化发展程度较低，对于农业生产性服务的需求更小，往往不利于县域内其他乡镇服务或县域外服务进入。因此，"西部山区"小农户农业生产性服务购买需求的辐射范围较为有限，其他乡镇或县域外的服务来源占比较小。

第三节 西部山区小农户农业生产性服务需求异质性特征影响因素分析

一 西部山区小农户购买农业生产性服务偏好的影响因素

（一）模型选取与变量定义

为研究"西部山区"各类因素对小农户购买农业生产性服务偏好异质性的影响因素，并探究这些影响因素在"西部非山区""中东部地区"所产生的差异性效果，此处将三类区域的农业生产性服务需求设置为"已购买"和"未购买"，并设置 Y_i 用以识别，同时结合调研问卷所得数据特征，此处选择二元 Logit 模型进行实证分析。具体如式 4-1 所示。

$$Y_i = \alpha + \beta X_i + \mu \tag{4-1}$$

式中：$Y_i=1$ 为小农户已经购买农业生产性服务，$Y_i=0$ 为小农户未购买农业生产性服务；X_i 为小农户购买农业生产性服务偏好异质性的影响因素，参考现有研究成果（张晓敏、姜长云，2015；庄丽娟等，2011），此处将影响因素设置为"农户基本特征""农业生产特征""农户家庭农业生产禀赋"三类。其中，"农户基本特征"主要包含年龄、文化程度、经营规模、农业生产技术能力、社会资本 5 个变量；"农业生产特征"主要包含农地块数、农业生产主要目的 2 个变量；"农户家庭农业生产禀赋"主要包含市场距离、基础设施条件 2 个变量。具体如表 4-9 所示。

表 4-9　　　　　　　变量说明及表示方法

影响因素	变量	代码	定义及表示方法
农户基本特征	年龄	age	户主的年龄（周岁）
	文化程度	edu	1=小学及以下，2=初中，3=高中/中专，4=技校/大专，5=本科及以上
	经营规模	type	1=较小经营规模主体，0=较大经营规模主体
	农业生产技术能力	tech	是否受过农业生产技能培训：1=是，0=否
	社会资本	ident	是否担任干部：1=是，0=否
农业生产特征	农地块数	numb	田块数量（块）
	农业生产主要目的	purp	1=自用；2=部分出售；3=出售
农户家庭农业生产禀赋	市场距离	posi	住所到集市距离（千米）
	基础设施条件	cond	农田水利等基础设施完善程度：1=较差；2=一般；3=较好

注：第三次农业普查数据显示，当前中国户均 7.8 亩耕地面积，因此此处将户均耕地面积小于等于 7.8 亩的设定为较小经营规模主体，大于 7.8 亩的设定为较大经营规模主体。

需要注意的是，由于经营规模依据农户经营的农地面积进行划分，为避免回归方程出现多重共线性，本部分回归暂不引入"农地面积"这一变量。

（二）实证与结果分析

本章运用 Stata15.0 统计软件分别对"西部山区"和"中东部地区"农业生产性服务需求的影响因素进行回归分析，由于"西部非山区"农户样本数量较少，因此暂不对其进行分析，具体回归结果如表

4-10所示。模型（1）报告了农户基本特征、农业生产特征、农户家庭农业生产禀赋对全样本农户农业生产性服务需求的影响；模型（2）和模型（3）则分别汇报了各因素对"西部山区"小农户和"中东部地区"农户农业生产性服务需求的影响。

表 4-10　　　西部山区小农户购买农业生产性服务
偏好影响因素的回归结果

影响因素	变量	全样本 模型（1）	西部山区 模型（2）	中东部地区 模型（3）
农户基本特征	年龄	-0.0006 (0.0081)	-0.0079 (0.0170)	0.0248* (0.0145)
	文化程度	0.3503*** (0.1103)	-0.3216 (0.2461)	0.5845*** (0.1945)
	经营规模	-0.7753*** (0.2218)	-2.2690*** (0.4977)	-0.6253* (0.3612)
	农业生产技术能力	0.6727*** (0.2258)	-0.0258 (0.4188)	1.5815*** (0.3777)
	社会资本	-0.8983* (0.4785)	0.1063 (1.0958)	-1.1172 (0.6789)
农业生产特征	农地块数	0.0032 (0.0184)	-0.0998*** (0.0364)	0.0984** (0.0428)
	农业生产主要目的	0.6664*** (0.1250)	1.7504*** (0.2979)	0.0411 (0.1947)
农户家庭农业生产禀赋	市场距离	0.2204*** (0.0285)	0.6239*** (0.0883)	0.1485*** (0.0353)
	基础设施条件	0.0473 (0.1623)	1.0984*** (0.3697)	0.0222 (0.2492)

注：括号内为标准误；*、**、***分别表示10%、5%、1%的显著性水平。

1. 农户基本特征对西部山区小农户购买农业生产性服务偏好的影响

"年龄"在模型（2）中未通过显著性检验，表明"年龄"对"西部山区"小农户农业生产性服务购买需求，在统计学意义上并未产生显著影响。但同时本书认为，这种不显著相关性或是由调研样本数量及范围有所遗漏造成的，后期伴随着研究的持续深化，进一步扩大研究覆盖范围，二者相关性应呈显著正相关关系，即伴随着"西部山区"小农户年龄的增加，其对农业生产性服务的需求会有所上升，与模型（3）所示结果较为相近。"文化程度"在模型（2）中同样未通过显著性检验，即文化程度与"西部山区"小农户农业生产性服务购买需求，在统计学意义上并未产生显著影响或线性关系。这主要是由于一方面对于"西部山区"小农户而言，伴随受教育程度的不断提升，其对农业现代技术应用所面临的技术壁垒相对会不断弱化，购买农业生产性服务的需求会呈显著正相关关系。另一方面，随着"西部山区"技术支农力度的不断加大，基层农技工作者将花费相对更多的时间协助受教育程度相对较低的小农户使用现代技术从事农业生产，这也会对弱化技术壁垒，对购买农业生产性服务的需求产生正向影响，并表现为受教育程度与服务购买需求的负相关关系。综合以上两种相反的作用关系，导致小农户"文化程度"与其农业生产性服务购买需求呈非线性关系，进而在模型（2）中未通过显著性检验。"经营规模"在1%水平上与"西部山区"小农户农业生产性服务购买需求显著负相关，并且对比模型（1）—模型（3），"经营规模"在模型（2）中的估计系数最大，"经营规模"在"西部山区"的影响最为强烈和稳定。表明，"西部山区"较大经营规模主体对农业生产性服务的需求要强于较小经营规模主体。这主要是由于，一方面相比较大经营规模主体，较小经营规模主体的生产专业化、规模化和商业化程度较低，大部分生产都依靠自给自足实现，因此对农业生产性服务的购买需求相对较低；另一方面受规模经济影响，较小经营规模主体了解和使用农业生产性服务的交易成本相对更高且预期边际收益相对较低，这对较小经营规模主体购买农业生产性服务也会产生负向影响。"农业生产技术能力"对"西部山区"小农户农业生产性服务购买需求未产生显著性影响，且相关性显著低于"西部非山区"和"中东部地区"。表明，相比其他地区，"西部山区"接受生产技能培训后难以显著提高其对服务的购买需求。这是由于，"西部山区"经济基础薄弱，农业生产技术推广缓慢，小农户长期处于自给自足的低效生产状态，现代化经营意识不足，对生产技术和农机操作掌握和接受度低。接受生产技能培训后，"西部山区"小农户对于农业生产性服务的认识和购买需求在短期难以增加，但本书也认为从长期视角来看，生产技能培训能够对西部山区小农户认识和购买农业生产性服务产生正向的推动作用。"社会资本"对"西部山区"小农户农业生产性服务购买需求同样无显著性影响。这是由于，一方面，从统计学层面来看，受访的"西部山区"小农户中具有社会资本的样本数量过少，因此导致"社会资本"未对"西部山区"小农户农业生产性服务需求产生显著影响。另一方面，从理论层面来看，对于担任了干部的小农户而言，由于将大量时间和精力用于村镇管理，非农工作强度大，参与农事的隐性成本更高，会减少其对农业生产性服务的需求。此外，担任干部的小农户往往能掌握和了解更多新型农业技术和生产信息，从而增加对农业生产性服务的需求。因此"社会资本"对小农户农业生产性服务需求的影响具有非线性关系，进而在模型（2）中二者呈非显著相关性。

2. 农业生产特征对西部山区小农户购买农业生产性服务偏好的影响

"农地块数"在模型（2）中在1%水平上与"西部山区"小农户农业生产性服务购买需求呈显著负相关关系，但在模型（3）中在5%水平上与"中东部地区"购买需求呈显著正相关关系。表明，农地块数越多，"西部山区"小农户购买农业生产性服务的需求越少，与"中东部地区"恰恰相反。这主要是由于，相比"中东部地区"，"西部山区"地形崎岖、地势落差大，农地块数多意味着土地细碎化程度高、农业作业成本高，不利于推广机械化生产，农机作业效率较低，对农业生产性服务的需求不足。因此，"农地块数"对"西部山区"小农户和"中东部地区"农户的农业生产性服务购买需求的影响存在相反作用。"农业生产主要目的"在模型（2）中在1%水平上与"西部山区"小农户农业生产性服务购买需求呈显著正相关关系，相关性远大于"全样本"。表明，"西部山区"小农户从事农业生产的出售目的越强，其购买农业生产性服务的需求越强烈。对其回归系数进行几率比转换可得，"西部山区"农业生产出售目的更强的小农户，其购买农业生产性服务的比例是自用目的更强的小农户的5.76倍。

3. 农户家庭农业生产禀赋对西部山区小农户购买农业生产性服务偏好的影响

"市场距离"在模型（2）中在1%水平上与"西部山区"小农户农业生产性服务购买需求呈显著正相关关系，且相关性远大于"全样本"和"中东部地区"。表明"西部山区"小农户住所距离市场越远，其对农业生产性服务的购买需求越强烈。这主要是由于，"西部山区"住所距离市场较远的小农户，对农产品价格、市场供求等信息掌握较少，物流运输成本相对更高，小农户往往更愿意通过购买农业生产性服务达到提高经营效益、降低生产成本的目的。根据边际效应计算得出，住所到市场距离每增加1千米，"西部山区"小农户对农业生产性服务的购买需求会提升6.36%，同比之下，"中东部地区"的农户仅提升2.56%。"基础设施条件"仅在模型（2）中在1%水平上与"西部山区"小农户农业生产性服务购买需求呈显著正相关关系。表明，"基础设施条件"仅对"西部山区"小农户农业生产性服务的购买需求产生正向影响，伴随农田水利、交通通信等基础设施的持续完善，小农户对农业生产性服务的购买需求也会随之不断增强。

（三）稳健性检验

为了验证模型估计结果是否稳健，本章采用 Probit 模型替代 Logit 模型进行回归分析，对已有结果进行检验，回归结果如表4-11所示。将其与表4-10对比，"西部山区"小农户农业生产性服务需求异质性的影响因素总体上相关关系及显著性未发生明显改变，因此原回归结果是稳健的。

表4-11　西部山区小农户购买农业生产性服务偏好影响因素的稳健性检验

影响因素	变量	全样本	西部山区	中东部地区
		模型（1）	模型（2）	模型（3）
农户基本特征	年龄	0.0007 (0.0047)	-0.0034 (0.0095)	0.0146* (0.0082)
	文化程度	0.2171*** (0.0653)	-0.1268 (0.1328)	0.3434*** (0.1122)

续表

影响因素	变量	全样本 模型（1）	西部山区 模型（2）	中东部地区 模型（3）
农户基本特征	经营规模	-0.4715*** (0.1328)	-1.1511*** (0.2564)	-0.3732* (0.2161)
	农业生产技术能力	0.3901*** (0.1352)	-0.0299 (0.2298)	0.9432*** (0.2262)
	社会资本	-0.5323** (0.2672)	-0.2673 (0.5327)	-0.6156 (0.3785)
农业生产特征	农地块数	0.0006 (0.0105)	-0.0521*** (0.0195)	0.0612** (0.0253)
	农业生产主要目的	0.3956*** (0.0746)	0.8896*** (0.1512)	0.0057 (0.1142)
农户家庭农业生产禀赋	市场距离	0.1264*** (0.0157)	0.3192*** (0.0428)	0.0900*** (0.0210)
	基础设施条件	0.0305 (0.0969)	0.5737*** (0.2095)	0.0277 (0.1465)

注：括号内为标准误；*、**、***分别表示10%、5%、1%的显著性水平。

二 西部山区小农户购买农业生产性服务类型偏好的影响因素

（一）西部山区小农户购买农业生产性服务类型偏好的影响因素

运用上文已建立的二元 Logit 模型进一步研究"西部山区"小农户购买农业生产性服务类型偏好的影响因素。模型表达式中因变量 Y_i 为是否购买某一生产环节（产前、产中、产后）的农业生产性服务，自变量 X_i 为购买各类型农业生产性服务的影响因素，包括"农户基本特征""农业生产特征""农户家庭农业生产禀赋"。需要注意的是，为探究"西部山区"的异质性，此处在前文基础之上，进一步设定虚拟变量"地区类型"（region）进行区域识别，region=1 表示"西部山区"，region=0 表示"西部非山区"和"中东部地区"（下文统称为"非西部山区"）。

此处设定三个模型分别分析不同类型农业生产性服务的需求异质性，回归结果如表 4-12 所示。其中，模式（4）中如果农户购买了

"产前、产中、产后"任意环节的农业生产性服务，则 $Y_i=1$，否则 $Y_i=0$；模型（5）（a）中如果农户购买了"产前"农业生产性服务，则 $Y_i=1$，否则 $Y_i=0$；模型（5）（b）中如果农户购买了"产中"农业生产性服务，则 $Y_i=1$，否则 $Y_i=0$；由于购买"产后"农业生产性服务的样本数量较少，因此暂不对其进行分析。

表4-12　西部山区小农户购买农业生产性服务类型偏好影响因素的回归结果

影响因素	变量	模型（4）	模型（5）(a)	模型（5）(b)
农户基本特征	年龄	0.0015 (0.0083)	-0.0426*** (0.0119)	0.0051 (0.0083)
	文化程度	0.3748*** (0.1091)	-0.1005 (0.1392)	0.3932*** (0.1085)
	农业生产技术能力	0.5894*** (0.2225)	0.2041 (0.2882)	0.6040*** (0.2212)
	社会资本	-0.8148* (0.4694)	0.3639 (0.5145)	-0.7362 (0.4624)
农业生产特征	农地块数	0.0137 (0.0183)	-0.0341 (0.0210)	0.0054 (0.0180)
	农业生产主要目的	0.8920*** (0.1151)	1.2374*** (0.1742)	0.8431*** (0.1143)
农户家庭农业生产禀赋	市场距离	0.2126*** (0.0281)	0.0940*** (0.0239)	0.2050*** (0.0274)
	地区类型	0.3853* (0.1991)	0.9162*** (0.2705)	0.3605* (0.1981)

注：括号内为标准误；*、***分别表示10%、1%的显著性水平。

1. 农户基本特征对小农户购买农业生产性服务类型偏好的影响

"年龄"仅在模型（5）（a）中在1%水平上与产前农业生产性服务的购买需求呈显著负相关关系，在模型（4）和模型（5）（b）中未通过显著性检验。表明，农户年龄越大，其对产前农业生产性服务的需求则越小。这主要是由于，产前农业生产性服务主要包含金融保险、农业信息等服务，伴随农户年龄的不断增大，其对该类型服务的接受意愿和能力均会随之下降，因此二者呈负相关关系。"文化程度"在模型（4）和模型（5）（b）中均在1%水平上与产中农业生产性服务购买需求呈显著正相关关系。表明，农户文化程度越高，其越偏向于购买产中农业生产性服务。这主要是由于，农机作业、病虫害防治、农产品质检等产中农业生产性服务要求农民具有一定的农业知识和技术，因此农户文化程度越高，其对购买使用产中农业生产性服务的需求越强。

2. 农业生产特征对小农户购买农业生产性服务类型偏好的影响

"农业生产主要目的"对农业生产性服务需求类型异质性的影响较为稳定，在模型（4）、模型（5）（a）和模型（5）（b）中均与产前、产中农业生产性服务的购买需求在1%水平上呈显著正相关关系。表明，以销售作为主要生产目的的农户，对产前、产中农业生产性服务的需求高于其他农户。这主要是由于，以销售作为主要生产目的的农户，其农业生产经营规模相对较大，为提高生产效率，其购买产前、产中等农业生产性服务的需求也更强烈。

3. 农户家庭农业生产禀赋对小农户购买农业生产性服务类型偏好的影响

"市场距离"在模型（4）、模型（5）（a）和模型（5）（b）中均与产前、产中农业生产性服务的购买需求在1%水平上呈显著正相关关系。表明，农户住所距离市场越远，其对产前、产中农业生产性服务的购买需求越强烈。这主要是由于，随着市场距离的增加，农户需要购买物流配送、储藏保鲜、对接商超等服务来克服距离导致的农产品品质、到货时间、销售等方面的问题，因此二者呈正相关关系。"地区类型"同样在模型（4）、模型（5）（a）和模型（5）（b）中与农业生产性服务购买需求在10%以上的水平呈显著正相关关系且相关系数较大，影响程度最为强烈。表明，"西部山区"小农户对产前、产中农业生产性服务的需求强于"非西部山区"的农户。这主要是由于，与"非西部山区"相比，"西部山区"的经济发展较为滞后，小农户户均农业收入水平不高，农业生产效率较低，购买农业生产性服务后，其所带来边际产量的提升效果更为显著，因此"西部山区"小农户对产前、产中农业生产性服务的购买需求更为强烈。

（二）西部山区小农户购买农业生产性服务类型偏好影响因素来源

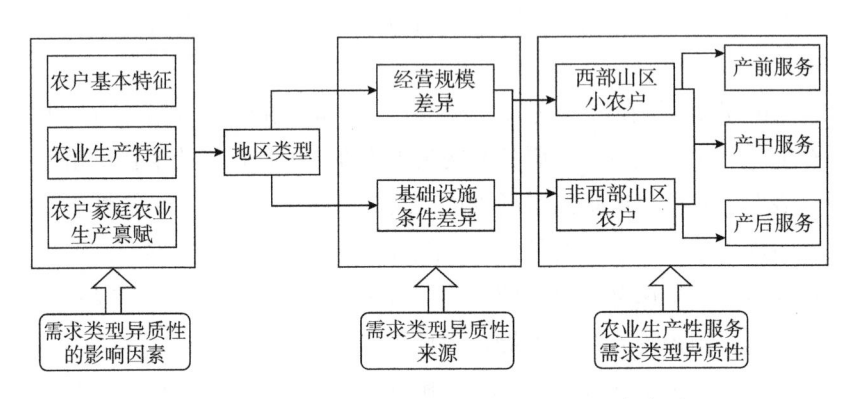

1. 西部山区小农户购买农业生产性服务类型偏好影响因素来源假设

观察表4-12所示各个因素对小农户购买农业生产性服务类型偏好的影响，"地区类型"的影响最为强烈和显著。因此，可以初步假设小农户购买农业生产性服务类型偏好影响因素源于"地区类型"这一变量。"地区类型"在农业生产方面主要存在两点差异：一是"经营规模"的差异，"西部山区"受地形地貌特征影响，土地细碎化严重，单块农地可耕种面积小，总体农业经营规模较小，而"非西部山区"与"西部山区"相比，地形更为平坦，地势落差小，土地多集中连片，农业生产经营规模往往更大；二是"基础设施条件"差异，一般而言，"西部山区"基础设施条件较"非西部山区"差。因此，此处做出如下研究假设并对其进行验证：经营规模（1=较小经营规模主体，0=较大经营规模主体）差异是农业生产性服务需求类型异质性的来源之一；基础设施条件（1=较差，2=一般，3=较好）差异是农业生产性服务需求类型异质性的来源之二。具体如图4-1所示。

图4-1 西部山区小农户购买农业生产性服务类型偏好影响因素的来源示意

2. 西部山区小农户购买农业生产性服务类型偏好影响因素来源实证分析

本章对"西部山区"小农户购买农业生产性服务类型偏好影响因

素来源进行回归分析，结果如表4-13所示。模型（6）（a）（c）、模型（7）（a）（c）分别报告了"经营规模"差异和"基础设施条件"差异所引起的小农户购买农业生产性服务类型偏好。模型（6）、模型（7）所含（a）（b）（c）对应因变量分别为是否购买任意环节的农业生产性服务以及是否购买产前或产中农业生产性服务。由于购买产后农业生产性服务的样本数量较少，因此暂不对其进行分析。

表4-13　西部山区小农户购买农业生产性服务类型偏好影响因素来源回归分析

影响因素	模型（6）(a)	模型（6）(b)	模型（6）(c)	模型（7）(a)	模型（7）(b)	模型（7）(c)
年龄	0.0033 (0.0085)	-0.0451*** (0.0125)	0.0067 (0.0084)	0.0011 (0.0087)	-0.0355*** (0.0127)	0.0048 (0.0086)
文化程度	0.3801*** (0.1124)	-0.1573 (0.1464)	0.3957*** (0.1113)	0.3995*** (0.1145)	0.1753 (0.1502)	0.4043*** (0.1139)
农业生产技术能力	0.7216*** (0.2298)	0.3504 (0.3038)	0.7200*** (0.2279)	0.6520*** (0.2408)	0.8572*** (0.3151)	0.6304*** (0.2398)
社会资本	-0.9004* (0.4759)	0.2235 (0.5395)	-0.8110* (0.4684)	-0.6841 (0.4599)	0.1544 (0.5263)	-0.5846 (0.4519)
农地块数	-0.0167 (0.0198)	-0.0739*** (0.0256)	-0.0210 (0.0194)	0.0363* (0.0203)	-0.0153 (0.0228)	0.0234 (0.0198)
农业生产主要目的	0.8343*** (0.1174)	1.0367*** (0.1793)	0.7842*** (0.1166)	0.8591*** (0.1174)	1.2530*** (0.1918)	0.8186*** (0.1168)
市场距离	0.2228*** (0.0289)	0.0909*** (0.0243)	0.2129*** (0.0280)	0.1652*** (0.0270)	0.0905*** (0.0255)	0.1616*** (0.0264)
地区类型	1.2336*** (0.3102)	1.7821*** (0.3301)	1.1199*** (0.3032)	3.4653*** (1.0418)	-0.2359 (0.5189)	3.5420*** (1.0396)
经营规模×地区类型	-1.2001*** (0.3257)	-1.7840*** (0.3879)	-1.0894*** (0.3206)	—	—	—
基础设施条件（cond=1）×地区类型	—	—	—	-2.1317** (1.0870)	3.1927*** (0.6143)	-2.4372** (1.0814)

续表

影响因素	模型 (6)			模型 (7)		
	(a)	(b)	(c)	(a)	(b)	(c)
基础设施条件 (cond=2) × 地区类型	—	—	—	-3.7882*** (1.0484)	0.3015 (0.5184)	-3.8284*** (1.0451)

注：括号内为标准误；*、**、***分别表示10%、5%、1%的显著性水平。

第一，经营规模差异导致西部山区小农户购买农业生产性服务类型偏好差异。"地区类型"与"经营规模"的交互项在模型（6）（a）和模型（6）（c）中均在1%水平上与"西部山区"小农户对产前、产中农业生产性服务的购买需求呈显著负相关关系。这表明，"经营规模"是"西部山区"小农户农业生产性服务需求类型异质性的来源。"地区类型"的系数在1%水平显著为正（1.2336、1.7821、1.1199），而与"经营规模"的交互项系数显著为负（-1.2001、-1.7840、-1.0894），表明"经营规模"对"西部山区"产前、产中农业生产性服务的购买需求有负向效应，即"西部山区"较大经营规模主体对产前、产中农业生产性服务的购买需求大于较小经营规模主体。控制其他因素不变，进行几率比转换，在"西部山区"经营规模较大的小农户对任意环节农业生产性服务以及产前、产中农业生产性服务的需求是经营规模较小的小农户的0.3倍、0.17倍和0.34倍。主要原因是在"西部山区"，相比经营规模小于7.8亩的农户，经营规模较大的农户一方面农产品市场化程度更高，为提高经营效益，往往更偏好于在农业生产过程中购买机耕机种机收、配方施肥等服务，以达到降低单位成本的目的；另一方面"西部山区"经营规模较大的农户具备更多的农业知识和生产技能，对农业生产性服务的接受和认可度更高，更倾向于借助市场需求信息、金融保险等服务降低自身经营风险，增强了对产前、产中农业生产性服务的需求。

第二，基础设施条件差异导致西部山区小农户购买农业生产性服务类型偏好差异。"地区类型"与"基础设施条件"的交互项在模型（7）（a）和模型（7）（c）中均在1%水平上与"西部山区"小农户对产中等农业生产性服务购买需求呈显著负相关关系。这表明，"基础设施条件"是"西部山区"小农户农业生产性服务需求类型异质性的来源。"地区类型"的系数在1%水平显著为正，而与"基础设施条件"的交互项系数却显著为负，表明"基础设施条件"对"西部山区"产中农业生产性服务的购买需求有负向效应，即基础设施条件越差，小农户对产中农业生产性服务的需求越大。这主要是由于，"西部山区"小农户通过购买农机作业、开沟培土、大棚保温等产中农业生产性服务，保证农业获得稳定收益，因此更加倾向于购买服务。但同时需要注意的是，"地区类型"在模型（7）（b）中并未通过显著性检验。这主要是由于，以小额贷款、金融保险为代表的产前农业生产性服务具有一定的平台性，在"西部山区"或"非西部山区"之间的服务差异并不明显。而"地区类型"与"基础设施条件"的交互项在模型（7）（b）中仅在取值为1时在1%水平上显著为正，表明"西部山区"基础设施条件越差，小农户对产前农业生产性服务的需求越强烈。这与"西部山区"小农户生产规模有限、机械化程度低、受自然环境和市场波动的影响大、抗风险能力较弱有关，因此小农户往往更偏好通过购买金融保险等产前农业生产性服务，以降低自身经营风险。

（三）稳健性检验

为验证模型估计结果是否稳健，本章采用Probit模型替代Logit模型进行回归分析，对已有结果进行检验，回归结果具体如表4-14、表4-15所示。将其与表4-12和表4-13对比，"西部山区"小农户农业生产性服务需求类型异质性的影响因素及来源的相关关系及显著性未发生明显改变，因此原回归结果是稳健的。

表4-14　西部山区小农户购买农业生产性服务类型偏好影响因素的稳健性检验

影响因素	变量	模型（4）	模型（5）	
			(a)	(b)
农户基本特征	年龄	0.0018 (0.0049)	-0.0227*** (0.0063)	0.0038 (0.0049)
	文化程度	0.2311*** (0.0648)	-0.0423 (0.0750)	0.2419*** (0.0645)

续表

影响因素	变量	模型（4）	模型（5）(a)	模型（5）(b)
农户基本特征	农业生产技术能力	0.3439*** (0.1339)	0.1806 (0.1540)	0.3555*** (0.1335)
	社会资本	-0.4937* (0.2663)	0.1792 (0.2841)	-0.4481* (0.2641)
农业生产特征	农地块数	0.0069 (0.0103)	-0.0167 (0.0116)	0.0029 (0.0103)
	农业生产主要目的	0.5315*** (0.0679)	0.6640*** (0.0917)	0.5026*** (0.0676)
农户家庭农业生产禀赋	市场距离	0.1213*** (0.0155)	0.0552*** (0.0134)	0.1183*** (0.0153)
	地区类型	0.2163* (0.1179)	0.4103*** (0.1430)	0.2019* (0.1174)

注：括号内为标准误；*、***分别表示10%、1%的显著性水平。

表4-15　西部山区小农户购买农业生产性服务类型偏好影响因素来源的稳健性检验

影响因素	模型（6）(a)	模型（6）(b)	模型（6）(c)	模型（7）(a)	模型（7）(b)	模型（7）(c)
年龄	0.0028 (0.0049)	-0.0228*** (0.0065)	0.0048 (0.0049)	0.0016 (0.0050)	-0.0201*** (0.0066)	0.0037 (0.0050)
文化程度	0.2342*** (0.0664)	-0.0706 (0.0774)	0.2436*** (0.0659)	0.2324*** (0.0676)	0.0824 (0.0794)	0.2376*** (0.0674)
农业生产技术能力	0.4160*** (0.1374)	0.2412 (0.1593)	0.4195*** (0.1367)	0.3525** (0.1425)	0.5009*** (0.1673)	0.3493** (0.1423)
社会资本	-0.5523** (0.2690)	0.0978 (0.2927)	-0.4986* (0.2664)	-0.3825 (0.2618)	0.1154 (0.2896)	-0.3308 (0.2596)
农地块数	-0.0106 (0.0113)	-0.0384*** (0.0133)	-0.0126 (0.0112)	0.0152 (0.0106)	-0.0066 (0.0116)	0.0105 (0.0106)
农业生产主要目的	0.4936*** (0.0692)	0.5688*** (0.0941)	0.4648*** (0.0692)	0.5200*** (0.1174)	0.6562*** (0.0977)	0.4947*** (0.0689)
市场距离	0.1261*** (0.0159)	0.0549*** (0.0138)	0.1221*** (0.0156)	0.0954*** (0.0151)	0.0521*** (0.0142)	0.0943*** (0.0149)

续表

影响因素	模型（6）			模型（7）		
	（a）	（b）	（c）	（a）	（b）	（c）
地区类型	0.7197*** (0.1829)	0.9449*** (0.1833)	0.6514*** (0.1783)	1.8788*** (0.4683)	-0.1890 (0.2891)	1.9211*** (0.4669)
经营规模× 地区类型	-0.7160*** (0.1932)	-0.9939*** (0.2134)	-0.6492*** (0.1895)	—	—	—
基础设施条件 （cond=1）× 地区类型	—	—	—	-1.1094** (0.5028)	1.7926*** (0.3439)	-1.2851*** (0.4993)
基础设施条件 （cond=2）× 地区类型	—	—	—	-2.0481*** (0.4706)	0.1351 (0.2944)	-2.0797*** (0.4688)

注：括号内为标准误；*、**、***分别表示10%、5%、1%的显著性水平。

三 西部山区小农户购买农业生产性服务满意度的影响因素

（一）模型选取与变量定义

为不断提升"西部山区"小农户对其所购买农业生产性服务的"满意度"水平并降低"不满意度"水平，此处进一步分析"西部山区"小农户购买农业生产性服务满意度影响因素及其在不同地区之间的区别。基于问卷设计特点，分别将"很满意""比较满意""一般""不满意""很不满意"分别对应至数字"5"至"1"。针对数据离散且具有等级性的特点，此处选择多元有序 Logit 模型进行实证分析（李颖慧、李敬，2019）。具体如式（4-2）所示。

$$S_i = \alpha + \beta X_i + \mu \quad (4-2)$$

式中：S_i 为购买农业生产性服务的满意度，取值范围为 [1, 5]；X_i 为对农业生产性服务满意度产生影响的因素。参考现有研究成果及前文分析方法（张晓敏、姜长云，2015），此处分别选取"农户基本特征""农业生产特征""农户家庭农业生产禀赋"三类影响因素。其中，"农户基本特征"主要包含文化程度、经营规模、农业生产技术能力、突出技能、务农时长、其他培训6个变量；"农业生产特征"主要包含农地块数、农业生产主要目的、农业信息3个变量；"农户家庭农业生产禀赋"主要包含市场距离、基础设施条件、地区类型3个变量,具体如表4-16所示。

表4-16　　　　　　　　变量说明及表示方法

影响因素	变量	代码	定义及表示方法
农户基本特征	文化程度	edu	1=小学及以下,2=初中,3=高中/中专,4=技校/大专,5=本科及以上
	经营规模	type	1=较小经营规模主体,0=较大经营规模主体
	农业生产技术能力	tech	是否受过农业生产技能培训:1=是,0=否
	突出技能	jineng	是否有突出技能:1=是,0=否
	务农时长	shichang	1=0—3个月,2=4—6个月,3=7—9个月,4=10—12个月
	其他培训	peixun	是否受过除农业外的其他培训:1=是,0=否
农业生产特征	农地块数	numb	田块数量(块)
	农业生产主要目的	purp	1=自用,2=部分出售,3=出售
	农业信息	wangxin	是否上网了解农业相关信息:1=是,0=否
农户家庭农业生产禀赋	市场距离	posi	住所到集市距离(千米)
	基础设施条件	cond	农田水利等基础设施完善程度:1=较差,2=一般,3=较好
	地区类型	region	1=西部山区,0=非西部山区(西部非山区、中东部地区)

(二)实证与结果分析

使用多元有序 Logit 模型,回归结果如表4-17所示。模型(8)报告了各项影响因素对全样本农户购买农业生产性服务满意度的影响;模型(9)(a)(b)则分别汇报了各项因素对"西部山区"小农户和"非西部山区"("西部非山区""中东部地区")农户购买农业生产性服务满意度的影响因素。需要注意的是,为探究"西部山区"和"非西部山区"的区域特征对农业生产性服务满意度的影响,此处在模型(8)中引入"地区类型"这一变量,并在模型9(a)(b)中分别探究购买农业生产性服务满意度的影响因素在"西部山区"和"非西部山区"所产生的差异性效果。

表 4-17　　西部山区小农户购买农业生产性服务满意度影响因素的回归结果

影响因素	变量	全样本 模型（8）	西部山区 模型（9）（a）	非西部山区 模型（9）（b）
农户基本特征	文化程度	-0.2346** (0.1180)	-0.6638*** (0.2228)	-0.0375 (0.1572)
	经营规模	-0.9175*** (0.2700)	-0.5693 (0.4877)	-1.2475*** (0.3666)
	农业生产技术能力	0.7826*** (0.3017)	0.9697* (0.5263)	0.4872 (0.3856)
	突出技能	-0.5064* (0.2609)	0.1729 (0.4431)	-0.9212** (0.3703)
	务农时长	-0.1916* (0.1091)	0.0679 (0.1834)	-0.3596** (0.1533)
	其他培训	-0.5998* (0.3494)	-1.1201* (0.5753)	0.3242 (0.5144)
农业生产特征	农地块数	-0.0498** (0.0208)	-0.0493 (0.0364)	-0.0636* (0.0339)
	农业生产主要目的	0.0217 (0.1775)	0.6454* (0.3465)	-0.1555 (0.2210)
	农业信息	0.4359* (0.2558)	0.6554 (0.4240)	-0.0285 (0.3692)
农户家庭农业生产禀赋	市场距离	0.0524** (0.0254)	0.0719 (0.0406)	0.0436 (0.0351)
	基础设施条件	0.6130*** (0.2039)	0.9309*** (0.3571)	0.6023* (0.3232)
	地区类型	1.4131*** (0.2685)	—	—

注：括号内为标准误；*、**、***分别表示10%、5%、1%的显著性水平。

1. 农户基本特征对农业生产性服务满意度的影响

文化程度在模型（9）(a) 中在1%水平上与"西部山区"小农户农业生产性服务满意度呈显著负相关关系，表明文化程度越高的小农户对农业生产性服务的满意度越低。这主要是由于，小农户文化程度越高，农业生产和操作能力越强，对高效率农业的需求更大，将逐渐倾向对金融保险、储藏保鲜等产前、产中环节农业生产性服务的购买，然而"西部山区"小农户农业生产性服务供给普遍集中于产中农业生产性服务，产前、产后环节农业生产性服务的供给能力较为有限，因此供需错配、服务供给质量差等问题突出，导致"文化程度"与满意度呈显著负相关关系。"农业生产技术能力"在模型（9）(a) 中在10%水平上与"西部山区"小农户农业生产性服务满意度呈显著正相关关系；同时，"其他培训"在10%水平上与"西部山区"农业生产性服务满意度呈显著负相关关系。这表明，接受农业生产培训将提高"西部山区"小农户对农业生产性服务的满意度，而非农培训将降低满意度。这主要是由于，农业培训将显著提高小农户对农业生产性服务的了解和接受程度，降低认知门槛，提升满意度；非农培训将提供更多非农就业机会，小农户倾向于减少农业经营比重，从而减少对农业生产性服务的需求，降低满意度。

2. 农业生产特征对农业生产性服务满意度的影响

"农业生产主要目的"在模型（9）(a) 中在10%水平上与"西部山区"小农户农业生产性服务满意度呈正相关关系。表明，"西部山区"小农户农业生产的出售目的越强，其对农业生产性服务满意度越高。这主要是由于，以出售农产品为主要生产目的的小农户往往对降低自身生产成本、提高生产效率的需求更为强烈，因此会导致其对农业生产性服务的购买偏好更强，购买需求量也更多；在此基础上，服务供给主体为了与小农户保持稳定良好的合作关系以获取稳定的市场需求，其所提供的服务质量及服务态度也相对更高，进而满意度也更高。

3. 农户家庭农业生产禀赋对农业生产性服务满意度的影响

"市场距离"在模型（9）(a) 中在5%和10%水平上与"西部山区"小农户农业生产性服务满意度呈显著正相关关系。这表明，"西部山区"小农户住所距离市场越远，其对农业生产性服务的满意度越高。这主要是由于，市场距离越远，小农户需要支付包括采购、加工、运输在内的农业生产交易费用越高，因此其更加倾向于通过购买农业生产性服务的方式降低成本，会对服务满意度的提升产生积极的影响。"基础设施条件"对农业生产性服务满意度的影响较为稳定，在模型（9）(a) 中在1%水平上与"西部山区"小农户农业生产性服务满意度呈显著正相关关系，且相关性远大于"全样本地区"和"中东部地区"。这表明，"西部山区"农田水利、交通通信等基础设施越完善，小农户对农业生产性服务的满意度越高。"地区类型"在模型（8）中在1%水平上与农业生产性服务满意度呈显著正相关关系。这表明，在其他因素不变的条件下，与非西部山区（中东部地区、西部非山区）相比，"西部山区"小农户对各类农业生产性服务的满意度更高，这与上文满意度调查中"西部山区"小农户农业生产性服务满意度最高相互印证。

（三）稳健性检验

为验证模型估计结果是否稳健，本章采用 Probit 模型替代 Logit 模型进行回归分析，对已有结果进行检验，回归结果具体如表4-18 所示。将其与表4-17对比，"西部山区"小农户农业生产性服务满意度的影响因素总体上相关关系及显著性未发生明显改变，因此原回归结果是稳健的。

表4-18　　　西部山区小农户购买农业生产性
服务满意度影响因素的稳健性检验

影响因素	变量	全样本 模型（8）	西部山区 模型（9）(a)	非西部山区 模型（9）(b)
农户基本特征	文化程度	-0.1164* (0.0669)	-0.3613*** (0.1206)	-0.0151 (0.0907)
	农户类型	-0.5109*** (0.1513)	-0.3065 (0.2561)	-0.7553*** (0.2110)
	农业生产 技术能力	0.4254*** (0.1653)	0.4986* (0.2782)	0.2670 (0.2162)
	突出技能	-0.2723* (0.1474)	0.1233 (0.2376)	-0.5285** (0.2120)

续表

影响因素	变量	全样本 模型（8）	西部山区 模型（9）(a)	非西部山区 模型（9）(b)
农户基本特征	务农时长	-0.1173* (0.0614)	0.0199 (0.0992)	-0.2163** (0.0873)
	其他培训	-0.3424* (0.1964)	-0.6360** (0.3182)	0.2108 (0.2889)
农业生产特征	农地块数	-0.0238** (0.0117)	-0.0259 (0.0167)	-0.0352* (0.0206)
	农业生产主要目的	-0.0061 (0.0974)	0.3745** (0.1804)	-0.1119 (0.1244)
	农业信息	0.2170 (0.1431)	0.3564 (0.2308)	-0.0194 (0.2129)
农户家庭农业生产禀赋	市场距离	0.0362** (0.0142)	0.0449** (0.0216)	0.0325 (0.0205)
	基础设施条件	0.2733** (0.1120)	0.4966** (0.1968)	0.2643 (0.1809)
	地区类型	0.7129*** (0.1450)	—	—

注：括号内为标准误；*、**、***分别表示10%、5%、1%的显著性水平。

第四节 本章小结

基于10个省区农村问卷调研和实证分析，本书发现：（1）西部山区小农户主体异质性特征显著。小农户年龄偏大、文化程度较低、户均农地面积有限、农地细碎化、农业生产以自给自足为主。（2）西部山区小农户选择购买农业生产性服务的比例较低，更倾向于购买产中农业生产性服务。（3）"节省成本""方便省心"等是西部山区小农户购买农业生产性服务的主要内动力。小农户主要通过合作社、龙头企业等主体购买农业生产性服务。"本乡外村"和"本组"是其购买农业生产性服务的主要来源。（4）经营规模与西部山区小农户农业生产性服务购买需求呈显著负相关关系，较大经营规模主体对服务的需求强于较小经营规模主体。市场距离、基础设施条件等与西部山区农业生产性服务购买需求呈显著正相关关系。(5)地区类型对农业生产性服务需求类型的影响最为强烈，西部山区小农户对产前、产中农业生产性服务的需求强于非西部山区。经营规模和基础设施条件的差异导致西部山区农业生产性服务需求类型异质性。(6)西部山区小农户对其所购买的农业生产性服务满意度较高。农业生产技术能力、农业生产主要目的等对西部山区农业生产性服务满意度具有正向效应。文化程度提高、农业外培训增多，将显著降低满意度。

第五章　西部山区小农现代化新动能的效益与传导

本章从"缓解小规模生产约束""缓解劳动力供给不足""缓解生产要素壁垒"三个角度，在理论层面阐释了西部山区农业生产性服务业作为小农现代化新动能促进小农现代化的实际效应，并构建模型对促进效应进行了实证检验；在此基础上，为进一步挖掘实际效应的传导机制，综合使用中介效应模型和空间计量模型等方法，分别从"结构传导机制""效率传导机制""空间传导机制"等方面展开针对性的研究。

第一节　西部山区农业生产性服务业促进小农户现代化理论分析

农业生产性服务业作为现代农业产业体系的重要组成部分，贯穿农业生产的完整链条，通过提供农业生产产前、产中、产后各项服务，将资本、技术、人才、信息等现代生产要素植入农业产业链，为提高农业生产效率与生产力、农业产业链的价值、促进农产品市场供求有效衔接提供重要支撑（姜长云，2018）。农业生产性服务正逐步成为农业生产不可或缺的投入，同时也是引领农业打造供应链、推动产业链价值增值的主导力量，能够帮助西部山区小农户农业生产破除其面临的现实约束。第一个方面的约束是西部山区小农户农业规模化程度不高。受农业自身存在的自然再生产与经济再生产的产业特性、人口众多而形成的粮食供应长期压力以及几千年来农耕文化推动形成的"耕者有其田"农户偏好等因素的影响，导致西部山区农业生产多采取小规模、分散化的经营模式（翁贞林、阮华，2015）。虽然近年来由于农业资源禀赋条件的变化，部分经济发达地区出现了规模较大的农场，但对于中国西部山区而言，其农业生产的基本经营方式仍然是小农户小规模经营（崔红志、刘亚辉，2018）。第二个方面的约束是西部山区小农户农业生产面临劳动力供给不足的约束。西部山区传统农业结构以种植业为主，但种植业相较畜牧业对劳动力的需求更大，农桑结合所需要的劳动力又远超农牧结合（曾雄生，2011）。加之西部山区传统农业大多采用精耕细作方式、农业生产季节性特点使传统农业对劳动力的需求远远超出了理论的估计，导致西部山区农业生产劳动力不足问题较为突出。在此基础上，改革开放以来，中国城镇化进程不断加快，截至 2021 年中国常住人口城镇化率已达 64.72%，农村劳动力转移累计超过 3 亿人。这种大背景下，西部山区农业生产劳动力不足问题进一步加剧，农业劳动力结构性矛盾日益凸显（张照新、赵海，2013）。第三个方面的约束是西部山区小农现代化存在诸多要素壁垒。在西部山区传统农业发展进程中，小农户农业生产易受到耕地规模、土壤肥力、人才劳力、机器设备、资金技术等要素制约，难以实现集约化、专业化、规模化生产，农业生产的比较效益、效率、质量不高，而生产成本较高，使农业产品在市场中缺乏竞争力，生产要素壁垒成为小农户与现代农业联结的第三重困境（李旺泽，2021）。面对西部山区小农现代化进程中所存在的这三个方面约束，农业生产性服务业的稳定发展恰恰能够提供较为有效的缓解效应。

一　农业生产性服务业缓解西部山区小农户小规模生产约束

西部山区农业生产"小农户"特征明显。从作物播种面积来看，2009—2020 年全国人均农作物播种面积由 3.39 亩增加至 4.93 亩，增幅 45.43%，年均增长 3.46%；与之相比，西部山区 2009—2020 年人均农作物播种面积由 3.19 亩增加至 4.40 亩，增幅 37.93%，年均增长 2.97%。2009—2020 年全国人均粮食作物播种面积由 2.33 亩增加至 3.43 亩，增幅 47.21%，年均增长 3.58%；与之相比，西部山区 2009—2020 年人均粮食作物播种面积由 1.95 亩增加至 2.49 亩，增幅 21.69%，年均增长 2.25%。可以发现，无论是人均农作物播种面积，还是人均粮食作物播种面积，西部山区均低于全国平均水平。在人均粮食作物播种面积增长幅度与年均增长率上,西部山区与全国平均水平差距明显。从粮食产量来看,2009—2020年全国人均粮食产量由0.77吨增加至1.31吨,增幅达70.13%,年均增长4.95%;与之相比,西部山区2009—2020年人均粮食产量由0.54吨增加至0.79吨,增幅46.30%,年均增长3.52%。具体如表5-1、图5-1、图5-2所示。

表5-1　　　　2009—2020年全国与西部山区人均粮食产量

单位:吨

年份	2009	2010	2011	2012	2013	2014	2015	2016	2017	2018	2019	2020
西部山区人均粮食产量	0.54	0.57	0.57	0.62	0.63	0.69	0.73	0.74	0.77	0.77	0.79	0.79
全国人均粮食产量	0.77	0.81	0.88	0.96	1.01	1.05	1.12	1.15	1.19	1.22	1.26	1.31

资料来源:2010—2021年地方统计年鉴。

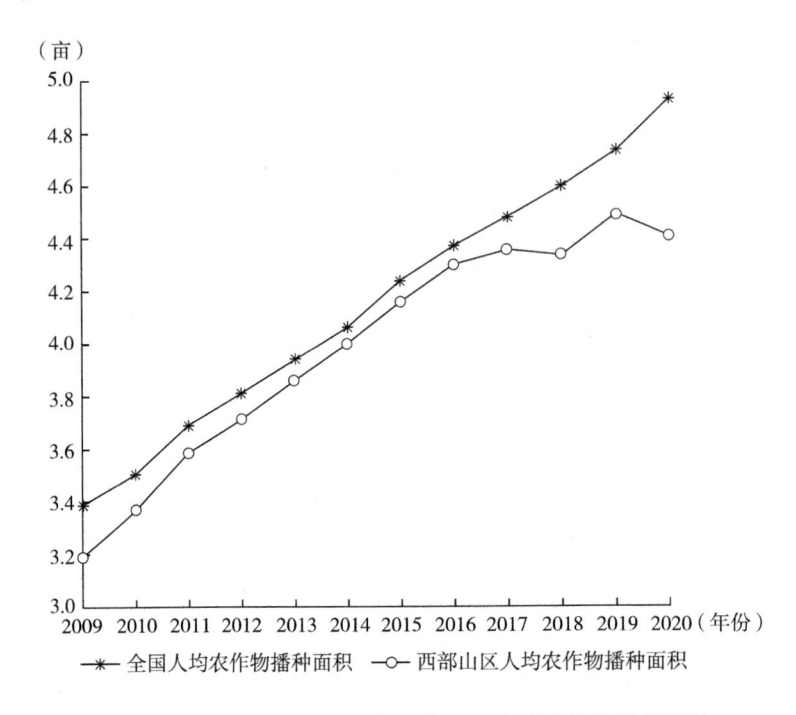

图5-1　2009—2020年全国与西部山区人均农作物播种面积

资料来源:2010—2021年地方统计年鉴。

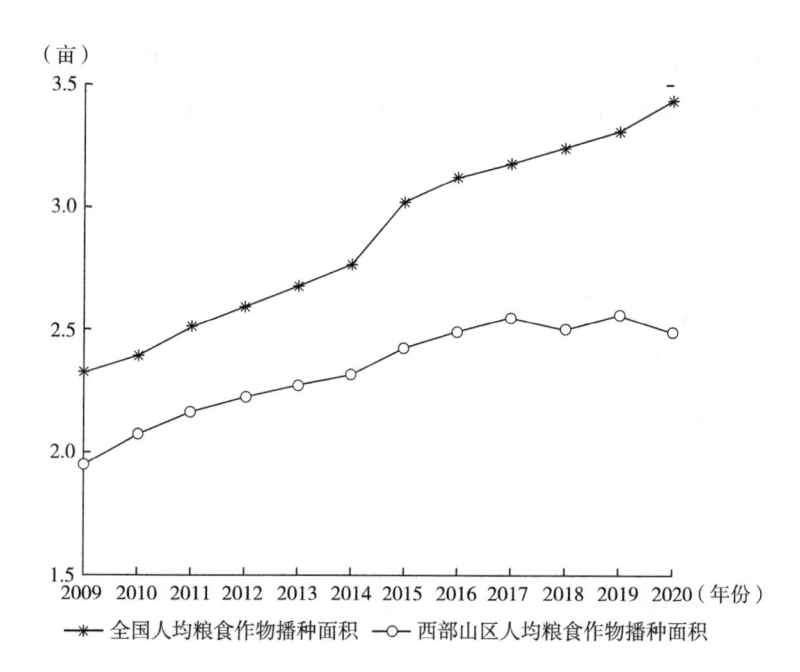

图 5-2　2009—2020 年全国与西部山区人均粮食作物播种面积

资料来源：2010—2021 年地方统计年鉴。

西部山区农业生产"小农户"特征明显还可以从三个方面进行分析。其一，地形地貌特征制约导致土地细碎且分散。以地处武陵山区的西部山区为例，其位于中国三大地形阶梯中的第二、第三级阶梯的过渡带，海拔在 1000 米左右，海拔在 800 米以上的地方约占全境面积的 70%，山地面积占 95% 以上，该地形条件限制了对土地的大规模利用，进行大规模农业生产存在天然制约。其二，农户经济收入相对不足制约机械化设备引入农业生产。以地处六盘山区的甘肃省西部山区为例，2019 年甘肃省农村居民家庭人均可支配收入 9628.90 元，而天水市、临夏回族自治州、甘南藏族自治州与武威市的农村居民家庭人均可支配收入分别为 8439 元、7512.4 元、8437 元、12566 元，大多低于本省农村居民家庭人均可支配收入，如图 5-3 所示。其三，农户整体受教育水平相对较低导致机械化设备运用困难。由于西部山区地理位置欠佳、交通不便等导致信息闭塞、教育水平相对较低，农村劳动力整体素质较低，对于机械设备的操作技能及农业种植先进技术的掌握程度不高，主动学习意识不强和传统思维模式导致小农户难以适应现代农业发展对于诸如无人机等现代化生产机械设备的技术要求（任永祥，2020）。

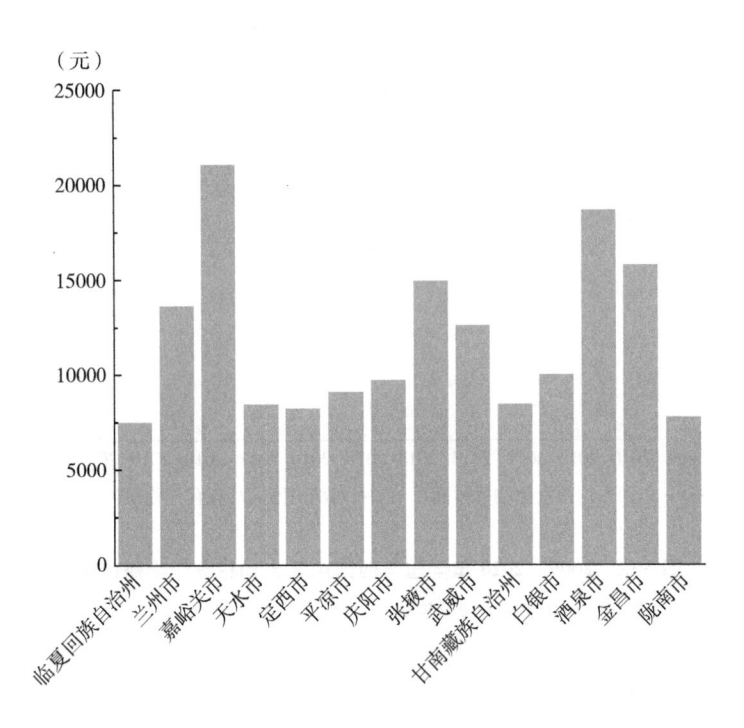

图5-3　2019年甘肃省各市（州）农村居民家庭人均可支配收入

资料来源：《甘肃发展年鉴2020》。

农业机械化服务和农业生产技能培训是西部山区农业生产性服务的主要内容，而这恰恰能够较为有效地缓解小农户所面临的小规模生产约束。其一，西部山区小农户通过购买机械生产服务，可以相对较低的成本将现代化的农业机械设备以租用的形式导入农业生产过程，进而克服因自身经济收入相对不足所造成的机械化设备无法引入农业生产的约束，同时也实现人力生产所无法达到的现代科学农艺要求，改善农业生产条件，提高农业劳动生产效率和整体生产力水平，为产量提升、农产品品质提高，实现专业化、商品化农业生产提供了可能（杨敏丽等，2005）。其二，伴随着农业机械智能化、便捷化程度的提高（如无人机喷洒农药等），其对地形地貌的依赖强度持续下降，这也为西部山区小农户克服因地形地貌所带来的小规模生产约束提供了支撑。其三，西部山区小农户可以通过多元服务主体所提供的农业生产技能培训服务，不断提升自身对于现代化农业生产技术的掌握能力，进而克服现代农业机械设备在促进小农现代化进程中所面临的技术壁垒。

二 农业生产性服务业缓解西部山区小农户劳动力供给不足

西部山区小农户劳动力供给不足特征明显。以地处武陵山西部山区的恩施土家族苗族自治州为例，2008—2020 年该州农村外出务工人员总数持续提升，由 95.46 万人增加至 112.52 万人，增幅为 17.87%。其中，宣恩县农村外出务工劳动力由 6.72 万人增长至 10.68 万人，增幅高达 58.93%；鹤峰县和恩施市的农村外出务工劳动力也分别由 3.68 万人、11.19 万人增加至 4.58 万人、14.61 万人，增幅为 31.79%、30.56%，如表 5-2 所示。西部山区持续加剧的农村劳动力外流问题，使小农户农业生产所面临的劳动能力供给不足约束也愈加明显。

表 5-2　　　　2008—2020 年武陵山山区恩施
土家族苗族自治州农村外出务工人员数量　　单位：万人

年份	2008	2009	2010	2011	2012	2013	2014	2015	2016	2017	2018	2019	2020
恩施市	11.19	10.3	10.79	11.08	11.26	11.95	12.14	12.34	12.31	12.96	12.54	13.99	14.61
利川市	17.83	17.17	18.89	19.69	20.68	21.17	21.88	19.61	19.56	19.74	19.99	20.8	20.81	20.77
建始县	10.97	10.72	10.13	10.53	9.08	12.01	11.07	11.01	11.04	11.69	12.47	12.67	12.55
巴东县	8.07	7.69	7.95	7.96	8.26	8.22	8.46	8.67	8.58	8.76	8.86	8.90	8.62
宣恩县	6.72	6.69	7.13	8.06	8.63	8.68	8.98	9.24	9.81	9.82	10.61	10.62	10.68
咸丰县	8.08	9.38	9.55	9.56	9.78	9.49	9.45	8.61	8.15	8.06	8.07	7.63	7.55
来凤县	7.93	7.86	8.58	9.26	9.28	9.39	9.79	9.72	9.84	9.84	10.12	10.03	9.58
鹤峰县	3.68	3.78	4.13	4.36	4.32	5.04	4.59	4.69	4.72	4.63	4.73	4.93	4.85
秭归县	8.05	8.15	8.12	8.52	9.24	9.30	9.30	9.18	9.12	9.24	9.30	9.10	8.87

续表

年份	2008	2009	2010	2011	2012	2013	2014	2015	2016	2017	2018	2019	2020
长阳土家族自治县	9.82	9.92	10.69	10.91	10.95	11.04	11.04	11.23	11.21	10.70	10.76	10.91	10.61
五峰土家族自治县	3.12	2.98	3.16	3.18	3.14	3.28	3.30	3.35	3.33	3.50	3.61	3.79	3.83
合计	95.46	94.64	99.12	103.11	104.62	109.57	110	107.65	107.67	109.19	111.87	113.38	112.52

资料来源：2009—2021 年《湖北农村统计年鉴》。

西部山区之所以会出现显著的劳动力供给不足问题，可从以下两个方面加以理解。其一，经济收入的驱动力导致农村劳动力不断外流。人工成本及农资价格较快上涨导致农业生产成本不断攀升，相比之下，农作物价格普遍上涨并不明显，导致二者价格差异逐渐加大，农户农业生产增收致富能力不断减弱。同时，伴随城市经济的不断发展，农民从事非农工作所获得的工资性收入逐年提升，农业低收入与非农就业高收入之间的差距导致当前西部山区农村劳动力外流日趋加剧。其二，农村基础教育和职业教育落后使高素质高技术的劳动力较为稀缺。农业生产周期长，需要投入大量人力及物力，这对农民提出了较高要求，需要农民既有丰富的农业知识，又要擅长各项技术的运用和经营管理，否则很难依托农业实现增收致富，如果经营不当或出现自然灾害，甚至可能出现亏损（张广会，2020）。但目前西部山区许多地方的基础教育、职业教育还处于初级阶段，农户接受教育不够充分。有些农民思想观念僵化、落后，难以适应现代化农业发展。同样以地处武陵山西部山区的恩施土家族苗族自治州为例，2020 年全州农村外出从业人员中，文化程度在初中及以下人员数量占比高达 68.41%。其中，该州所辖恩施市、利川市、建始县、宣恩县均超过 70%，如表 5-3 所示。

表 5-3　2020年武陵恩施土家族苗族自治州农村外出从业人员文化程度

单位：万人

文化程度	秭归县	长阳土家族自治县	五峰土家族自治县	恩施市	利川市	建始县	巴东县	宣恩县	咸丰县	来凤县	鹤峰县
小学及以下	0.70 (7.90%)	1.23 (11.59%)	0.48 (12.53%)	1.67 (11.43%)	2.11 (10.16%)	1.68 (13.39%)	1.26 (14.62%)	1.69 (15.82%)	0.64 (8.48%)	2.19 (22.84%)	0.46 (9.48%)
初中	5.00 (56.43%)	5.31 (50.05%)	1.87 (48.83%)	8.75 (59.89%)	12.61 (60.71%)	7.67 (61.12%)	4.66 (54.06%)	6.65 (62.27%)	4.05 (53.64%)	3.91 (40.77%)	2.38 (49.07%)
高中及以上	3.16 (35.67%)	4.07 (38.36%)	1.48 (38.64%)	4.19 (28.68%)	6.05 (29.13%)	3.20 (25.50%)	2.70 (31.32%)	2.34 (21.91%)	2.86 (37.88%)	3.49 (36.39%)	2.01 (41.44%)
总计	8.86	10.61	3.83	14.61	20.77	12.55	8.62	10.68	7.55	9.59	4.85

注：括号内为对应文化程度人数占本地区外出从业人员总数的比值。

资料来源：2021年《湖北农村统计年鉴》。

培育农业社会化服务组织是农业生产性服务业发展的重要方向，依托农业社会化服务组织所提供的形式多样的托管服务，可以有效缓解西部山区小农户劳动力供给不足的约束。其一，规模化带来农业生产物质成本下降，作业质量提高带来农业种植收入增加，农业收入整体增加吸引外出劳动力返乡就业。以托管服务中的采购服务为例，农资由分散采购变更为集中采购后，农资价格整体下降，较大程度上节约了生产物质成本。同时，土地托管后，由托管主体所提供的良种繁育、收获运输、烘干储存等服务能够较为有效地增加农业种植产量并减少损失，这在增加农户农业生产收入的同时也会吸引外出打工劳动力返乡就业，缓解西部山区小农户劳动力不足的约束。其二，社会化服务组织为西部山区农户生产经营提供了人才和技术支撑。一方面，社会化服务组织提供的服务既包括种子供给、耕地、播种、收割、销售等所有环节的"保姆式"全托管服务，也包括良种繁育、代耕代种代收、施肥浇水、烘干储存等"菜单式"半托管服务。农户可以根据自身需要及能力选择适合的托管服务，弥补部分农户素质不高、能力不足的问题。另一方面，农业生产性服务业依托社会化服务组织开展乡土人才培训，普及农业生产技能与市场营销知识，培养出一批懂技术、善管理、会经营的新型职业农民，为西部山区开展农业生产活动提供高素质高技能人才支撑。

三 农业生产性服务业缓解西部山区小农户生产要素壁垒

以农林水事务支出占地方财政总支出的比重来衡量地方财政支农的水平，主要用以反映地方农业发展对政府财政的依赖强度。通过计算可以发现，2009年国家财政支农水平仅为0.088，而西部山区财政支农水平已经达到0.149，高于全国平均水平约69.3个百分点；发展至2020年，国家财政支农水平为0.097，西部山区财政支农水平为0.178，与2009年相比较，增幅分别为10.23%、19.46%，西部山区高于全国平均水平约83.5个百分点，如图5-4、图5-5所示。

西部山区财政支农水平逐年提升表明，西部山区政府十分重视本地区农林水事务等农业相关基础设施的建设与完善，努力为农民的农业生产提供条件支撑。但是，在一定程度上也反映出西部山区在农业现代化发展进程中市场化程度不高以及服务供给主体单一性的特征，这均会对

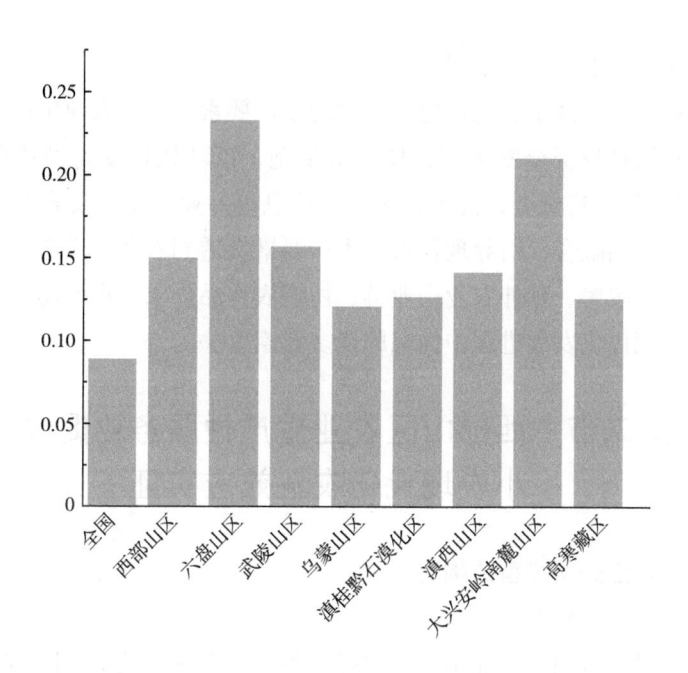

第五章 西部山区小农现代化新动能的效益与传导 | 117

图 5-4 2009 年全国和西部山区财政支农水平

资料来源：2010—2021 年地方统计年鉴。

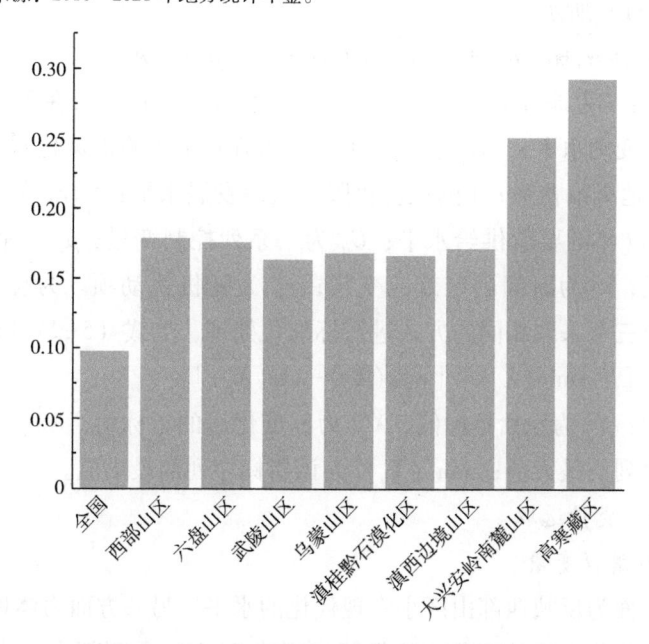

图 5-5 2020 年全国和西部山区财政支农水平

资料来源：2010—2021 年地方统计年鉴。

小农现代化产生要素壁垒制约。

针对西部山区小农现代化所面对的生产要素壁垒，农业生产性服务业能够利用自身资金密集型、技术密集型、市场化程度高等特点（郝爱民，2015），将资金、技术、人才、信息等专业化生产要素与西部山区农业生产相融合，引导现代农业生产要素渗透到农业生产全环节，提高农业生产效率、延伸农业产业链、协调农产品供求，进而助力小农户破除农业现代化发展进程中面临的诸多要素壁垒。

第二节 西部山区农业生产性服务业促进小农现代化农业效应实证

一 效应分析模型的构建

（一）模型设定

为探讨西部山区农业生产性服务业促进小农现代化的实际效应，参考现有研究成果（王玉斌，2019；杨晨遥等，2022），构建分析模型，如式（5-1）所示。

$$\Delta Con_{it} = \alpha_0 + \alpha_1 Mec_{it} + \alpha_2 Ser_{it} + \alpha_3 City_{it} + \theta C_{it} + \mu_i + v_t + \varepsilon_{it} \quad (5-1)$$

式中：i 为地级市；t 为时间；ΔCon_{it} 为第 i 个地级市在第 t 年的小农现代化变动水平；Mec_{it} 为第 i 个地级市在第 t 年的机械化水平；Ser_{it} 为第 i 个地级市在第 t 年的社会化服务组织发展水平；$City_{it}$ 为第 i 个地级市在第 t 年的要素供给水平；C_{it} 为一系列控制变量；μ_i 为个体固定效应变量；v_t 为时间固定效应变量；ε_{it} 为随机扰动项。为统一量纲，此处与第三章采取相同的方式进行标准化处理，如式（5-2）所示。

$$X'_{ij} = [X_{ij} - \min(X_{ij})] / [\max(X_{ij}) - \min(X_{ij})] \quad (5-2)$$

式中：X_{ij} 为原始指标值；X'_{ij} 为标准化后的指标值；$\max(X_{ij})$ 为该指标序列的最大值；$\min(X_{ij})$ 为该指标序列的最小值。

（二）变量选取

1. 被解释变量

一方面为反映西部山区小农现代化的水平，另一方面为体现西部山区小农现代化水平的变化，依据第三章表3-1所示西部山区小农现代化水平衡量体系，此处设计"小农现代化变动水平"作为被解释变量，测度方法为当年小农现代化水平减去前一年小农现代化水平。

2. 核心解释变量

如前文所述，农业生产性服务业能够通过"提升机械化水平""发展社会化服务组织""引入现代化生产要素"，有效缓解西部山区小农现代化水平进程中"小规模生产约束""劳动力供给不足""生产要素壁垒"的问题。因此，此处将其作为核心解释变量，用以估计西部山区农业生产性服务业促进小农现代化的实际效应。其中，"提升机械化水平"选取参数"农业机械总动力"进行衡量；受限于数据可得性，直接反映"发展社会化服务组织"的数据较少，由于为农户提供农资供应、植保服务、货物运输等服务是西部山区社会化服务组织的重要服务内容，因此选取地区"货物运输量"来反映；由于现代技术、金融资本、人力资源等现代化的农业生产要素大多集中于城市地区，因此选取"城镇化水平"来反映"引入现代化生产要素"的水平。

3. 控制变量

西部山区小农现代化水平的变化是诸多因素共同作用的结果，因此需要控制其他外生因素的影响。借鉴相关研究，本书选取11个控制变量：农业总产值、粮食产量、经济结构、农林水事务支出、财政支农、农作物结构、人均农作物播种面积、亩均农作物化肥施用量、农村居民人均可支配收入、乡村人均农业产值、收入分配。其中，经济结构用农业总产值与地区生产总值的比值进行衡量，财政支农用农林水事务支出占地方财政总支出的比重进行衡量，农作物结构用粮食作物播种面积占农作物播种总面积的比重进行衡量，人均农作物播种面积用农作物播种面积与乡村人口的比值进行衡量，亩均农作物化肥施用量用化肥施用量与农作物播种面积的比值进行衡量，乡村人均农业产值用农业总产值与乡村人口的比值进行衡量，收入分配用城镇居民人均可支配收入与农村居民人均可支配收入的比值进行衡量。

（三）数据来源

本章所用数据为2009—2020年西部山区47个地级市面板数据[①]。研究数据源于2010—2021年地方统计年鉴。需要说明的是，受数据可得性

---

① 注：受数据可得性限制，此处面板数据未包含黔西南布依族苗族自治州。

限制，少量空缺数据采用插值法补齐。各类变量描述性统计特征如表5-4所示。

表5-4 变量的描述性统计特征

变量名称	变量含义	平均值	标准差	最小值	最大值
ΔCon	小农现代化变动水平	0.00	0.02	-0.14	0.15
Mec	农业机械总动力（万千瓦时）	227.17	119.16	17.53	610.30
$Tran$	货物运输量（万吨）	1.11	1.02	0.02	8.59
$City$	城镇化水平（%）	40.97	10.92	20.45	79.60
Out	农业总产值（亿元）	127.61	93.87	0.02	575.14
Yie	粮食产量（万吨）	120.67	85.85	8.41	634.86
$Estr$	经济结构（%）	0.17	0.10	0.00	1.62
Exp	农林水事务支出（亿元）	40.81	27.33	4.00	318.77
Fin	财政支农（%）	0.16	0.05	0.04	0.38
$Astr$	农作物结构（%）	0.60	0.13	0.22	0.94
$Pare$	人均农作物播种面积（亩/人）	4.17	2.26	1.33	21.39
Fer	亩均农作物化肥施用量（千克/亩）	21.09	13.27	2.00	145.36
$Pinc$	农村居民人均可支配收入（万元）	0.83	0.34	0.20	0.23
$Pout$	乡村人均农业产值（万元/人）	0.76	0.46	0.00	3.30
Dis	收入分配	3.11	0.58	1.55	5.42

二 效应实证分析与稳健性检验

（一）效应的实证分析

通过前文对西部山区农业生产性服务业促进小农现代化实际效应的分析，基于式（5-1）进行回归分析，结果如表5-5所示。

表5-5 西部山区农业生产性服务业促进小农现代化效应回归结果

变量名称	\multicolumn{8}{c}{小农现代化变动水平}
	1	2	3	4	5	6	7	8
	模型（1）OLS	模型（2）双向固定	模型（3）OLS	模型（4）双向固定	模型（5）OLS	模型（6）双向固定	模型（7）OLS	模型（8）双向固定
提升机械化水平	0.0889*** (0.0268)	0.2694** (0.1145)	—	—	—	—	0.0830*** (-0.0283)	0.2406* (-0.1257)

续表

变量名称	小农现代化变动水平							
	1	2	3	4	5	6	7	8
	模型(1)OLS	模型(2)双向固定	模型(3)OLS	模型(4)双向固定	模型(5)OLS	模型(6)双向固定	模型(7)OLS	模型(8)双向固定
发展社会化服务组织	—	—	-0.0102(0.0304)	0.0918***(0.0267)	—	—	-0.0116(-0.0272)	0.0640*(-0.0334)
引入现代化生产要素	—	—	—	—	0.0502*(0.0259)	0.2473***(0.0820)	0.0395(-0.027)	0.1735*(-0.0907)
控制变量	是	是	是	是	是	是	是	是
个体固定效应	否	是	否	是	否	是	否	是
时间固定效应	否	是	否	是	否	是	否	是
观测值	517	517	517	517	517	517	517	517
$Adj\text{-}R^2$	0.2963	0.3211	0.2480	0.2842	0.2355	0.2929	0.2963	0.3322
$Prob>F$	0.0000	0.0000	0.0000	0.0000	0.0000	0.0000	0.0000	0.0000

注：括号中的数字为稳健标准误，*、**、***分别表示显著性水平10%、5%、1%。

表5-5报告了西部山区农业生产性服务业对小农现代化变动水平影响效应的回归结果。其中，第1、3、5列没有控制个体效应和时间效应，只包含了核心解释变量和控制变量；第2、4、6列则进一步控制了个体效应和时间效应。结果显示，无论是OLS模型还是双向固定效应模型，绝大部分变量的显著相关水平强于10%。以双向固定效应模型的结果为例分析，模型（2）回归结果显示，机械化水平与西部山区小农户现代化变动水平在5%显著性水平上呈正相关关系，相关系数为0.2694，这与前文理论分析结论一致，表明西部山区农业生产过程中农业机械设备的引入能够在一定程度上突破区域自然因素制约，扩大农业生产规模，促进小农现代化发展。模型（4）回归结果显示，社会化服务组织发展水平与小农现代化变动水平在1%显著性水平上呈正相关关系，相关系数为0.0918，表明西部山区社会化服务组织的不断发展能够有效推动小农现代化发展进程。模型（6）回归结果显示，生产要素供给水平与小农现代化变动水平在1%显著性水平上呈正相关关系，相关系数为0.2473，表明生产要素供给水平每提升1个百分点，小农现

代化变动水平提升约 0.25 个百分点，农业生产性服务业通过自身资金密集型、技术密集型的特点，提供了更多生产要素，这些生产要素有力地促进了小农现代化。第 7、第 8 列同时将三个核心解释变量纳入模型进行回归分析，结果显示，在双向固定效应模型下，各核心解释变量与小农现代化变动水平均在 10% 显著性水平上呈正相关关系。综上可以认为，西部山区依托发展农业生产性服务业，通过"提升机械化水平""发展社会化服务组织""引入现代化生产要素"三个具体路径促进了小农现代化发展。

（二）稳健性检验

为进一步检验以上模型回归结果的准确性，此处主要采用替换核心解释变量的方法对实证结果的稳健性进行检验。根据上文分析，农业社会化服务组织为小农户提供农资植保、机耕机收、加工运输等各项服务，货物周转量与社会化服务组织提供的运输服务紧密相关，这里用货物周转量替换货物运输量来衡量社会化服务组织发展水平。同时，用人均机械总动力、乡村人口占总人口比重分别衡量机械化水平、生产要素供给水平，进行进一步的稳健性分析。由于新的指标数据部分缺失，因此，剔除部分样本数据进行稳健性检验①，如表 5-6 所示。

表 5-6　　　　　　　替换核心解释变量的回归结果

变量名称	小农现代化变动水平								
	1	2	3	4	5	6	7	8
	模型(1) OLS	模型(2) 双向固定	模型(3) OLS	模型(4) 双向固定	模型(5) OLS	模型(6) 双向固定	模型(7) OLS	模型(8) 双向固定
提升机械化水平	0.0592** (0.0288)	0.2827** (0.1440)	—	—	—	—	0.0642* (0.0337)	0.2700* (0.1483)
发展社会化服务组织	—	—	-0.0170 (0.0271)	0.0627* (0.0362)	—	—	-0.0440 (0.0368)	0.0534 (0.0345)
引入现代化生产要素	—	—	—	—	-0.0192 (0.0281)	-0.2528*** (0.0887)	-0.0293 (0.0316)	-0.2224** (0.1017)

---

① 受数据可得性限制，此处稳健性检验所用面板数据未包含黔西南布依族苗族自治州、昭通市、兴安盟、怒江傈僳族自治州。

续表

变量名称	小农现代化变动水平							
	1	2	3	4	5	6	7	8
	模型(1) OLS	模型(2) 双向固定	模型(3) OLS	模型(4) 双向固定	模型(5) OLS	模型(6) 双向固定	模型(7) OLS	模型(8) 双向固定
其他控制变量	是	是	是	是	是	是	是	是
个体固定效应	否	是	否	是	否	是	否	是
时间固定效应	否	是	否	是	否	是	否	是
观测值	484	484	484	484	484	484	484	484
$Adj\text{-}R^2$	0.3427	0.3251	0.3617	0.2853	0.3331	0.2960	0.3777	0.3393
$Prob>F$	0.0000	0.0000	0.0000	0.0000	0.0000	0.0000	0.0000	0.0000

注：括号中的数字为稳健标准误，*、**、***分别表示显著性水平10%、5%、1%。

根据表5-6所示结果并与表5-5进行对比可以发现，各变量回归关系符号和显著性水平未发生明显改变，因此可以认为模型的回归结果较为稳定。

第三节 西部山区农业生产性服务业促进小农现代化的效应传导机制分析

一 结构传导路径

（一）西部山区产业结构水平的测度

一方面，从农业生产性服务业的定义来看，其从属于第三产业，因此西部山区农业生产性服务业的发展能够不断扩大第三产业规模；另一方面，农业生产性服务业能够促进小农现代化进而提升第一产业的生产效率。因此，可以认为西部山区农业生产性服务业促进小农现代化进程中或将存在较为明显的"调结构"功能。产业结构作为经济结构的重要组成部分，反映了一个地区各产业的比例构成和经济实力。为刻画西部山区产业结构水平及变动情况，此处借鉴现有研究成果（徐敏、姜勇，2015），采用产业结构层次系数（HI）来衡量地区产业结构水平，具体如式（5-3）所示。

$$HI = \sum_{i=1}^{3}(y_i \times i) \quad (5-3)$$

式中：HI 为产业结构层次系数；y_i 为第 i 产业增加值占国内生产总值的比重。HI 的取值范围为 [1，3]，HI 值越小，表示一个地区的产业结构水平越低，反之，其值越接近于 3，产业结构越高级。

根据式（5-3）所示方法，基于 2009—2020 年西部山区 48 个地级市产业发展相关数据，按年取均值对西部山区产业结构层次系数进行测度，具体结果如图 5-6、附件 3 所示。

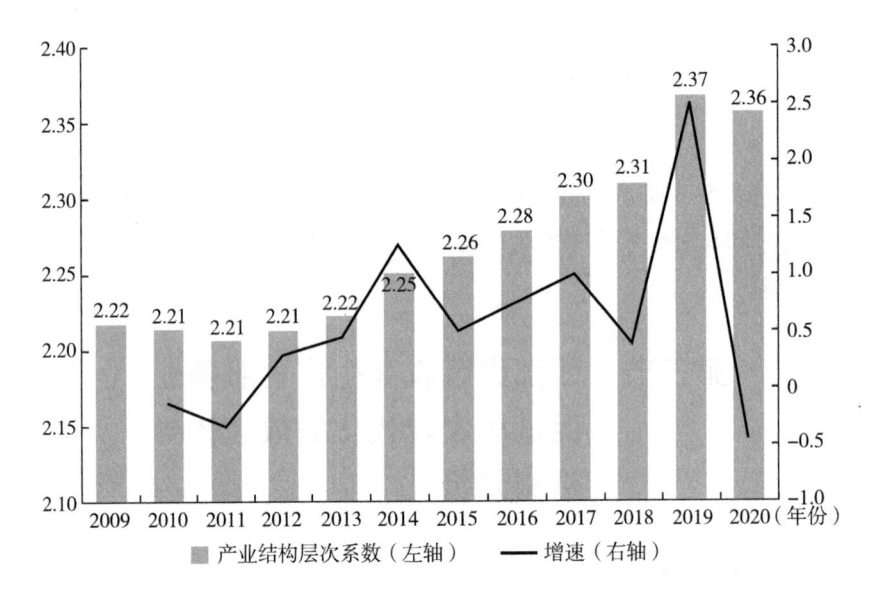

图 5-6　2009—2020 年西部山区整体产业结构层次系数及增速

资料来源：2010—2021 年地方统计年鉴。

如图 5-6 所示，总体来看，2009—2020 年西部山区产业结构层次系数均值由 2.22 增长至 2.36，增幅为 6.31%，年均增长率为 0.56%；分阶段来看，2009—2011 年产业结构优化速度相对较慢，2012—2019 年优化速度明显提升，2020 年受新冠疫情等因素冲击，产业结构优化速度有所回落。

根据附件 3 所示结果，分区域从产业结构层次系数来看，2009—

2020年7个西部山区产业结构层次系数呈波动上升的趋势，产业结构不断优化。其中，2020年六盘山区、乌蒙山区的产业结构层次系数为2.43、2.37，分别高于2020年西部山区平均水平3.32个百分点和0.48个百分点；而大兴安岭南麓山区、滇西山区、滇桂黔石漠化区产业结构层次系数则低于西部山区平均水平。

分区域从产业结构优化速度来看，滇桂黔石漠化区与高寒藏区的产业结构优化速度高于西部山区平均水平，滇西山区与大兴安岭南麓山区产业结构优化速度相对较慢。其中，高寒藏区产业结构优化调整速度最快，增幅达7.20%，年均增长率为0.63%。产业结构优化速度最慢的是大兴安岭南麓山区，年均增长率仅0.15%。六盘山区、武陵山区、乌蒙山区、滇桂黔石漠化区、滇西山区产业结构优化调整年均增长率分别为0.56%、0.50%、0.51%、0.56%、0.44%。

从西部山区内部来看，以武陵山西部山区和乌蒙山西部山区为例，武陵山区各市（州）产业结构层次系数均处于较高水平且内部差异较小，2020年恩施土家族苗族自治州、宜昌、湘西土家族苗族自治州、怀化、铜仁、遵义产业结构层次系数分别为2.41、2.36、2.41、2.4、2.31、2.3，六市（州）产业结构层次系数差异仅0.11。而乌蒙山区各市（州）产业结构水平差距较大，2020年遵义、毕节、乐山、凉山彝族自治州、昆明、曲靖、昭通、楚雄彝族自治州的产业结构层次系数分别为2.3、2.25、2.3、2.21、2.59、2.26、2.27、2.22，八市（州）产业结构层次系数差异达0.38。具体而言，昆明利用自身的地理位置、自然资源、人力资源优势，在本地聚集了全省2/3以上的重点产业和重点企业，不断培育新型主导产业，形成了以高新技术产业为先导、基础产业和制造业为支撑、服务业全面发展的产业格局（李晓婷，2010），产业结构水平提升显著，而凉山彝族自治州、楚雄彝族自治州等地位置偏远、基础设施不完善、资金欠缺、技术落后，产业结构水平相对偏低且优化速度较慢。综上所述，西部山区产业结构不断优化，产业结构层次系数稳定提升，但同时部分西部山区内部分化现象也较明显。

（二）结构传导机制的中介效应分析

1. 模型构建与变量选取

为探讨西部山区农业生产性服务业促进小农现代化的结构传导机

制，此处使用 Baron 和 Kenny（1986）所介绍的中介效应检验方法对结构效应进行分析，具体如式（5-4）、式（5-5）、式（5-6）所示。

$$Con_{it}=c_1+\beta_1 Mec_{it}+\beta_2 Fer_{it}+\beta_3 Tran_{it}+\theta_1 C_{it}+\mu_i+\varepsilon_{it} \tag{5-4}$$

$$HI_{it}=c_2+\beta_4 Mec_{it}+\beta_5 Fer_{it}+\beta_6 Tran_{it}+\theta_2 C_{it}+\mu_i+\delta_{it} \tag{5-5}$$

$$Con_{it}=c_3+\alpha_4 Mec_{it}+\alpha_5 Fer_{it}+\alpha_6 Tran_{it}+\delta HI_{it}+\theta_3 C_{it}+\mu_i+\gamma_{it} \tag{5-6}$$

式中：i 为地级市；t 为时间；HI_{it} 为第 i 个地级市在第 t 年的产业结构层次系数；Con_{it} 为第 i 个地级市在第 t 年的小农现代化水平；Fer_{it} 为第 i 个地级市在第 t 年的化肥施用情况；Mec_{it} 为第 i 个地级市在第 t 年的机械化水平；$Tran_{it}$ 为第 i 个地级市在第 t 年的货物运输能力；C_{it} 为一系列控制变量；μ_i 为个体固定效应变量；ε_{it}、δ_{it}、γ_{it} 为随机扰动项。

由于式（5-4）、式（5-5）、式（5-6）用于分析西部山区农业生产性服务业促进小农现代化的结构传导机制，因此，须将小农现代化水平（Con）、产业结构层次系数（HI）设置为被解释变量；考虑到测土施肥、机耕机种、仓储运输等是当前西部山区产前、产中和产后环节农业生产性服务业的主要供给服务，因此分别设置化肥施用情况（Fer）、机械化水平（Mec）、货物运输能力（$Tran$）作为核心控制变量，并且化肥施用情况用化肥施用量折纯来衡量，机械化水平用农业机械总动力来衡量，货物运输能力用货物运输量来衡量；为进一步控制其他因素对西部山区农业生产性服务业促进小农现代化的结构传导机制产生影响，参考已有文献的方法（蒋团标、罗琳，2022）进一步控制粮食产量、农作物结构、人均农作物播种面积、亩均农作物化肥施用量、乡村人均农业产值、财政支农、收入分配等变量。

综合式（5-4）、式（5-5）、式（5-6），以及图 5-7，模型回归分析分三步逐次进行。步骤一，使用式（5-4）进行回归分析，检验农业生产性服务业与小农现代化的回归系数是否显著为正，如果系数显著为正，意味着在西部山区农业生产性服务业对小农现代化具有正向促进作用，则进行下一步，如果不显著则停止检验。步骤二，使用式（5-5）进行回归分析，检验中介变量产业结构层次系数与小农现代化的回归系数是否显著为正，如果系数显著为正，表明西部山区农业生产性服务业能够有效支持产业结构优化。步骤三，使用式（5-6）进行回归分析，如

果 α_4、α_5、α_6 与 δ 系数都显著且系数 α_4、α_5、α_6 绝对值分别与 β_1、β_2、β_3 绝对值相比有所下降，则表明存在部分中介效应。如果农业生产性服务业的回归系数不显著，但产业结构水平的回归系数 δ 显著，表明产业结构水平起到完全中介的作用。

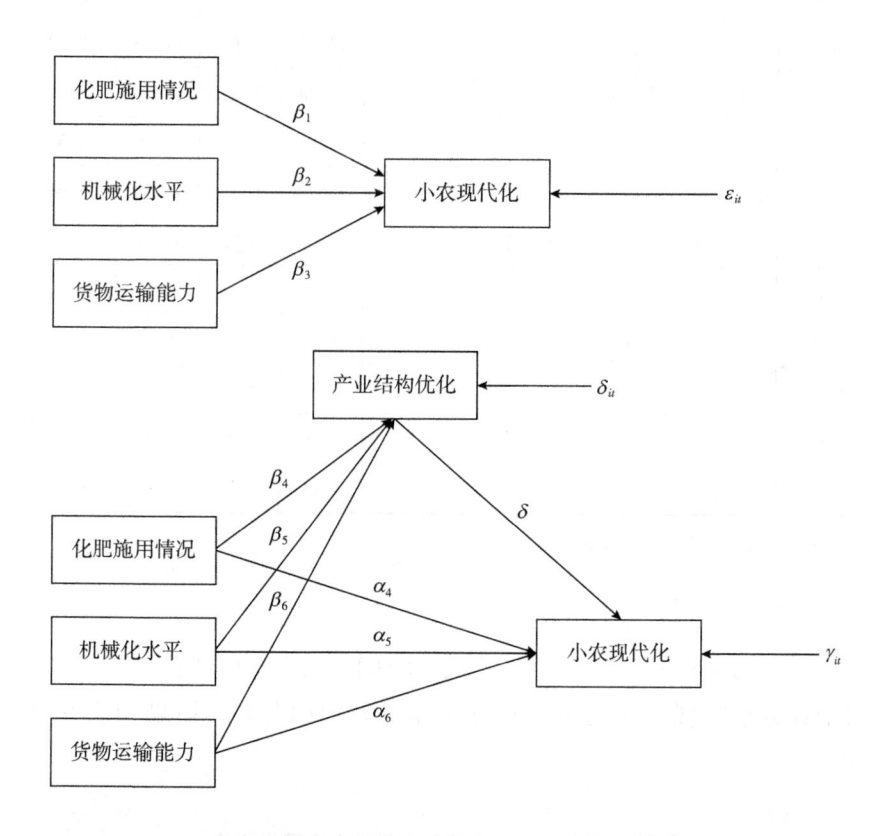

图 5-7 西部山区农业生产性服务业促进小农现代化的结构传导机制示意

2. 数据来源

本章数据为 2009—2020 年西部山区 47 个地级市面板数据①。研究数据来源于 2010—2021 年地方统计年鉴。需要说明的是，由于受数据可得性限制，少量空缺数据采用插值法补齐。各类变量描述性统计特征如表 5-7 所示。

---

① 受数据可得性限制，此处稳健性检验所用面板数据未包含黔西南布依族苗族自治州。

表 5-7　　　　　　　　变量的描述性统计特征

变量名称	变量含义	平均值	标准差	最小值	最大值
Con	小农现代化	0.27	0.06	0.14	0.50
HI	产业结构层次系数	2.24	0.12	1.83	2.62
Mec*	农业机械总动力（千瓦时）	14.44	0.66	11.93	15.62
Fer*	化肥施用量折纯（吨）	11.46	1.14	7.89	13.20
Tran*	货物运输量（万吨）	8.91	0.92	5.35	11.36
Yie*	粮食产量（吨）	13.73	0.82	11.34	15.66
Pfer*	亩均农作物化肥施用量（千克/亩）	2.85	0.65	0.69	4.98
Astr	农作物结构	0.60	0.13	0.22	0.94
Pare	人均农作物播种面积（亩/人）	4.10	2.22	1.33	21.39
Pout*	乡村人均农业产值（元/人）	8.69	0.65	6.82	10.40
Fin	财政支农	0.16	0.05	0.04	0.38
Dis	收入分配	3.11	0.58	1.55	5.42

注：*代表对变量进行对数变换。

3. 实证结果与分析

基于式（5-4）、式（5-5）、式（5-6），对西部山区农业生产性服务业促进小农现代化的结构传导机制进行回归分析，结果如表5-8所示。

表 5-8　　西部山区农业生产性服务业促进小农现代化的结构传导机制回归结果

步骤一	(1) 被解释变量：Con	步骤二	(2) 被解释变量：HI	步骤三	(3) 被解释变量：Con
Fer	−0.1046*** (0.0137)	Fer	−0.1438*** (0.0359)	HI	0.0660*** (0.0227)
Mec	0.0958*** (0.0129)	Mec	0.0452* (0.0263)	Fer	−0.0951*** (0.0136)
Tran	0.0074*** (0.0025)	Tran	0.0323** (0.0156)	Mec	0.0928*** (0.0132)

续表

步骤一	(1)被解释变量：Con	步骤二	(2)被解释变量：HI	步骤三	(3)被解释变量：Con
其他控制变量	是	其他控制变量	是	$Tran$	0.0053** (0.0026)
个体固定效应	是	个体固定效应	是	其他控制变量	是
观测值	564	观测值	564	个体固定效应	是
$Adj\text{-}R^2$	0.7571	$Adj\text{-}R^2$	0.4364	观测值	564
$Prob>F$	0.0000	$Prob>F$	0.0000	$Adj\text{-}R^2$	0.7742
—	—	—	—	$Prob>F$	0.0000

注：括号中的数字为稳健标准误，*、**、***分别表示显著性水平10%、5%、1%。

根据表5-8所示结果可以发现，第（1）列［对应式（5-4）］中对农业生产性服务业是否有效促进小农现代化进行了验证，回归结果中化肥施用情况的系数为-0.1046，机械化水平的系数为0.0958，货物运输能力的系数为0.0074，且均在1%的显著性水平上相关，表明西部山区农业生产性服务业对小农现代化有显著影响。其中，机械化水平的系数显著为正，表明机械设备的运用缓解了自然条件的约束，大大提升了农业生产效率，成为小农现代化的推动力；货物运输能力的系数显著为正，表明西部山区农业生产性服务业中运输服务便捷有效，成为连接小农户与大市场的桥梁，但其系数较小，产生的效果较为有限，这主要是由于随着现代农业的发展，小农户对基础设施建设的需求不断提升，而基础设施建设具备投资大、周期长等特点，短期内难以满足小农现代化过程中对交通基础设施的需求，进而限制了其效应的充分释放；化肥施用情况系数为负且在1%的显著性水平上相关，表明西部山区在实现小农现代化的进程中，农业绿色发展成效显著，化肥施用量有所下降。第（2）列［对应式（5-5）］回归结果的显著性水平均超过10%，表明以化肥施用情况、机械化水平、货物运输能力为代表的产前、产中和产后农业生产性服务业发展能够较为有效地推动地区产业结构优化。第（3）列［对应式（5-6）］在（1）列的基础上加入了产业结构层次水平这一核心解释变量，其回归系数在1%的显著性水平上为正，并且化肥施用情况、机械化水平、货物运输能力的系数显著性水平也均超过5%；但对比两列回归结果可以发现，将产业结构层次水平引入模型后，化肥施用情况、机械化水平、货物运输能力的回归系数绝对值有所降低，因此可以认为产业结构的中介效应为部分中介效应。综上所述，西部山区农业生产性服务业的发展推动了产业结构调整优化，并以此为中介促进小农现代化。

4. 稳健性检验

考虑到农业生产性服务业发展对产业结构优化升级和小农现代化的影响，以及产业结构优化升级对小农现代化的影响，均未必表现在当期，其影响可能存在滞后效应。因此，此处对核心解释变量滞后一期进行稳健性检验，结果如表5-9所示。

表5-9　　核心解释变量滞后一期稳健性检验结果

步骤一	（1）被解释变量：Con	步骤二	（2）被解释变量：HI	步骤三	（3）被解释变量：Con
Fer_{t-1}	-0.0610*** （0.0170）	Fer_{t-1}	-0.0934*** （0.0327）	HI_{t-1}	0.0539** （0.0251）
Mec_{t-1}	0.0583*** （0.0169）	Mec_{t-1}	0.0446* （0.0251）	Fer_{t-1}	-0.0553*** （0.0173）
$Tran_{t-1}$	0.0140*** （0.0039）	$Tran_{t-1}$	0.0326** （0.0160）	Mec_{t-1}	0.0560*** （0.0172）
其他控制变量	是	其他控制变量	是	$Tran_{t-1}$	0.0123*** （0.0042）
个体固定效应	是	个体固定效应	是	其他控制变量	是
观测值	517	观测值	517	个体固定效应	是

续表

步骤一	（1）	步骤二	（2）	步骤三	（3）
	被解释变量：Con		被解释变量：HI		被解释变量：Con
$Adj\text{-}R^2$	0.6369	$Adj\text{-}R^2$	0.4379	观测值	517
$Prob>F$	0.0000	$Prob>F$	0.0000	$Adj\text{-}R^2$	0.6486
—	—	—	—	$Prob>F$	0.0000

注：括号中的数字为稳健标准误，*、**、***分别表示显著性水平10%、5%、1%；t-1 表示变量滞后一期。

表5-9报告了核心解释变量滞后一期的回归结果。从回归结果可以看出，滞后一期的化肥施用情况、机械化水平、货物运输能力对产业结构层次系数、小农现代化的影响依然高度显著，滞后一期的化肥施用情况、机械化水平、货物运输能力、产业结构层次系数对小农现代化的影响在5%的显著性水平上相关。该结果与表5-8基准的实证结果保持了良好的一致性，表明前文的回归结果具有较好的稳定性。

二　效率传导机制

（一）西部山区农业生产效率的测度

传统农业中土地和劳动力是农业生产最基本的投入要素。因而，土地生产率（如单位面积年产量、单位面积年产值）和劳动生产率（如单位劳动力年产量、单位劳动力年产值）是我们衡量传统农业生产效率最主要的两项指标（卢锋，1989）。此处采用粮食作物亩产反映西部山区农业生产效率。2009—2020年西部山区农业生产效率如表5-10所示。

根据表5-10所示结果可以发现，从整体上看，西部山区农业生产效率得到有效提升，2009—2020年西部山区粮食作物亩产从0.28吨增加至0.31吨，增长10.71%，年均增长率为0.93%。分阶段来看，西部山区农业生产效率提升且有所波动，其中2009—2013年粮食作物亩产维持在相对较低的水平，而2014—2020年粮食作物亩产突破0.30吨且保持上升趋势。

表 5-10　2009—2020 年西部山区粮食作物亩产及年均增长率

亩产（吨）

区域	2009年	2010年	2011年	2012年	2013年	2014年	2015年	2016年	2017年	2018年	2019年	2020年	亩产均值（吨）	增幅（%）	年均增长率（%）
六盘山区	0.23	0.24	0.25	0.27	0.28	0.29	0.29	0.28	0.29	0.29	0.30	0.26	0.27	13.04	1.12
武陵山区	0.31	0.30	0.26	0.28	0.28	0.29	0.30	0.27	0.28	0.29	0.30	0.34	0.29	9.68	0.84
乌蒙山区	0.27	0.27	0.25	0.27	0.25	0.28	0.29	0.28	0.29	0.29	0.29	0.29	0.28	7.41	0.65
滇桂黔石漠化区	0.29	0.29	0.26	0.28	0.29	0.30	0.30	0.30	0.30	0.30	0.30	0.31	0.29	6.90	0.61
滇西山区	0.27	0.26	0.27	0.28	0.27	0.30	0.30	0.30	0.31	0.30	0.31	0.31	0.29	14.81	1.26
大兴安岭南麓山区	0.21	0.25	0.28	0.31	0.37	0.37	0.38	0.39	0.37	0.39	0.41	0.42	0.35	100.00	6.50
高寒藏区	0.28	0.28	0.29	0.30	0.31	0.31	0.32	0.32	0.31	0.31	0.31	0.32	0.31	14.29	1.22
均值	0.28	0.28	0.26	0.28	0.28	0.30	0.30	0.30	0.30	0.31	0.31	0.31	0.29	10.71	0.93

资料来源：2010—2021 年地方统计年鉴。

分区域从粮食作物亩产来看,虽然西部山区粮食作物亩产提升显著,但区域差异也较为突出。2009—2020 年,大兴安岭南麓山区粮食作物亩产增幅达到 100%,远高于其他西部山区;六盘山区、滇西山区和高寒藏区山区粮食作物亩产增幅分别为 13.04%、14.81%、14.29%,是武陵山区、乌蒙山区、滇桂黔石漠化区增幅的近两倍。分区域从粮食作物亩产增速来看,西部山区粮食作物亩产增长速度存在较大差距。大兴安岭南麓山区粮食作物亩产增速最快,年均增长率为 6.50%,这得益于农业生产性服务业提供的各项服务与要素的支持,国家耐盐碱水稻技术的突破使当地亩产实现跃升。武陵山区、乌蒙山区、滇桂黔石漠化区粮食作物亩产增速均低于西部山区平均水平,年均增长率分别为 0.84%、0.65%、0.61%。其中,滇桂黔石漠化区粮食作物亩产增速最低,受制于自然条件,农业生产性服务业的作用难以在当地得到充分发挥,这成为滇桂黔石漠化区粮食作物亩产增速缓慢的重要原因。综上所述,西部山区粮食作物亩产波动上升,但受自然气候、地形地貌、土壤肥力、农机设备等因素影响,各西部山区粮食作物亩产及增速存在显著差异。

(二) 效率传导机制的中介效应分析

1. 模型构建与变量选取

为探讨西部山区农业生产性服务业促进小农现代化的效率传导机制,在式(5-4)、式(5-5)、式(5-6)的基础上,设定效率传导机制中介模型如式(5-7)、式(5-8)、式(5-9)所示。

$$Con_{it} = c_1 + \beta_1 Mec_{it} + \beta_2 Fer_{it} + \beta_3 Tran_{it} + \theta_1 C_{it} + \mu_i + \varepsilon_{it} \tag{5-7}$$

$$Eff_{it} = c_4 + \beta_1 Mec_{it} + \beta_2 Fer_{it} + \beta_3 Tran_{it} + \theta_4 C_{it} + \mu_i + \delta_{it} \tag{5-8}$$

$$Con_{it} = c_5 + \alpha_7 Mec_{it} + \alpha_8 Fer_{it} + \alpha_9 Tran_{it} + \delta Eff_{it} + \theta_5 C_{it} + \mu_i + \gamma_{it} \tag{5-9}$$

式中:Eff_{it} 为第 i 个地级市在第 t 年的农业生产效率;其余变量的含义与式(5-4)、式(5-5)、式(5-6)保持一致。由于式(5-7)、式(5-8)、式(5-9)用于分析西部山区农业生产性服务业促进小农现代化的效率传导机制,因此,须将小农现代化水平(Con)、农业生产效率(Eff)设置为被解释变量;核心控制变量、其他控制变量均保持不变。

2. 实证结果与分析

基于式（5-7）、式（5-8）、式（5-9），对西部山区农业生产性服务业促进小农现代化的效率传导机制进行回归分析，结果如表5-11所示。

表5-11　西部山区农业生产性服务业促进小农现代化的效率传导机制回归结果

步骤一	(1) 被解释变量：Con	步骤二	(2) 被解释变量：Eff	步骤三	(3) 被解释变量：Con
Fer	-0.1046*** (0.0137)	Fer	-0.1805*** (0.0451)	Eff	0.0526*** (0.0181)
Mec	0.0958*** (0.0129)	Mec	0.0568* (0.0330)	Fer	-0.0951*** (0.0136)
$Tran$	0.0074*** (0.0025)	$Tran$	0.0405** (0.0196)	Mec	0.0928*** (0.0132)
其他控制变量	是	其他控制变量	是	$Tran$	0.0053** (0.0026)
个体固定效应	是	个体固定效应	是	其他控制变量	是
观测值	564	观测值	564	个体固定效应	是
$Adj\text{-}R^2$	0.7571	$Adj\text{-}R^2$	0.4667	观测值	564
$Prob>F$	0.0000	$Prob>F$	0.0000	$Adj\text{-}R^2$	0.7742
—	—	—	—	$Prob>F$	0.0000

注：括号中的数字为稳健标准误，*、**、***分别表示显著性水平为10%、5%、1%。

根据表5-11所示结果，第（1）列［对应式（5-7）］对农业生产性服务业是否有效促进小农现代化进行了验证，结果与表5-8第（1）列一致，此处不再赘述。第（2）列［对应式（5-8）］对农业生产性服务业是否有效促进西部山区农业生产效率提升进行了回归分析，回归结果中化肥施用情况的系数为-0.1805，机械化水平的系数为

0.0568，货物运输能力的系数为 0.0405，且均在超过 10% 的水平上显著，表明农业生产性服务业对西部山区农业生产效率的提升具有显著的影响。其中，机械化水平的系数显著为正，表明机械化设备引入西部山区农业生产后，能够较为明显地提升粮食作物亩产量；货物运输能力对农业生产效率提升的平均影响效应为 0.0405，表明农业生产性服务业提供的仓储运输服务，完善了西部山区与市场之间的运输配送体系建设，有利于西部山区小农户从市场获得更多农业生产原料、要素，进而有效提升自身农业生产效率，这与魏修建、李思霖（2015）通过 DEA 模型得出交通运输对农业生产效率的提升作用显著这一结论一致；化肥施用情况系数为负，表明在西部山区依靠增加农作物化肥施用量不仅不能提升粮食亩均产量，相反会产生一定的抑制作用，这与前文论证所得西部山区应走农业产业绿色化发展路径的结论较为契合。第（3）列［对应式（5-9）］在第（1）列的基础上加入农业生产效率这一核心解释变量，加入后农业生产效率的系数在 1% 的水平上显著为正，化肥施用情况、机械化水平、货物运输能力的系数至少在 5% 的水平上显著，但相对于未加入农业生产效率这一中介变量的第（1）列，其系数绝对值均有所下降，表明农业生产效率起了部分中介效应，即西部山区农业生产性服务业促进小农现代化过程中产生了显著的效率效应。综上所述，农业生产性服务业通过提供机耕机种、货物运输等服务推动了农业生产效率提升，进而促进小农现代化发展。

3. 稳健性检验

此处参照前文使用方法，将核心解释变量滞后一期对模型进行稳健性检验，结果如表 5-12 所示。

表 5-12　　　　　解释变量滞后一期的回归结果

步骤一	(1) 被解释变量：Con	步骤二	(2) 被解释变量：Eff	步骤三	(3) 被解释变量：Con
Fer_{t-1}	-0.0611*** (0.0170)	Fer_{t-1}	-0.1172*** (0.0411)	Eff_{t-1}	0.0429** (0.0200)
Mec_{t-1}	0.0583*** (0.0169)	Mec_{t-1}	0.0560* (0.0315)	Fer_{t-1}	-0.0553*** (0.0173)

续表

步骤一	(1) 被解释变量：Con	步骤二	(2) 被解释变量：Eff	步骤三	(3) 被解释变量：Con
$Tran_{t-1}$	0.0140*** (0.0039)	$Tran_{t-1}$	0.0409** (0.0201)	Mec_{t-1}	0.0560*** (0.0172)
其他控制变量	是	其他控制变量	是	$Tran_{t-1}$	0.0123*** (0.0042)
个体固定效应	是	个体固定效应	是	其他控制变量	是
观测值	517	观测值	517	个体固定效应	是
$Adj\text{-}R^2$	0.6369	$Adj\text{-}R^2$	0.4379	观测值	517
Prob>F	0.0000	Prob>F	0.0000	$Adj\text{-}R^2$	0.6486
—	—	—	—	Prob>F	0.0000

注：括号中的数字为稳健标准误，*、**、***分别表示显著性水平为10%、5%、1%。

表5-12报告了稳健性检验结果。从回归结果中可以看出，滞后一期的化肥施用情况、机械化水平、货物运输能力对农业生产效率、小农现代化的影响至少在10%的水平上显著，滞后一期的化肥施用情况、机械化水平、货物运输能力、农业生产效率对小农现代化的影响至少在5%的水平上显著。该结果与表5-11的基准实证结果保持一致，表明基准实证结果是稳健的。

三 空间传导机制

（一）西部山区农业生产性服务业促进小农现代化空间相关性

1. 模型构建与变量选取

为考察西部山区农业生产性服务业促进小农现代化的空间相关性，运用莫兰指数（Moran's I）进行测度：

$$Moran's\ I = \frac{\sum_{i=1}^{n}\sum_{j=1}^{n}W_{ij}(X_i - \overline{X})(X_j - \overline{X})}{S^2 \sum_{i=1}^{n}\sum_{j=1}^{n}W_{ij}} \qquad (5\text{-}10)$$

式中：Moran's I 反映西部山区农业生产性服务业促进小农现代化空间相关性，标准化处理后取值范围是 [-1, 1]；X_i、X_j 为地理单元 i、j 地区的观测值；W_{ij} 为空间权重矩阵，本书引入了两种空间权重矩阵。

第一，邻接空间权重矩阵。由于地理位置比邻，小农现代化可能会存在一定溢出并产生空间相关性。因此，此处设置空间邻接权重矩阵用以反映地区之间的空间比邻关系：

$$W_{ij}^1 = \begin{cases} 1, & \text{当城市 } i \text{ 与城市 } j \text{ 空间邻接} \\ 0, & \text{当 } i=j \text{ 或两者空间不邻接} \end{cases} \quad (5-11)$$

第二，反距离空间权重矩阵。根据地理学第一定律，两个地区之间的空间影响强度通常随着地理距离的增大而逐渐减弱。因此，此处借鉴 Paas 和 Schlitte（2008）的方法构建反距离空间权重矩阵：

$$W_{ij}^2 = \begin{cases} 0, & \text{当 } i=j \\ 1/d_{ij}^2, & \text{当 } i \neq j \end{cases} \quad (5-12)$$

式中：d_{ij} 为两地级市地理中心位置之间的距离。

2. 实证结果与分析

基于 2009—2020 年 47 个地级市小农现代化的测度结果[①]，使用全局 Moran's I 指数分析小农现代化的空间溢出特征，如表 5-13 所示。

表 5-13　2009—2020 年西部山区小农现代化的空间自相关检验

年份	邻接空间权重矩阵 Moran's I	Z 值	反距离空间权重矩阵 Moran's I	Z 值
2009	0.118	1.128	-0.004	0.755
2010	0.167*	1.522	0.008	1.258
2011	0.172*	1.569	0.002	0.980
2012	0.232**	2.047	0.019**	1.697
2013	0.206**	1.838	0.016*	1.589
2014	0.302***	2.630	0.035***	2.407
2015	0.252**	2.206	0.031**	2.234

---

① 由于黔西南布依族苗族自治州部分数据缺失，此处删除此样本。

续表

年份	邻接空间权重矩阵		反距离空间权重矩阵	
	Moran's I	Z 值	Moran's I	Z 值
2016	0.157*	1.440	0.011*	1.376
2017	0.174*	1.572	0.019**	1.689
2018	0.212**	1.891	0.024**	1.924
2019	0.155*	1.426	0.015*	1.565
2020	0.174*	1.585	0.016*	1.583

注：*、**、*** 分别表示估计结果在 10%、5%、1%的显著性水平上显著。

表 5-13 分别报告了空间邻接权重矩阵、反距离空间权重矩阵下的 Moran's I 指数的数值。全域空间相关性结果显示，2009—2020 年西部山区各地级市小农户现代化水平的 Moran's I 指数的 p 值多数通过了 10%显著性水平下的检验，表明西部山区各地级市农业生产性服务业促进小农现代化具有显著的空间溢出效应，即西部山区农业生产性服务业促进各地级市小农现代化水平不是孤立的，而是会受到邻近城市的显著影响。上述空间自相关检验结果为构建空间计量面板模型探究西部山区各地级市小农现代化水平的空间溢出效应提供了统计意义上的逻辑支撑。

（二）西部山区农业生产性服务业促进小农现代化的空间传导机制

为探讨西部山区农业生产性服务业促进小农现代化的空间传导机制，采用空间滞后模型（Spatial Autoregressive Model，SAR）和空间误差模型（Spatial Error Model，SEM）建立空间计量模型。其中，SAR 模型将因变量的空间相关性引入模型进行分析，如式（5-13）所示；SEM 模型将误差项间的空间相关性引入模型进行分析，如式（5-14）所示。

$$Con_{it} = \rho \sum_{j=1}^{N} W_{ij} Con_{jt} + \alpha \ln Fer_{it} + \beta \ln Mec_{it} + \varphi \ln Tran_{it} + \eta \ln H_{it} + v_t + \varepsilon_{it} \quad (5\text{-}13)$$

$$Con_{it} = \alpha \ln Fer_{it} + \beta \ln Mec_{it} + \varphi \ln Tran_{it} + \eta \ln H_{it} + v_t + u_{it},$$

$$u_{it} = \lambda \sum_{j=1}^{N} W_{ij} u_{it} + \varepsilon_{it} \quad (5\text{-}14)$$

式中：Con_{it} 为第 t 年第 i 地级市的小农现代化水平；W_{ij} 为空间联

系；H_{it} 为控制变量合集；ρ 为空间自回归系数；u_{it} 为空间误差自相关；λ 为自相关系数；ν_t 为时间固定效应；ε_{it} 为随机扰动项。其余变量的选取与前文保持一致。基于式（5-13）、式（5-14），对西部山区农业生产性服务业促进小农现代化的空间传导效益进行回归分析，结果如表 5-14 所示。

表 5-14　西部山区农业生产性服务业促进小农现代化空间传导机制的 SAR、SEM 回归结果

变量	SAR		SEM	
	(1) W_{ij}^1	(2) W_{ij}^2	(3) W_{ij}^1	(4) W_{ij}^2
Rho	0.1903*** (0.0239)	0.4569*** (0.1016)	—	—
Lambda	—	—	0.3150*** (0.0512)	-0.0899 (0.2245)
控制变量	是	是	是	是
固定效应	是	是	是	是
观测值	564	564	564	564
$Adj\text{-}R^2$	0.6886	0.8764	0.8644	0.8661
Log L	1330.2646	1322.0918	1329.5724	1313.7646

注：括号中的数字为标准误，*** 表示显著性水平为 1%。

从表 5-14 结果可以看出，在 SAR 模型中，基于反距离空间权重矩阵或邻接空间权重矩阵，在控制相关控制变量以后，空间滞后项的回归系数均在 1% 显著性水平上呈正相关关系；在 SEM 模型中，基于邻接空间权重矩阵的空间滞后项系数在 1% 显著性水平上呈正相关关系，但在反距离空间权重矩阵下系数并不显著。因此，整体而言，西部山区在农业生产性服务业的推动下小农现代化水平存在较强的空间正自相关性，即西部山区各地级市农业生产性服务业推动小农现代化水平并非表现出完全随机的状态，而是在空间上呈现出明显的相互影响，地区小农现代化水平的变化能够对其周围地区形成较为明显的空间溢出效应，即当地

区小农现代化水平提升时，周围地区能够分享空间溢出红利，实现协同增长；但当地区小农现代化水平降低时，周围地区也将会受到一定的负面影响。这也证实了西部山区农业生产性服务业促进小农现代化的空间溢出效应。

第四节　本章小结

本章从农业生产性服务业特性入手，解析了西部山区农业生产性服务业影响小农现代化的作用机理，采用 2009—2020 年西部山区 48 个地级市的数据，验证了农业生产性服务业对小农现代化变动水平的影响，并选取产业结构层次系数、农业生产效率作为中介变量，考察了西部山区农业生产性服务业促进小农现代化的结构效应与效率效应，利用空间误差模型与空间滞后模型分析了西部山区农业生产性服务业促进小农现代化的空间溢出效应。研究发现：西部山区农业生产性服务业通过提升机械化水平、发展社会化服务组织以及引入现代化生产要素可以有效缓解小农现代化进程中小规模生产约束、劳动力供给不足约束以及生产要素壁垒；同时，农业生产性服务业通过提供产前、产中、产后服务来促进西部山区农业生产效率提升及产业结构优化，并以此为中介实现小农现代化；另外，由于地理位置的邻近，西部山区小农现代化水平存在空间相关性。实证上，分别采用双向固定效应模型、中介效应模型和空间计量模型验证了西部山区农业生产性服务业促进小农现代化的作用机理，以及西部山区农业生产性服务业促进小农现代化的效应，稳健性检验表明在替换核心解释变量以及核心解释变量滞后一期之后该结论始终高度稳健，证实了以下四个结论：农业生产性服务业通过提供机耕机种服务、培育社会化服务组织以及引入现代化生产要素促进小农现代化；农业生产性服务业可以有效促进产业结构调整优化和农业生产效率提升；产业结构优化升级及农业生产效率提升对于小农现代化具有关键作用；西部山区小农现代化具有显著的正向空间相关性。

第六章　西部山区小农现代化新动能的政策评估与红利

首先，本章以西部山区和全国小农现代化新动能——农业生产性服务业的政策演化为起点，基于部分西部山区先行出台农业生产性服务业发展相关政策这一客观现实，构建形成"准自然实验"，使用双重差分方法对农业生产性服务政策促进小农现代化的有效性进行了评估，使用事件研究、蒙特卡罗模拟等方法进行了检验。其次，从"引入资本""扩大机械化生产""降低技术等要素壁垒"等方面分析了政策红利的传导机制。最后，选取西部山区中的四川省乐山市和广西壮族自治区河池市为典型对象，进行了实践案例的剖析。

第一节　农业生产性服务业政策的演化

一　全国农业生产性服务业政策的演化

中国长期以来始终高度关注农业生产性服务业的不断发展，以历年中央一号文件和相关配套制度文件为主线，可以清晰地看出农业生产性服务业的发展脉络。1983年中央一号文件首次明确提出"各项生产的产前产后的社会化服务，诸如供销、加工、贮藏、运输、技术、信息、信贷等各方面的服务，已逐渐成为广大农业生产者的迫切需要"；并在1984年中央一号文件和1985年中央一号文件中再次强调"必须动员和组织各方面的力量，逐步建立起比较完备的商品生产服务体系""农村一切加工、供销、科技等服务性事业，要国家、集体、个人一齐上"；1986年中央一号文件将发展农业生产性服务列入年度农村工作的总目标"组织产前产后服务，推动农村经济持续稳定协调的发展"，为在全国范围全面推进农业生产性服务的发展，国务院于1991年正式出台实施了《关于加强农业社会化服务体系建设的通知》。2004年以来中央一号文件连续聚焦"三农"，农业生产性服务也得到不断发展。2006年、2009年、2010年和2012年的中央一号文件分别从"培育社会服务组织""增强农村金融服务能力""建设农技推广公共服务机构""聚焦农业科技创新"等方面切入，为中国农业生产性服务业的健康发展提供了方向指引和制度支撑。

党的十八大以来，为有效推动中国农业发展，农业生产性服务业的重要性进一步得到夯实。在2015年国务院办公厅出台的《关于推进农村一二三产业融合发展的指导意见》中，明确提出要"发展农业生产性服务业，鼓励开展代耕代种代收、大田托管、统防统治、烘干储藏等市场化和专业化服务"；2016年中央一号文件再次强调"撬动规模化经营主体增加生产性投入……加快发展农业生产性服务业"。2017年农业部、国家发展改革委、财政部联合印发《关于加快发展农业生产性服务业的指导意见》，从四个方面论述了发展农业生产性服务业的重要意义，确立了未来五年的发展目标，并从"积极拓展服务领域""大力培育服务组织""不断创新服务方式""加强指导服务"四大方向以及与之分别对应的"农业市场信息服务""农资供应服务"等七个细分子方向指明了具体的实施路径，这标志着中国农业生产性服务业发展的制度体系框架已经基本搭建完成；在此基础之上，2018—2022年历次的中央一号文件又分别从"加强农业科技服务""支持农业服务公司发展""推广统防统治、代耕代种、土地托管等服务模式""发展壮大农业专业化社会化服务组织"等方面对这一制度体系作出了进一步的丰富与完善。

二　西部山区农业生产性服务业政策的演化

继2017年《关于加快发展农业生产性服务业的指导意见》出台后，部分西部山区所在省（区、市）也随之出台"实施方案""实施意见"等配套政策文件，以期以农业生产性服务业发展为抓手，推动本地区小农现代化进程。例如：2017年6月四川省人民政府出台《关于支持新型农业经营主体开展农业社会化服务的指导意见》，以构建以公共服务机构为依托、新型农业经营主体为骨干、其他社会力量为补充、公益性服务和经营性服务相结合的新型农业社会化服务体系为目标，分别从"强化主体培育""拓宽服务领域""创新服务方式""加大政策扶持""强化组织保障"五个层面提出了具体的工作思路。2017 年贵州省出台《2017 年贵州省农业社会化服务项目实施方案》，则具体围绕茶叶产业，提出了以农业生产性服务为抓手，把茶产业引入现代农业发展轨道，提升农业生产社会化服务的专业化、规模化水平的工作方案；2018 年甘肃省出台《关于加快发展农业生产性服务业的实施意见》，旨在 2025 年前培育形成覆盖农业生产全产业链条的农业生产性服务业体系，并具体从"进一步拓展农业生产性服务业服务领域""大力培育农业生产性服务业服务组织""不断创新农业生产性服务业服务方式""加强农业生产性服务业指导服务"四个层面进行了工作部署；2018 年湖北省出台《关于做好 2018 年农业生产社会化服务工作的指导意见》，以财政为杠杆聚焦对农作物秸秆综合利用、烘干冷藏、深耕深松、病虫害统防统治等农业生产社会化服务关键和薄弱环节的支持，以推动建立覆盖全程、综合配套、便捷高效的农业社会化服务体系。

第二节 西部山区农业生产性服务业政策促进小农现代化评估

一 方法设计与数据来源

（一）方法设计

从方法学层面来看，现有成果对于农业生产性服务业政策促进小农现代化有效性的研究主要侧重于对地区政策实施效果的总结，如：基于对山东省平度市发展高端特色品牌农业经验的梳理，总结了农业生产性服务业的"政府主导面向农业产业链提供公共服务""依托邮政资源面向产品配送需求建设销售网络"等六类主要模式，并从"优化农业生产性服务结构"等三个层面提出了进一步提高农业生产性服务业政策红利的对策建议（姜长云，2011）；与之对照，部分学者从其他视角对农业生产性服务的发展模式进行了分类，基于对河南省现代农业发展的调研，总结了"政府主导的公共农业生产性服务模式""农民专业合作社引领的内在扩张模式"等五种农业生产性服务业发展模式（肖卫东、杜志雄，2012）。在此基础之上，基于对江西省粮食主产县 500 个农户的调查，从生产效率提升的视角分析了农业生产性服务业政策助力农户缓解由老龄化带来劳动力供给不足等方面的问题（彭柳林、吴昌南等，2018）；基于 2016 年、2018 年中国劳动力动态调查数据（CLDS），分析了农业生产性服务业政策抑制抛荒现象发生的效用（陈景帅、韩青，2021）；基于对湘皖苏水稻种植户的调查，探索了农业生产性服务业政策对农地流转所产生的影响，并为政策优化提供了经验依据（王玉斌、赵培芳，2022）。以上研究均较好地从实务层面剖析了农业生产性服务业的政策实施效用，但同时也忽略了一个问题，即地区所取得的农业发展以及小农现代化进程的加快，可能并不只是受到了相关政策和产业发展的影响，也有来自地区"财政支农力度""产业结构优化""其他政策扶持"等方面的影响，因此农业生产性服务业政策的"净效应"无法使用以上的分析方法进行评估。为科学评估西部山区农业生产性服务业政策促进小农现代化的有效性，此处拟借鉴黄志平（2018）、谢先雄等（2020）等在分析政策有效性时所采用的双重差分方法进行研究。

双重差分方法（Difference in Difference，DID）的使用需要"准自然实验"作为支撑。通过前文"西部山区农业生产性服务业政策的演化"分析可以发现，2017 年《关于加快发展农业生产性服务业的指导意见》出台后，四川省、贵州省、甘肃省、湖北省积极响应，均在 2017 年后期或 2018 年，出台了推动本地区农业生产性服务业发展的相关"实施方案""实施意见"等配套政策文件；与之相比，青海省、宁夏回族自治区、湖南省、云南省、广西壮族自治区以及内蒙古自治区等，未见出台专门性政策文件。因此，西部山区农业生产性服务业扶持政策的出台与实施能够从方法学层面构成一组"准自然实验"。

基于西部山区农业生产性服务业相关扶持政策出台情况，将出台了相关政策的四川省、贵州省、甘肃省、湖北省等地区所包含的西部山区设置为处置组，未见出台相关政策的青海省、宁夏回族自治区、湖南省、云南省、广西壮族自治区以及内蒙古自治区等地区所包含的西部山区设置为控制组，并设置虚拟变量 $treat_i$ 进行区分，$treat_i = 1$ 表示处置组，$treat_i=0$ 表示控制组。由于处置组出台相关政策的时间主要集中在 2017 年后期或 2018 年，因此此处进一步设置虚拟变量 $time_t$ 对政策的实施时点进行区分，$time_t=1$ 表示在政策出台之后、$time_t=0$ 表示在政策出台之前，二者分割时点为 2018 年，即 2018 年及以后，$time_t=1$；2018 年之前，$time_t=0$。DID 模型如式（6-1）所示。

$$y_{i,t}=\alpha+\beta treat_i\times time_t+\gamma treat_i+\delta time_t+\eta control_{i,t}+\varepsilon_{i,t} \tag{6-1}$$

式中：$y_{i,t}$ 为西部山区小农现代化的状态；i 为西部山区各地级市；t 为年份；$control_{i,t}$ 为控制变量；$\varepsilon_{i,t}$ 为误差项；β、γ、δ、η 为各变量的相关系数，其中 $treat_i$ 和 $time_t$ 的交互项 $treat_i\times time_t$ 的系数 β 为本书重点关注的出台农业生产性服务业政策促进小农现代化的净效应。但需要注意的是，此处以 $treat_i=1$ 表示处置组，$treat_i=0$ 表示控制组以及 $time_t=1$ 表示在政策出台之后、$time_t=0$ 表示在政策出台之前，蕴含了"平均"的概念，即 $treat_i$ 的相关系数 γ 是组间的平均效应，$time_t$ 的相关系数 δ 是时间段的平均效应，虽然能够反映政策出台的效果，但精度却有所降低。为进一步提升估计精度并避免内生性等问题，此处在式（6-1）的基础上进一步引入"个体固定效应"和"时间固定效应"，即使用"双向固定效应"进行政策有效的估计，如式（6-2）所示。

$$y_{i,t}=\alpha+\beta treat_i\times time_t+\lambda_i+year_t+\eta control_{i,t}+\varepsilon_{i,t} \tag{6-2}$$

式中：λ_i 为"个体固定效应"，$year_t$ 为"时间固定效应"；其余变量与式（6-1）相同。

（二）变量选取与数据来源

因变量。根据本书第三章表 3-1 所列指标体系，对西部山区小农现代化的状态进行测度，并在此处作为因变量纳入分析框架；同时为体现农业生产性服务业政策对地区产业结构调整的作用，此处进一步将农业总产值占比（地区农业总产值占国内生产总值的比例）作为因变量纳入分析框架。

核心解释变量。为评估农业生产性服务业促进小农现代化的有效性，此处依据双重差分模型的设定，将 $treat_i$ 和 $time_t$ 的交互项 $treat_i\times time_t$ 作为核心控制变量纳入分析框架。若 $treat_i\times time_t=1$，表明 $treat_i=1$ 且 $time_t=1$，即出台了相关政策的处置组在 2018 年及以后的状态；其余状态 $treat_i\times time_t=0$，即控制组在所有年份的状态，以及处置组在

2018年以前的状态。

控制变量。促进西部山区小农现代化的影响因素较为复杂，为有效剔除这些因素对政策"净效应"产生影响，避免遗漏重要控制变量带来内生性问题进而导致出现有偏估计的问题，此处将下列七个变量作为控制变量纳入分析框架。农民收入水平，用农村居民人均可支配收入来衡量；收入分配，用城镇居民人均可支配收入与农村居民人均可支配收入的比值来衡量；财政支农，用农林水事务支出与地方财政总支出的比值来衡量；机械化水平，用农业机械总动力来衡量；农业结构，用粮食作物播种面积与农作物总播种面积的比值来衡量；人均农作物播种面积，用农作物总播种面积与乡村人口数的比值来衡量；城镇化水平，用城镇常住人口占总人口的比值来衡量。

资料来源。研究对象为西部山区48个地级市，时间跨度为2009—2020年。需要特别说明，虽然本书第一章已将西部山区对应至县级层面，但受限于数据可得性，县级层面相关数据无法完整获得，因此此处将政策有效性评估提升至西部山区地级市层面。虽然这一调整可能会在政策强度的分析上产生一些偏差，但对于政策有效性的评估不会产生较大影响。因变量和各类控制变量数据均来源于EPS DATA所提供的历年中国三农数据库、中国区域经济数据库、中国宏观经济数据库，《中华人民共和国2020年国民经济和社会发展统计公报》。此处需要特别说明，由于受数据可得性限制，少量空缺数据采用插值法补齐。各类变量的描述性统计特征如表6-1所示。

表6-1　　各类变量的描述性统计特征

变量名称	变量描述（单位）	均值	标准差	最小值	最大值
小农户现代化	第三章表3-1所列指标体系测度所得	0.2732	0.0596	0.1368	0.5031
农民收入水平*	农村居民人均可支配收入（元）	8.8598	0.4865	7.4437	10.0102
收入分配	城镇居民人均可支配收入/农村居民人均可支配收入	3.1897	0.6430	1.5531	5.9240
财政支农	农林水事务支出/地方财政总支出（%）	15.8032	4.9241	4.0990	38.4231
机械化水平*	农业机械总动力（千瓦时）	14.4438	0.6502	11.9281	15.6242
农业结构	粮食作物播种面积/农作物总播种面积（%）	60.1376	12.3952	21.7420	94.2384

续表

变量名称	变量描述（单位）	均值	标准差	最小值	最大值
人均农作物播种面积	农作物总播种面积/乡村人口数（亩/人）	4.0873	2.2033	1.3287	21.3905
城镇化水平	城镇常住人口占总人口的比值（%）	40.2826	10.9701	19.0200	79.6000

注：*代表对变量进行对数变换。

资料来源：EPS 数据库。

二 政策有效性的双重差分分析

（一）平行趋势假设初判

平行趋势假设是双重差分结果正确性的前提保障。所谓平行趋势假设即为处置组个体与控制组个体的变动趋势保持一致。一般而言，平行趋势假设仅指政策发生前控制组个体和处置组个体的相同变化趋势，但政策发生后这种趋势将会叠加政策效应，因此无法判断政策时点之后控制组个体和处置组个体的变化趋势是否相同。一般而言，平行趋势假设仅指政策时点之前的变化趋势。此处绘制西部山区控制组（treat = 0）与处置组（treat = 1）小农现代化的平行趋势检验图，如图 6-1 所示。

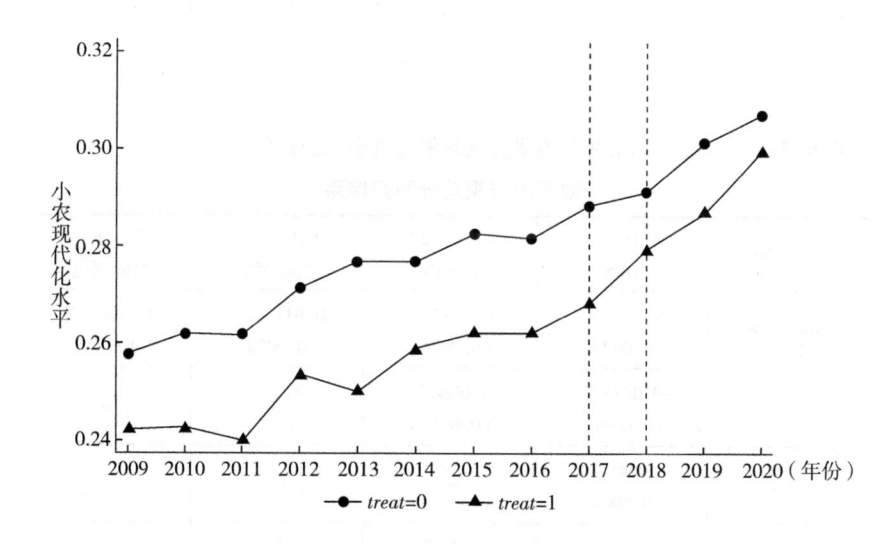

图 6-1 处置组和对照组在政策前平行趋势初判示意

观察图 6-1 可以认为,在出台农业生产性服务业政策之前,除 2012—2013 年外,处置组和对照组农业发展均基本保持较为相似的发展趋势,因此可以初步认为处置组和对照组在政策实施之前基本满足平行趋势假设。在此基础之上,后文还将采用事件研究、安慰剂检验等实证方法更为准确地对平行趋势假设进行再次验证。

(二) 双重差分回归

为估计西部山区实施农业生产性服务业政策促进小农现代化的效应,将西部山区小农现代化水平作为因变量进行回归分析,结果如表 6-2 所示。表 6-2 中,模型(1)没有控制个体效应和时间效应,只包含 $treat_i$ 和 $time_t$ 以及二者的交互项,同时加入控制变量;模型(2)、模型(3)在包含 $treat_i$ 和 $time_t$ 交互项的基础上,分别控制了时间效应和个体效应;模型(4)既包含 $treat_i$ 和 $time_t$ 的交互项,同时也控制了个体效应和时间效应,即双向固定效应。对比不同模型的回归结果可以发现,无论采用何种 DID 估计方法,各列结果的交互项均在 1% 或 5% 的显著性水平上呈正相关关系。具体以双向固定效应模型结果展开分析,模型(4)的交互项系数为 0.0116,表明对于未出台农业生产性服务业相关政策的西部山区,已经出台相关政策的西部山区小农现代化水平能够提升 1.16% 左右,即农业生产性服务业相关政策可以有效促进小农现代化。

表 6-2　农业生产性服务业政策促进小农现代化效应的双重差分回归结果

变量名称	模型(1) OLS	模型(2) 时间固定	模型(3) 个体固定	模型(4) 双向固定
$treat_i \times time_t$	0.0052** (0.0023)	0.0055** (0.0026)	0.0116*** (0.0024)	0.0116*** (0.0024)
$treat_i$	-0.0085*** (0.0011)	-0.0064*** (0.0010)	0	—
$time_t$	0.0081*** (0.0005)	—	—	—
$control_{i,t}$	是	是	是	是
个体固定效应	否	否	是	是

续表

变量名称	模型（1）OLS	模型（2）时间固定	模型（3）个体固定	模型（4）双向固定
时间固定效应	否	是	否	是
观测值	576	576	576	576
R^2	0.7761	0.7826	0.7807	0.7807

注：**、***表示估计结果在5%、1%的显著性水平；括号内数字为稳健标准误。

为估计西部山区实施农业生产性服务业政策促进地区产业结构优化的效应，将农业总产值占地区生产总值比例作为因变量进行回归分析，结果如表6-3所示。表6-3中，模型（3）、模型（4）的交互项均在1%的显著性水平上呈负相关关系。双向固定效应模型分析表明，相较未出台农业生产性服务业相关政策的西部山区，已经出台相关政策的西部山区，其农业总产值占国内生产总值的比重有所下降。根据农业生产性服务业的定义可知，其是为农业生产过程提供生产性服务的产业，从属于第三产业，因此农业生产性服务业的发展会提升第三产业在地区经济整体中所占的比重，"一降一升"体现了实施农业生产性服务业相关政策对地区产业结构优化调整所发挥的作用。综上，通过回归结果分析可以认为，在西部山区出台农业生产性服务业相关政策，既能"促进小农现代化水平"又能"调整地区产业结构"。

表6-3　农业生产性服务业政策促进地区产业结构优化的双重差分回归结果

变量名称	模型（1）OLS	模型（2）时间固定	模型（3）个体固定	模型（4）双向固定
$treat_i \times time_t$	0.0038 (0.0079)	0.0059 (0.0086)	-0.0216*** (0.0047)	-0.0216*** (0.0047)
$treat_i$	-0.0267*** (0.0050)	-0.0290*** (0.0052)	0	—
$time_t$	0.0423** (0.0195)	—	—	—

续表

变量名称	模型（1）OLS	模型（2）时间固定	模型（3）个体固定	模型（4）双向固定
$control_{i,t}$	是	是	是	是
个体固定效应	否	否	是	是
时间固定效应	否	是	否	是
观测值	576	576	576	576
R^2	0.3403	0.3424	0.3274	0.3274

注：**、***表示估计结果在5%、1%的水平上显著；括号内数字为稳健标准误。

（三）平行趋势再检验

前文双重差分回归已经对西部山区农业生产性服务业政策促进小农现代化的有效性进行了评估，并且对处置组和对照组在政策实施之前的平行趋势进行了初步判断。由于平行趋势假设成立与否是双重差分回归是否有效的重要前提，因此此处使用事件分析方法（Event Study）对平行趋势假设进行再检验，并研究政策动态效应。事件研究是在双重差分模型的基础上，将虚拟变量 $treat_i$ 和 $time_t$ 的交互项 $treat_i \times time_t$ 替换为 $treat_i$ 与农业生产性服务业政策实施时点前后不同年份哑变量的交互项（张国建等，2019）。由于西部山区相关政策集中于2018年出台，因此此处将2018年设置为0，2013—2017年分别对应数字"-5"至"-1"，2019年、2020年分别对应1和2。具体如式（6-3）所示。

$$y_{i,t} = \alpha + \prod_{s \geq -5}^{2} \beta_s treat_s \times time_s + \lambda_i + year_t + \eta control_{i,t} + \varepsilon_{i,t}$$

(6-3)

式中：S 取值区间为 $[-5, 2]$，分别对应2013—2020年，取值为负表示政策出台之前的年份，取值为正表示政策出台之后的年份，取值为0表示政策出台的2018年；$\{\beta_{-5}, \beta_{-4}, \beta_{-3}, \beta_{-2}, \beta_{-1}, \beta_0, \beta_1, \beta_2\}$ 分别为各自对应的回归系数；其余所有参数含义与式（6-1）、式（6-2）一致。此处，将2012年设置为基期，不同年份回归系数的取值范围如图6-2所示。

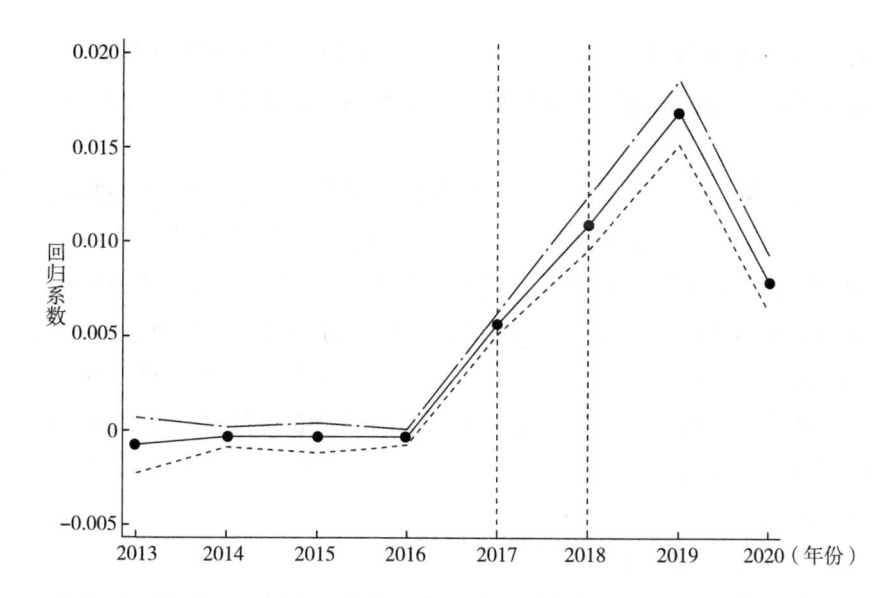

图 6-2 实施农业生产性服务业相关政策对促进小农现代化动态影响示意

注：置信区间为 95%；控制变量与前文保持一致；个体效应和时间效应均进行了控制。

观察图 6-2 可以发现，在西部山区出台农业生产性服务业发展相关政策两年前（2013—2016 年），其政策净效应（$treat_i \times time_t$）系数不显著异于 0。但从 2016 年起，政策净效应系数开始显著大于 0，表明在西部山区中，出台农业生产性服务业发展相关政策后，将能够有效促进小农现代化；并且，这种政策效用在 2017 年国家出台《关于加快发展农业生产性服务业的指导意见》后便已经显现，2018 年地方随之出台"实施方案""实施意见"等配套政策文件以后，政策效应得到有效加强。因此，可以认为本书所使用的双重差分分析方法能够满足平行趋势假设检验。

（四）安慰剂检验

虽然前文已经使用多种方法检验了平行趋势假设检验，但仍无法排除是否存在其他不可观测的遗漏变量会对农业生产性服务业发展相关政策促进小农现代化产生影响。因此，此处进一步使用蒙特卡罗模拟方法进行安慰剂检验，在 48 个地级市中随机抽取一份名单作为处置组，并和剩余的城市（可称为控制组）进行双重差分分析。由于处置组名单是随机抽取的，因此双重差分分析中（$treat_i \times time_t$）系数应不显著异于

0，但是如果出现系数显著异于0的情况，则表明存在其他不可观测的遗漏变量会对西部山区小农现代化产生影响，前文双重差分结果存在偏误。

为避免小概率事件对蒙特卡罗模拟结果产生影响，此处将抽取次数设定为500次，结果如图6-3所示。分析图示结果可以发现，经过500次蒙特卡罗模拟实验所得到的概率密度函数分布集中于0附近，虚线所示标准估计结果0.0116则位于整体分布之外。因此，可以认为随机抽取形成的控制组与处置组的双重查分结果不显著异于0，不存在其他不可观测的遗漏变量会对西部山区小农现代化产生影响，即西部山区小农现代化的净效应主要由农业生产性服务业发展相关政策所产生。

（五）稳健性检验

由于政策效应的充分释放需要时间积累且存在一定的时间滞后现象，因此为检验前文回归分析的稳健性，此处将模型6-2中控制变量的一期滞后代入模型进行回归分析，结果如表6-4所示。对比发现，核心控制变量显著性、回归系数符号均未发生较为明显的变化，因此可以认为前文回归分析结果较为稳健。

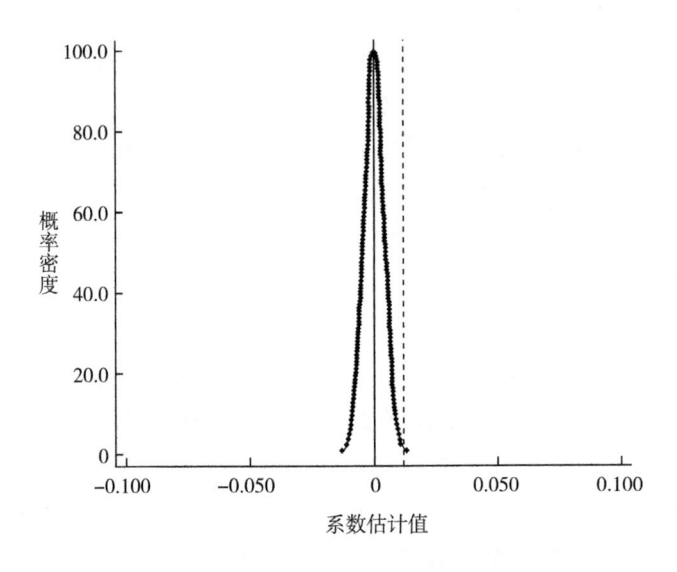

图6-3　蒙特卡罗模拟安慰剂检验结果

表 6-4　　　　　　　　　　稳健性检验结果

变量名称	$treat_i \times time_t$	$treat_i$	$time_t$	$control_{i,t}$	个体固定效应	时间固定效应	观测值	R^2
双向固定	0.0082*** (0.0062)	—	—	是	是	是	528	0.5419

注：***表示估计结果在1%的水平上显著；括号内数字为稳健标准误。

第三节　西部山区农业生产性服务业促进小农现代化政策红利释放机制

一　政策红利释放异质性

西部山区分布较为分散，既有集中分布在西北地区的六盘山区、高寒藏区等，也有集中分布在西南地区的滇桂黔石漠化区、滇西山区等，还有集中分布在中部地区的武陵山区等。西部山区之间的农作物种植环境、农业发展水平、组织化程度等因素存在较大异质性，这些异质性是否会对其农业生产性服务业发展相关政策的小农现代化效应产生影响需要进行分析。因此，此处分别从如下三个视角探讨区域异质性对政策效应释放所产生的影响。

第一，由于农业现代化发展与气候特征密切相关，此处以秦岭—淮河为界将西部山区划分为西北山区与西南山区，并设置虚拟变量 $area_i$ 用以识别。$area_i=1$ 表示西北山区，具体包含甘肃省、青海省、宁夏回族自治区和内蒙古自治区的西部山区；$area_i=0$ 表示西南山区，具体包含四川省、贵州省、湖北省、湖南省、云南省、广西壮族自治区的西部山区。由于西北山区全年积温相对西南山区较低，不利于农作物生长；并且全年降水量也少于西南山区，因此初步判断农业生产性服务业发展相关政策对小农现代化具有促进作用，西南山区会高于西北山区。

第二，基于项目组田野调查所得数据，农业生产经营规模相对较低的农户其购买农业生产性服务的偏好较低,与之相比,新型农业生产主体购买农业生产性服务的偏好相对较高。这主要是由于,相对农场主等新型农业生产主体而言,小农户参与农业生产的稳定性不高,面对风险的韧性较低,其往往不愿意向农业生产投入除种苗、化肥等生产必需品以外的其他要素,这会在较大程度上限制农业生产性服务业发展相关政策效益的充分释放。因此,此处设置虚拟变量 $scale_i$ 用以识别农业生产规模,由于不同年份人均耕地面积会有所波动,为反映规模异质性对当前地区所产生的影响,此处将以 2020 年西部山区 48 个地级市的人均耕地面积均值 4.68 亩为阈值,将人均耕地面积小于等于 4.68 亩的地区设定为小农户为主地区,$scale_i=1$;人均耕地面积大于 4.68 亩的地区设定为非小农户为主地区,$scale_i=0$。

第三,前文通过 DID 模型已经证实了在西部山区,出台农业生产性服务业发展相关政策对小农现代化具有显著的正向促进作用,但这种促进作用在小农现代化水平不同地区所产生的效果是否相同尚需进一步探讨,因此此处使用分位数回归模型进行分析。

根据表 6-5 所示回归结果,第一,四川省、贵州省、湖北省、湖南省、云南省、广西壮族自治区所包含的西南山区,其农业生产性服务业发展相关政策对小农现代化所产生的促进作用要强于甘肃省、青海省、宁夏回族自治区和内蒙古自治区所包含的西北山区。第二,农业生产规模相对较大的新型农业生产主体,在农业生产性服务业发展相关政策的支持下,其现代化成效要优于农业生产规模相对较小的农户。

表 6-5　西部山区区位和农业生产规模异质性对政策效应影响的回归结果

变量名称	双向固定(1)	双向固定(2)
$treat_i \times time_t$	−0.0134*** (0.0013)	—
$treat_i \times time_t$	—	−0.0346*** (0.0019)
$control_{i,t}$	是	是
个体固定效应	是	是
时间固定效应	是	是

续表

变量名称	双向固定（1）	双向固定（2）
观测值	576	576
R^2	0.7799	0.7322

注：***表示估计结果在1%的水平上显著；括号内数字为稳健标准误。

根据表6-6所示回归结果发现，在小农现代化水平不同的地区，农业生产性服务业发展政策效益的释放存在异质性。相关系数在40%—60%分位数区间内，由0.0166增加至0.0185；但在10%—30%分位数区间以及70%—90%分位数区间均不显著。这表明，在西部山区政策兼具"门槛效应"和"益贫不益富"的特点。

表6-6　　　　西部山区小农现代化水平异质性回归结果

西部山区小农现代化水平	$treat_i \times time_t$	标准误
10分位数	0.0037	0.0034
20分位数	0.0041	0.0044
30分位数	0.0081	0.0054
40分位数	0.0166***	0.0049
50分位数	0.0189***	0.0043
60分位数	0.0185***	0.0061
70分位数	0.0147	0.0121
80分位数	0.0074	0.0134
90分位数	0.0130	0.0121

注：***表示估计结果在1%的水平上显著；所有变量均已控制。

二　政策红利释放机制

根据第二章对农业生产性服务业是西部山区农业现代化发展第三次动能的理论论述可以认为，西部山区农业生产性服务业发展政策促进小农现代化效应的释放或是通过"引入资本""扩大机械化生产""降低技术等要素壁垒"等机制实现的。因此，分别选取"财政支农水平""机械化水平""城镇化水平"三个变量反映上述三个政策传导机制，并采用式（6-2）所示双重差分方法进行分析，结果如表6-7所示。

表 6-7　政策红利释放机制双向固定效应模型的回归分析

变量名称	财政支农水平 模型（1）OLS	财政支农水平 模型（2）双向固定	机械化水平 模型（3）OLS	机械化水平 模型（4）双向固定	城镇化水平 模型（5）OLS	城镇化水平 模型（6）双向固定
$treat_i \times time_t$	0.0345*** (0.0056)	0.0185*** (0.0025)	−0.0375 (0.0607)	0.1120*** (0.0149)	0.0248*** (0.0063)	0.0188*** (0.0036)
$control_{i,t}$	是	是	是	是	是	是
个体固定效应	否	是	否	是	否	是
时间固定效应	否	是	否	是	否	是
观测值	576	576	576	576	576	576
R^2	0.3238	0.3658	0.2451	0.2918	0.5160	0.5271

注：***表示估计结果在1%的水平上显著；括号内数字为稳健标准误。

表6-7中模型（1）、模型（2）所示回归结果表明，西部山区农业生产性服务业发展政策与农林水事务支出水平在1%的显著性水平上呈正相关关系。这表明，在西部山区持续加强农林水事务的支持力度是农业生产性服务业发展政策的重要着力点，是释放政策红利促进小农现代化的主要渠道之一。但同时也要注意，当前西部山区农林水事务发展资金的主要来源依然是地方政府部门，社会非公有制资本的参与程度相对不高，因此如何引进更多的社会非公有制资本参与西部山区农业发展进而促进小农现代化是下一步政策优化的主要方向。

模型（4）所示回归结果表明，西部山区农业生产性服务业发展政策与机械化水平在1%的显著性水平上呈正相关关系。这表明，在西部山区面向农户产中生产环节提供机械化装备租用服务是农业生产性服务业发展政策的另一个重要着力点，是释放政策红利促进小农现代化的主要渠道之二。由于西部山区受地形地貌特征以及农户小规模分散化经营的限制，当前机械化装备的使用频率降低，但是随着机械化装备地形适应性能力的提升（如无人机等），在农业生产性服务业发展政策的助力下，机械化促进小农现代化的作用正在不断提升。

模型（5）、模型（6）所示回归结果表明，西部山区农业生产性服务业发展政策与城镇化水平在1%的显著性水平上呈正相关关系。这表明，农业生产性服务业发展政策依托农业生产性服务业资本密集型、技术密集型和市场化程度较高的特点，实现了将山区以外的现代化农业生产要素引入西部山区农业发展进程的目标。在这一进程中，一方面，能够为山区的广大小农户提供丰富的非农就业岗位，促进城镇化水平的提升；另一方面，在现代化农业生产要素的牵引下，小农现代化的程度不断加深，与城镇居民收入水平的差距不断缩小，城乡之间的经济联系和产业关联也会愈加紧密，对促进城镇化水平的提升起到正向推动作用。这是释放政策红利促进小农现代化的主要渠道之三。

第四节 西部山区实践案例剖析

通过以上从多个视角对西部山区农业生产性服务业政策促进小农现代化有效性、异质性和传导途径的分析，已经从理论层面得到了较为明确的结论，即在西部山区出台农业生产性服务业相关政策能够较为有效地促进小农现代化。为从实践层面进一步验证理论分析所得到的结论，此处基于田野调查，剖析西部山区农业生产性服务业相关政策的主要内容以及具体的实施模式。

一 案例一：四川省乐山市打造"机械+农事"保姆式服务模式

2017年乐山市发布《乐山市人民政府办公室关于支持新型农业经营主体开展农业社会化服务的实施意见》（以下简称《意见》），从"培育新型经营主体""拓宽社会化服务领域""完善配套扶持政策""切实加强组织保障"四个方面对新型农业经营主体开展农业社会化服务提出相应要求，加速推动乐山市小农现代化。《意见》明确提出2020年全市新型农业经营主体引领带动农户提升至农户总数的51%以上，开展农业社会化服务的新型农业经营主体占总数的41%以上，主要农作物耕种收综合机械化水平突破63%，以及适度规模经营率超过26%等；同时努力实现建成以公共服务机构为依托、新型农业经营主体为骨干、其他社会力量为补充、公益性服务和经营性服务相结合的新型农业社会化服务体系[①]的工作目标。乐山市以出台《意见》为抓手，从整体

[①] https://www.sc.gov.cn/10462/c103046/2017/6/14/0dd9fdb80e17463db5731fbd563bdbf2.shtml.

上构建了以农业机械化为核心的专业农业生产性服务社，大力推广农机插秧、手机直播，组织开展代耕代种、代育代插等生产性服务，探索形成耕、种、防、收、烘、储、销全程一体化的"保姆式"服务体系，将机械化始终贯穿小农户农业全产业链生产，如图6-4所示。乐山市于2019年入选2019年度省级服务型制造示范名单。

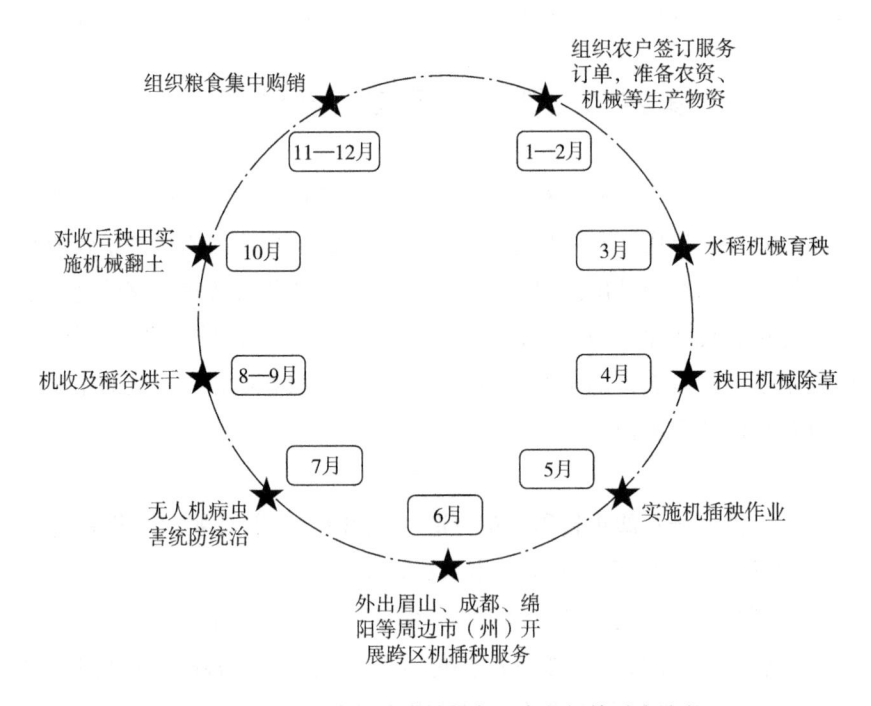

图6-4　乐山市农业生产性服务业全程托管时序流程

（一）依托全程托管，实现"一站保姆式"服务

传统农业耕作受限于土地碎片化、耕作时间固定，为破除这一约束，《意见》以大力培育新型农业经营主体为切入点，聚焦兴办多元化、多类型的专业合作社，充分发挥合作社在联合农户、土地托管、资金运用、技术设备等方面的优势，健全农业生产性服务经营体系。依据农时变化，专业合作社制定出合理的农业耕作时间表，使农户不受土地束缚，土地全年无闲的生产性服务全程托管模式，打破了传统农业耕作模式。

（二）依托科技人才，培养新型职业农民

《意见》以拓宽社会化服务领域为出发点，强调"四个支持"，支持开展农业技术推广合作、支持开展农产品现代流通服务、支持开展农村电子商务服务、支持开展创新服务。"四个支持"离不开坚实的人才组织保障，依托新型职业农民培训、人才引进计划等，着力培育科技型人才、创新型人才，加固农业生产性服务业发展的人才基础。乐山市农业专业合作社采取高薪聘任制等方式引进、留住高素质人才，组建一支高水平、年轻化、专业化的技术团队，并进行新型职业农民培训，实施绩效考核制，绩效与奖金挂钩，激励团队成员的干劲和活力，培养出一批志在农业、富有学识、掌握技术的科技型职业农民，为小农现代化打下坚实的人才基础。

（三）依托融资平台，构建金融机构助农新模式

《意见》健全配套扶持政策，重点健全金融保险政策，强调开发与新型农业经营主体需求相匹配的金融产品和服务，创新农业合作社贷款新模式，切实从保障农户根本利益出发，解决在农业生产性服务中面临的融资难、贷款难的问题。乐山市政府积极协调和引导，在全省率先成立"普惠金融综合服务平台"，解决合作社因服务面积扩大、"先管后付"的支付方式而造成的资金短缺、运营困难等难题。农户向银行申请贷款，金融机构根据合作社诚信评估结果，由合作社担保，与农户签订托管服务合同并明确服务费用，签订三方协议。银行贷款给合作社，待农产品生产后，合作社统一收购并向农户支付粮款，农户向银行偿还前期贷款，开创了金融助农的新模式。在新融资模式下，合作社与农户形成了利益共享、风险共担的合作关系。

（四）政策效果

乐山市自《意见》实施以来，农业生产性服务业发展日益增强，截至2021年年底，农业生产性服务组织总数达到558家，农业生产托管服务110.49万亩次，农业生产托管服务小农户10.39万户[1]，全程机械化式的托管服务日益实现，农业生产效率得到日益提升，小农现代化程度日益加深。一是农业生产机械化提高。依托高标准农田建设项目、农机化改造项目、农机购机补贴等，提升农业生产机械化，降低农业生

---

[1] http://nynct.sc.gov.cn/nynct/c100632/2021/10/21/2d23e9939a3544ac9d25ea0015fe37a2.shtml.

产成本，提高农业生产效率。2020年乐山市农业机械化率达57%。二是推动农业生产性服务规范化发展。乐山市组织开展农业生产性服务数量达152个，累计开展农业生产托管服务面积53.2万亩次，服务小农户6.8万户，土地规模经营率30.4%，农业生产规模化率达70%。三是加快培育新型经营主体。培养新型职业农民、形成农业生产性服务专业合作社、扶持农业龙头企业做强做优等措施，促进新型经营主体迅速发展。2020年乐山市发展农民合作社4255个，培育家庭农场9617个。

二 案例二：广西河池市开启数字"掌上农业"服务新模式

2019年《河池市人民政府办公室关于印发〈加快推进河池市现代特色农业高质量发展实施方案〉的通知》（以下简称《方案》），着重强调要以"集群化发展""质量兴农""产业融合""特色科技创新""品牌强农"等为主要任务，明确各任务牵头单位和责任单位，推动河池市小农现代化健康发展，农业综合生产能力稳步提升。《方案》以实施现代特色农业科技创新行动为主要任务之一，提出创新发展智慧农业，推动"互联网+"现代农业深度融合，推广应用物联网、大数据、云计算等现代信息技术，增强科技成果转化应用能力，切实提高农业生产效率。在《方案》的牵引下，河池市"掌上农业"移动数据采集系统应运而生。"掌上农业"系统于2019年7月投入运营，是集实时精准、智能高效于一体的综合数字系统，实时更新农作物数据、采集病虫害及分布面积、精准定位农作物地理位置等，所采集数据同步上传到河池智慧农业综合信息服务平台，实现数据前后端实时同步，以数字系统服务创新应用助力小农现代化。

（一）"采数据"——精准动态智能采集

利用手机GPS定位功能对农作物信息采集数据，通过"掌上农业"系统将数据上传至河池市综合信息服务平台专栏，实现前后端数据实时同步，耗时短、效率高、操作便捷、同步率高。河池市综合信息服务平台能查询到本市农业布局、农产品种植分布数据、农情灾情等农业情况，有利于农户管理和决策。

（二）"拓渠道"——农情灾情及时上报

河池"掌上农业"移动采集系统建立农情灾情上报专项模块。在日常采集时,发现农情灾情,直接通过"掌上农业"将受灾信息、位置进行上报,有关部门在第一时间掌握情况及时响应。系统运行至今,已建立常态化的数据采集更新机制,为上报农情灾情、农作物动态监测等拓宽上报渠道,积累了大量的农业数据,也便于后期分析。

(三)"建体系"——数据资源采集体系

河池"掌上农业"移动采集系统与农业遥感监测系统相互融合,充分利用农业遥感监测成果,采集人员可直接在最新的遥感影像上标绘,快速完成数据采集。河池"掌上农业"移动采集系统利用现代信息技术,为农作物信息采集提供方便,健全了河池市农业农村基础数据资源采集体系,同时能够充分掌握河池市农业资源的发展变化。

(四)政策效果

一是系统运行效果。河池"掌上农业"移动数据采集系统运行以来,每年采集各类农情信息超20000条,累计航拍完成120多个现代农业VR场景[1],在全市大宗农作物种植调查、农用地安全利用、农情灾情上报等工作中得到推广运用,取得良好成效。先后被评为2021年全国新产品新技术新模式优秀案例、广西信息化优秀案例,受邀参加第18届中国—东盟博览会、2021中国国际数字经济博览会等重大展会[2]。二是政策实施效果。河池市通过打造"掌上农业"系统、建立河池智慧农业综合信息服务平台,利用科技力量助推河池农业生产性服务业和现代农业进一步发展。截至2021年年底,河池市共建成高标准农田221.95万亩、高标准农田建设项目94个,建成高效节水基地8.23万亩,2021年种植粮食作物378.67万亩,完成任务率101.11%;粮食产量98.7万吨,完成任务率100.82%[3]。

---

[1] http://www.gx.xinhuanet.com/2022-05/18/c_1128662657.htm.

[2] https://sdxw.iqilu.com/share/YS0yMS03OTg0NzEz.html.

[3] http://nynct.gxzf.gov.cn/xwdt/gxlb/hc/t13173750.shtml;http://www.hechi.gov.cn/ztzl/hcsndjxzszl/ndjxzs2021/t10991007.shtml.

第五节　本章小结

　　本章将位于四川省、贵州省、甘肃省和湖北省的西部山区 2018 年先行出台农业生产性服务业相关政策视为一次准自然实验，采用双重差分法识别农业生产性服务业政策对促进山区小农现代化的因果效应、异质性以及政策红利传导路径。分析结果表明，农业生产性服务业相关政策的出台与实施能够较为明显地推动西部山区小农现代化，处置组比控制组提升约 1.16%；此结论通过了平行趋势检验、500 次蒙特卡罗模拟安慰剂检验以及因变量滞后一期的稳健性检验；在此基础上，也能够对地区产业结构产生较为显著的优化作用。政策效应异质性和红利传导路径分析表明，不同地区农业生产性服务业政策效应存在显著异质性，西南山区的政策效益要强于西北山区；农业生产规模相对较大的新型农业生产主体分享的政策效益要强于农业生产规模相对较小的农户；政策效应随着农业发展水平提升而不断降低，兼具"门槛效应"和"益贫不益富"的特点。此外，政策主要通过"引入资本""扩大机械化生产""降低技术等要素壁垒"等路径传导实现促进小农现代化红利。在此基础上，本书进一步选取地处乌蒙山区四川省的乐山市、滇桂黔石漠化区广西壮族自治区的河池市，对其所出台农业生产性服务业相关政策促进小农现代化的模式、特点进行了剖析。

第七章　西部山区小农现代化新动能提升的问题与对策

农业生产性服务业作为西部山区促进小农现代化的新动能，贯通农业产前、产中、产后各环节，支撑小农户融入现代农业发展体系。发展农业生产性服务业是促进西部山区小农现代化的重要抓手。通过前文从多个层面对西部山区农业生产性服务业促进小农现代化各种机制所展开

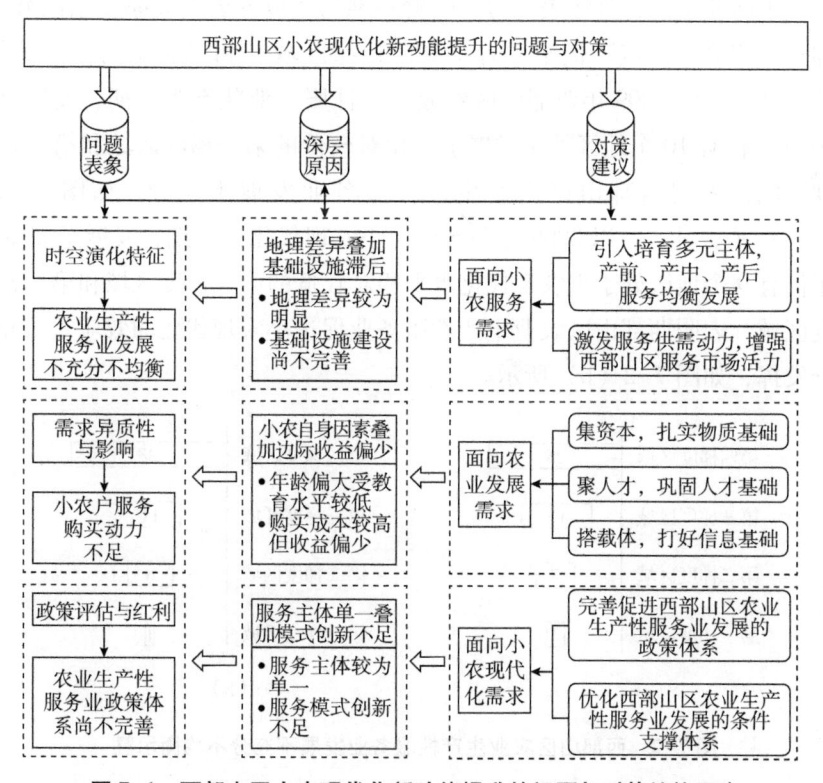

图 7-1　西部山区小农现代化新动能提升的问题与对策结构示意

的分析发现,当前西部山区仍然存在"农业生产性服务业发展不充分不均衡""小农户服务购买动力不足""农业生产性服务业政策体系尚不完善"三个方面的主要问题。本章针对存在的主要问题提出相应的对策建议,在剖析深层次原因的基础上,从三个角度展开分析,以期为西部山区依托农业生产性服务业促进小农现代化提供借鉴与参考,如图7-1所示。

第一节 问题的外部表象

一 农业生产性服务业发展不充分不均衡

通过本书第三章的分析发现,当前西部山区农业生产性服务业发展不充分、不均衡的问题较为明显,具体表现为三个方面。其一,西部山区农业生产性服务业发展南北差异明显,西南山区农业生产性服务业发展优于西北山区,具体表现为"秦岭—淮河线以南云贵高原以东区域"和"云贵高原区域"优于"青藏高原边缘区域"和"黄土高原区域"等;其二,以2009年西部山区农业生产性服务业状态为基期,发展至2020年仍有10个地区处于发展水平相对较低的第一梯度区域和第二梯度区域,表明西部山区农业生产性服务业发展不充分,如图7-2(a)所示;其三,以2009年西部山区小农现代化为基期,发展至2020年仍有9个地区处于小农现代化水平相对较低的第一梯度区域和第二梯度区域,表明西部山区农业生产性服务业促进小农现代化的效应并未充分发挥,如图7-2(b)所示。

区域	(a)	(b)
第四梯度区域	25	28
第三梯度区域	13	11
第二梯度区域	7	8
第一梯度区域	3	1

图7-2 西部山区农业生产性服务业发展不充分不均衡示意

注:图中从左向右依次对应前文研究所得图3-6(d)、图3-3(d)。单位为个。

二 小农户服务购买动力不足

通过本书第四章的分析发现，当前西部山区小农户购买农业生产性服务的内生动力仍然相对不足，具体表现为两个方面。其一，田野调查发现，整体而言"西部山区"小农户选择购买农业生产性服务的比例普遍较低，未购买农业生产性服务的农户要多于已经购买农业生产性服务的农户。在"西部山区"获取的 337 份有效问卷中，有 184 个小农户未购买生产性服务，占比达 54.60%；与之相比，"西部非山区"农户未购买农业生产性服务的比例为 27.40%，比前者低 27.2 个百分点。其二，"西部山区"小农户购买农业生产性服务主要集中在农机作业、农业技术等产中环节，对农业信息、农产品加工销售等产前和产后农业生产性服务的需求相对不足，如："西部山区"小农户购买加工销售等产后农业生产性服务的人数占已购买农业生产性服务农户总数的比重为 2.61%，低于"西部非山区"和"中东部地区"的 3.77% 和 5.66%，如图 7-3 所示。

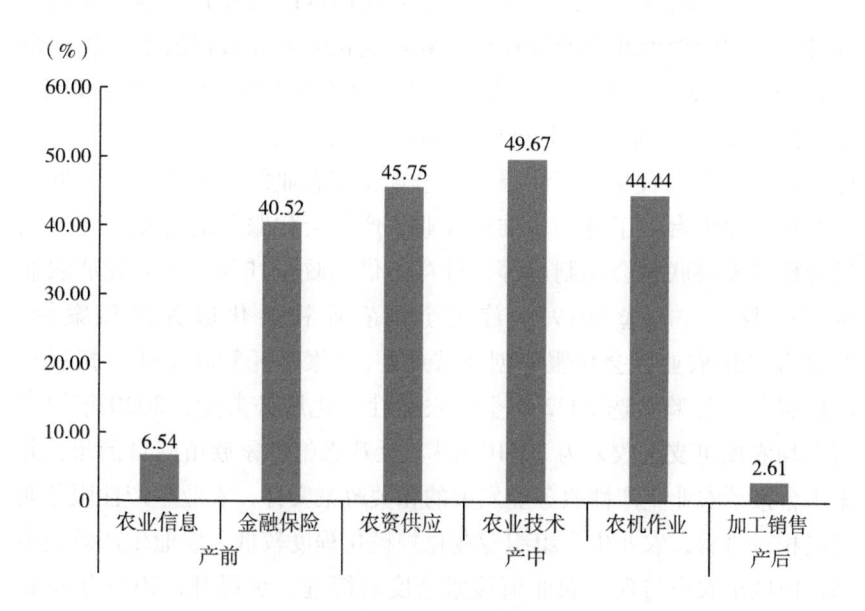

图 7-3　西部山区小农户对产前、产中、产后农业生产性服务购买需求占比示意

三 农业生产性服务业政策体系尚不完善

通过本书第六章的分析发现，当前西部山区推进农业生产性服务业稳定发展的政策体系尚不完善。农业生产性服务业作为在农业高质量发展进程中，继以家庭联产承包责任制为起点的农业产业化和农民专业合作社之后的新动能得到各级政府广泛关注。从国家层面来看，2017年农业部、国家发展改革委、财政部联合印发了《关于加快发展农业生产性服务业的指导意见》，随后在2018年至2022年中央一号文件中又分别从加强农业科技服务、支持农业服务公司发展等方面对这一制度体系做出了进一步的丰富与完善。从省（区、市）层面来看，在中央政策的引领下，湖北省、山西省、安徽省等积极响应，先后出台推动农业生产性服务业发展的"实施意见""实施方案"。当聚焦西部山区所辖地区时可以发现，除少部分地区（广西河池、四川乐山等）已经出台相关"指导意见"外，绝大部分的西部山区未见系统化专门性政策文件，这既与国家政策导向存在一定差距，也滞后于其他地区的成功实践。对比地处武陵山区的湖北省恩施土家族苗族自治州和同处湖北省的钟祥市小农现代化的差异可以发现，钟祥市自2017年《关于加快发展农业生产性服务业的指导意见》出台以来，牢牢抓住发展机遇，2017年确定16家农业社会化服务项目实施主体，着重将发展农业生产性服务、培育新型农业经营主体纳入政府工作安排，并出台关于进一步推进农业生产社会化服务的意见，建立农民合作社发展联席会议制度等。钟祥市借助政策红利，大力发展农业生产性服务，入选2019年首批全国农业社会化服务典型案例、2021年全国农业社会化服务创新试点县，"聚焦托管壮主体 拓展功能优服务"经验入选2022年全国农业社会化服务典型，2020年钟祥市人均农民可支配收入为20510元[1]。反观恩施土家族苗族自治州，并未出台推动农业生产性服务业发展的相关政策文件，农业生产性服务业发展相对滞后，农业生产组织专业化规模化程度较低，农业生产效益不高，山区小农户与现代农业衔接紧密度有待进一步提升，2020年恩施

---

[1] http://tjj.hubei.gov.cn/tjsj/sjkscx/tjnj/gsztj/jms/，2022年1月26日。

土家族苗族自治州人均农民可支配收入为 11887 元①，与钟祥市存在一定差距。

第二节　问题的深层原因

一　地理差异叠加设施滞后，限制农业生产性服务业均衡充分发展

（一）地理差异较为明显，引发农业生产性服务业不均衡发展

从地理学角度来看，以"胡焕庸"线为界，界线东南部36%国土居住着94.4%人口（丁金宏等，2021），区域内以平原、丘陵地貌为主要地理特征，气候湿润，人口、地形地貌、自然资源等农业生产要素为农耕经济发展奠定了良好基础，同时也为农业生产性服务业的发展提供了市场空间，西南山区大多处于这一地理区域；而界线西北64%的国土面积居住着5.6%的人口，人口密度低，以沙漠和雪域高原为主要地理特征，可用于农业生产的土地少，不利于集约化、规模化、机械化生产，再加上基础设施落后和严峻的生态环境制约了农业产业的全面发展，农业经济发展乏力，农业现代化进程缓慢，农业生产性服务业发展的市场空间相对较小，而西北山区大多恰恰处于这一地理区域。这种地理上的差异导致西部山区农业生产性服务业发展呈现不均衡和不充分的表象。

（二）基础设施建设尚不完善，限制农业生产性服务业充分发展

农业生产性服务业的稳定持续发展离不开较为完善的基础设施条件，如：仓储物流服务需要优良的交通运输条件，农产品在线销售需要优良的互联网基础设施，高质量农产品的生产需要优良的生产设施条件等，而这恰恰是当前西部山区基础设施建设中所面临的短板与弱项。其一，西部山区交通运输网络"互联互通"能力有待进一步增强。在一系列国家扶持政策的支持下，西部山区道路交通设施条件极大改善，村村通公路已经基本实现。但同时，已建成的交通运输网络"互联互通"能力偏弱的问题亟待解决。例如：地处滇桂黔石漠化区广西壮族自治区的河池市，仅2021年交通基础设施建设便完成投资357亿元，占全市

---

① http://hb.china.com.cn/2021-04/03/content_41520149.htm，2021年4月3日。

当年固投的60%以上；本级管养公路里程从2012年的12005千米增长到2022年的18305千米①；但目前仍然普遍存在自然村（屯）道路路面宽度较窄的问题，50户以上的自然村（屯）道路路面宽度低于4.5米，30—50户的自然村（屯）道路路面宽度低于3.5米，导致道路物流运输能力受到较大限制，成为农业生产性服务业发展的"硬伤"。其二，西部山区互联网基础设施尚不完善，移动互联网信号尚未全覆盖。一方面，由于西部山区地形地貌特征限制，铺设较为完善的互联网基础设施需要投入大量的资金，西部山区政府财政能力偏弱，往往不能完全承担前期资金投入，但网络运营商以利益为导向，其设备的投入力度通常与人口密度密切相关，进而造成当前西部山区尤其是人口数量不多的偏远自然村（屯）的互联网基础设施仍然较差；另一方面，西部山区因大山阻隔，受技术条件和资金条件的双重约束，导致移动互联网信号无法有效全面覆盖，致使移动互联网在农业生产中的应用率仍然偏低，成为农业生产性服务业发展的"短板"。其三，西部山区自然灾害频发但防灾减灾能力相对不足。比如，地处滇桂黔石漠化区云南省的红河哈尼族彝族自治州仅2020年第一季度，全州12县市就有多达343574人次受自然灾害影响，农作物受灾面积31047公顷，其中，成灾面积14385公顷，绝收面积3240公顷；灾害造成直接经济损失40287万元等②。面对频发的自然灾害，西部山区防灾减灾能力相对不足，成为阻碍农业生产性服务业发展的"弱项"。

二 小农自身因素叠加边际收益偏少，引发服务购买动力不足

（一）年龄偏大受教育水平较低，导致服务购买意愿不强

调研发现，西部山区小农户平均年龄偏大，均值近50岁，其受教育程度也大多集中在初中及以下水平。相对偏大的年龄叠加较低的受教育水平，导致西部山区小农户对于农业生产性服务的接受意愿和能力相对不足。其一，随着农户尤其是小农户年龄的不断增大，其从事农业生

---

① https://cj.sina.com.cn/articles/view/2035321844/v79508bf4019014enq，2022年10月14日。

② http://www.hh.gov.cn/zfxxgk/fdzdgknr/zdlyxxgk_1/aqscxxgk/tzggl/202005/t20200506_422883.html，2020年5月6日。

产的"风险厌恶"偏好也会愈加强烈,在农业生产中不愿意投入除农业生产必需品以外的其他要素。并且,在农村劳动力流失不断加剧的大背景下,西部山区青年劳动力进城务工人员比重不断提升,导致家庭第三代(孙子、孙女、外孙、外孙女等)的抚养任务落在长辈手中(爷爷、奶奶、外公、外婆等),这会直接导致小农户扩大农业生产规模的主观意愿降低。两个因素相互叠加,会对农户接受和购买农业生产性服务产生负向影响。其二,农业生产性服务业具有技术密集、市场化程度高等特点。由于小农户受较低教育水平的限制,不能够十分准确地从农作物全生产周期的角度把握购买农业生产性服务给自身农业生产效率和收益能力所带来的提升效果,而是更加关注当前用于购买农业生产性服务的现金支出。同时,生物育种、金融服务、商超对接等农业生产性服务的精准应用需要小农户具有一定的专业知识和技能,并且能够通过市场相关信息相对准确地获取服务供给信息。这两个方面的因素也会对小农户接受和购买农业生产性服务产生负向影响。

(二)购买成本较高但收益偏少,造成服务购买偏好不高

西部山区受地形地貌、经济发展水平、文化教育等因素影响,农业规模化生产程度较低,小农户购买农业生产性服务成本高;加之小农户"自给自足"的传统生产方式,市场化程度较低,导致小农户购买农业生产性服务所能够获得的农业收益较少;对于西部山区小农户而言,二者叠加进而导致其购买农业生产性服务的偏好相对不高。具体而言,其一,西部山区农业规模化生产程度较低,购买农业生产性服务边际成本较高。西部山区地形多为山地,缺少大面积平原,如第四章表4-2所示,农户平均经营地块数量为7.36块,高于"西部非山区""中东部地区"的4.18块和4.03块。可见当前西部山区小农户农业经营土地碎片化、零散化现象较为严重,使其购买农机设备等农业生产性服务边际成本相对较高,加之本就较为薄弱的经济基础,小农户往往不会主动增加除农业生产必需品以外的其他资本投入,进而导致农业生产性服务购买偏好降低。其二,西部山区小农户农业生产以"自给自足"为主要特征,市场化程度低、收益少。西部山区小农户受传统农业生产方式影响,农业生产活动目标聚焦"自给自足",在满足自身需求的同时剩余能够向市场出售的农产品数量有限,利润空间微薄,因此

为保留本就不高的农业利润，小农户更加偏好通过增加自身劳动强度提升农业产出，而支付现金购买农业生产性服务便成为小农户的次优选择。其三，西部山区农业生产性服务购买渠道有限，农户认知程度较低。西部山区受地理位置偏远、经济发展水平滞后、政策体系尚不完善等因素影响，农业生产性服务业发展相对较为滞后，专业化规模化的农业生产性服务组织不多，服务供给通常不能满足广大分散小农户的多元化需求，导致小农户所希望购买的服务与能够购买的服务存在一定程度"错配"，大大降低小农户了解并购买农业生产性服务的主观偏好。

三 服务主体单一叠加服务模式创新不足，限制政策红利充分释放

（一）服务主体较为单一，限制政策红利充分释放

多元化的服务供给主体是扩大农业生产性服务业市场容量、激发市场活力的重要保障，是满足广大小农户多元服务购买需求的关键渠道，是政策效益充分释放的重要支点。调研发现，目前西部山区农业生产性服务的供给主体主要集中在"龙头企业"和"合作社"，占比分别为33.99%和32.68%，在此基础上，"政府"也是重要的农业生产性服务供给主体之一，占比28.76%。但与之相比，调研未发现农户通过专业服务公司购买农业生产性服务。这表明，一方面，当前西部山区小农户购买农业生产性服务的来源相对单一；另一方面，西部山区专业化的农业生产性服务企业发展较为滞后，服务供给主体较为单一，多元主体参与模式尚未形成。与西部山区相对滞后的实践相比，同为山区的安徽省黄山市黟县，2016年以来以"科技强农、机械强农和促进农民增收"为主线，融合农业龙头企业、科技服务企业、联合社、合作社等多元主体，组建黟县有农优质粮油生产联合体，实行全程机械化操作、全产业链式经营和全程农业社会化服务，形成了山区小农户向现代大农业升级的"有农模式"，2021年实现全程社会化服务面积2.3万亩，粮食产量1.3万吨，产值7000多万元，辐射农户7000余户[①]。与湖北省所含西

[①] https://www.cnr.cn/ah/news/20220318/t20220318_525769797.shtml，2022年3月18日。

部山区同处一省的钟祥市，2014年以来通过联合投资、整合资源，融合农业龙头企业、联合社、合作社、家庭农场等多元主体，建立了农业全产业链条全方位的服务体系，并具体采取全程托管与分段托管相结合的方式提供农业生产性服务，有效缓解了老龄化所导致的劳动力供给不足的问题，形成了"八统一"服务模式，实现人、财、物资源的合理配置，同人工相比，使用机械插秧提高作业效率24倍、每亩可节本90元，节本增效十分明显[①]。但反观西部山区，其农业生产性服务供给主要以新型农业经营主体（"合作社"和"龙头企业"）兼业形式完成，并且所提供的服务主要集中在产中环节（农机具租用等），鲜有专业化全链条的农业生产性服务供给主体，服务主体与形式较为单一，这对农业生产性服务业政策红利的充分释放产生了一定的制约。

（二）服务模式创新不足，制约政策有效执行

西部山区相较其他地区，其农业生产性服务模式、体系较为单一，政策作用主体配合度、执行度、通畅度较低，从而影响政策落地执行效果。一方面，政府政策的落地实施离不开主体的支持与执行，而西部山区受地理位置、经济发展水平、资源禀赋等因素影响，农业生产经营往往以单个小农户自主发展为主，农业生产性服务业的发展主要依赖以政府为主导的传统发展模式，多元主体作用发挥薄弱，缺少具有号召力、领导力的农业生产性服务组织。因此，西部山区缺乏创新发展的"1+N"（1个龙头企业+多个农业经营主体）、"1+1+N"（1个首席团队+1个本地服务小组+若干新型农业经营主体）等多元主体的农业生产性服务业发展新模式。另一方面，西部山区鼓励农业生产性服务引入新兴科学技术，但单个农户因使用成本高，通常不会主动选择使用农机、互联网等技术。因此，西部山区缺乏以信息化、互联网技术为支撑的"1+N+N"（1个智慧农业系统大平台+N个应用系统+N个应用终端）等智慧农业生产性服务业发展新模式。政策作用主体分散、配合度较低、执行力较弱，导致以多元主体为主、以技术支撑为辅的农业生产性服务模式创新不足，无法满足农业生产性服务业发展新形势、

---

① http://nyncj.jingmen.gov.cn/art/2022/8/1/art_11138_905740.html，2022年8月1日。

新要求，制约了西部山区农业生产性服务业相关扶持政策落地执行的效率。

第三节　西部山区农业生产性服务业促进小农现代化的对策建议

一　面向山区小农需求引育多元主体，完善农业生产性服务体系

(一) 引进培育多元主体，产前、产中、产后农业生产性服务均衡发展

1. 多元主体协同发力，面向农业生产全过程精准提供服务

西部山区广大小农户对于农业生产性服务的需求较为多元，尤其是随着农业产业的现代化发展，对于市场信息、金融保险服务、仓储物流等面向农业生产产前和产后环节的农业生产性服务需求量不断提升。为满足小农户分散多元的需求，一方面需要建设覆盖农业全产业链的专业化服务龙头企业；另一方面需要协同多元主体共同发力，面向农业生产全过程精准提供农业生产性服务。具体而言，应从三个方面着手实施。其一，依托政府、村集体经济组织、农业企业等主体，针对西部山区小农户与市场衔接不紧密、无法及时准确判断市场供需信息等问题，面向产前环节重点搭建针对西部山区、辐射全国的农业生产性服务信息发布平台，动态更新农户对不同类型生产性服务的实际需求，以此引导相关服务供给主体精准对接农户需求，优化服务供给结构，实现双方供给和需求的优化匹配，提升农业生产性服务业的市场容量和发展活力。其二，依托农业企业、合作社、农场主等主体，针对西部山区小农户分散化经营更为突出的特点，面向产中环节重点发展"土地托管、联耕联种、代耕代种"等多层次多类型的农业生产托管服务，集中整合分散的农业资源，破除山区自然约束，推动多种形式适度规模经营发展；同时，整合各类农业主体已有农机资源，以农机专业合作社为具体形式，面向区域内广大农户尤其是小农户农业机械化生产的需求，以设备租用或服务购买等方式将现代机械装备引入山区农业生产。其三，依托农业企业、专业服务公司、合作社等主体，针对西部山区小农户农产品仓储物流（含冷链）能力相对不足、精深加工程度有待深化、产品价格相

对较低以及区域品牌建设推广不力等方面的问题，面向产后环节重点发展商超对接、品牌包装、仓储物流等形式的生产性服务，提升西部山区小农户在农业产业发展中的获利能力。

2. 创新服务供给模式，协调多元主体融合发展

协调农业生产性服务多元供给主体融合发展，创新服务供给模式是西部山区农业生产性服务业蓄力发展的重要渠道。当前国内许多地区先行先试已经取得成功经验，能够为西部山区所借鉴。

经验借鉴一：山东省临沂市——聚焦"种—产—销"农业全产业链资源。山东临沂金丰公社农业服务有限公司（以下简称"金丰公社"），入选农业农村部首批20个农业社会化服务典型案例。金丰公社探索出能够供西部山区所借鉴的三种农业生产性服务业发展新模式：一是"一站式生产服务模式"。金丰公社提供覆盖产前、产中、产后的全产业链服务，即从选种、耕种、施肥到收割、加工、包装再到保险、销售的全方位一站式"托管服务"模式。二是"共享式产业发展模式"。金丰公社通过将单个小农户集合起来进行统一管理，形成规模化、集约化的土地经营管理模式，解决了小农户经营分散、规模较小、效率低下、现代化程度较低等问题，提升农业质量和效益。三是"集体化增收共赢模式"。金丰公社构建起"村集体+金丰公社+小农户"多方参与平台，形成了"以党建为引领、以双社合作为基础、以壮大村集体经济为目标"的协同发展模式，促进三方在农业现代化发展进程中实现共赢。

西部山区可以借鉴金丰公社的经验，面向农业产业链全过程，凸显农业生产性服务合作社和农业龙头企业的重要地位，更大范围吸纳联合小农户融入农业现代化发展，并构建政府、企业、小农户三方利益联结分配模式，实现小农户的持续增收。具体以政府为牵引，以农业龙头企业为依托，组织开展农业生产托管服务，围绕农业产前、产中、产后需求，通过"聚集上游资源""构建中游网络""实现下游落地"的服务手段，打通从生产到销售、田间到市场的壁垒，聚集全产业链资源，提供全流程生产服务，从组织、服务、收益等方面探索出一条农民增收、企业增效、共建共享的小农现代化的发展道路。

(二) 激发服务供需动力，增强西部山区服务市场活力

现代农业是市场化的农业，现代农业的发展离不开高度发达的市场经济。而农业的市场化不仅体现在农业生产要素市场化程度的逐渐加深和农产品商品化程度的不断提高，也体现在农业生产性服务产前、产中、产后各环节市场化的不断提升。从农业供给侧、需求侧相匹配入手，培养多元服务主体，着力提高市场化程度，坚持市场机制调节与宏观调控相结合，保障各类市场主体之间公平有序竞争，形成完善的农业生产性服务体系，推动小农现代化。

1. 从供给侧入手，提供公益性、市场性的多层次农业生产性服务

前期以政府为服务供给主体，挖掘西部山区小农户购买农业生产性服务的市场需求。针对西部山区小农户农业生产稳定性不高、市场风险抗击能力不足、不愿增加投入除生产必需品以外其他生产要素的特点，在农业生产性服务业发展前期，政府应以服务供给主体的角色积极参与服务市场建设，提供"低价格、全链条"的生产性服务，挖掘释放山区小农户购买农业生产性服务的市场需求，扩大市场容量，以满足稳定多元化的农业生产性服务供给。在前期政府支撑农业生产性服务业取得一定发展的基础上，中后期应逐渐弱化政府的服务供给主体地位，强调突出市场的资源配置作用，以其为载体，积极引导农业企业、联合社、合作社、家庭农场等多元主体融入农业发展，向山区小农户提供覆盖全产业链的农业生产性服务，以供给拉动需求。通过上述两种类型农业生产性服务的发展，不断增强西部山区生产性服务的供给能力和供给质量。

2. 从需求侧入手，摸清小农服务实际需求，优化服务供给结构

一方面，将工作重心下移至"田间地头"，精准摸清小农户真实服务需求。依托西部山区县一级农机技术推广服务站、县供销合作社联合社等与小农户紧密衔接的政府部门，将工作重心下移至"田间地头"，"摸清家底"，全面精准把握当前西部山区小农户对农业生产性服务的实际需求内容与需求体量，为优化服务供给结构提供一手数据。另一方面，搭建针对西部山区、辐射全国的农业生产性服务信息发布平台。基于平台，借助大数据、移动互联网等技术，对供需双方定点推送服务信息，形成"服务雷达"机制；同时，针对小农户在农忙或农闲时段不

同的服务需求量，在区域范围内对服务供给进行动态调剂，探索形成西部山区服务供给"农闲输出、农忙召回"的动态"调剂"机制。在供给侧和需求侧的共同拉动下，大力发展西部山区农业生产性服务业，推进农业现代化进程，促进现代农业的市场化提高，进而为小农现代化提供助力。

二 面向山区农业需求导入现代要素，促进小农融入现代化农业

（一）集资本，夯实西部山区农业生产性服务业发展的物质基础

1. 加大资金投入力度，确保资金精准使用

农业生产性服务业提升效益的重要基础是充足的资金投入，科技进步又是推动全要素生产率提高的主要动力。因此，加大科研资金的投入力度应成为西部山区农业生产性服务业促进小农现代化的重要抓手。科研资金的投入不仅需要政府的重点支持，还需要引入社会资本。西部山区要加大对农业发展核心和关键领域的扶持力度，撬动社会资本投入农业科学研究，积极拓宽农业资金投入来源，不断提升农业科研规模和水平。除加大资金投入力度外，还需重视资金投入精准性。首先，由于西部山区农业产业发展水平相对较低，农业生产性服务相关科研资金缺口较大，因此需进一步加大资金投入力度，满足农业生产性服务科技水平提升的迫切需求。其次，就西部山区现阶段发展而言，不同山区产前、产中、产后科技服务在农业生产性服务业产业链中资金投放效益各有不同，在保障总量投入的情况下，不同地区应因地制宜，选择不同科研侧重点进行发展。最后，通过加大项目绩效评价力度提升资金使用效益。当前西部山区涉农资金主要以项目形式投放，因此要进一步加大项目实施绩效考核评价力度，将项目考核结果直接与下期项目审批相挂钩，形成闭环反馈，从机制层面提升农业生产性服务科技研发投入资金使用效率。

2. 适应西部山区地貌特征，提高农机装备科技研发水平

受西部山区地形地貌特征限制，大型联合收割机等现代化的农业机械装备未能较好地被应用于农业生产过程，这与广大小农户实现农业生产机械化、智能化的迫切需求形成鲜明对比。因此，西部山区应因地制宜，基于本地区高校、农科院等农业科技研发资源主体，结合各山区地

貌特征和作物种植特征，加快研制满足适合西部山区小农户实际使用需要的轻简型、高效型农机装备，有效增加科技装备供给水平。同时，西部山区小农户家庭经济基础较为薄弱且受教育程度相对不高，因此，一方面，在农机装备研发过程中，需以"物美价廉"为研发导向，不能一味追求"高精尖"，以实现在农机装备上市后，小农户有能力购买；另一方面，农机装备的使用应当"简单上手"且不需要专业化的知识储备，以使小农户经简单培训后便有能力对农机装备进行操作使用。

3. 培育自主创新能力，提高资源使用效率

在信息技术革命发展的时代背景下，数字技术正在对农业发展产生深远影响，西部山区应持续推动数字农业、智慧农业与农业生产性服务融合发展。依托互联网、大数据等新信息技术，结合西部山区具体农业类型和实际农业生产环节的发展特征，搭建西部山区新型农业科研创新平台，提高小农户发展数字农业和智慧农业的能力。西部山区还应根据实际情况，孵化培育技术水平高、成长潜力大、效益好的农业科技创新企业，提升区域农业生产技术服务水平，增强农业产业现代化发展能力。农业技术类企业需充分利用好政府财政投入、税收减免、政策补贴等优惠政策，充分挖掘自身资源和技术潜力，为推动西部山区农业生产性服务业发展提供助力。

(二) 聚人才，巩固西部山区农业生产性服务业发展的人才基础

人才队伍的建设是实现农业生产性服务高质量发展的基础，也是小农现代化的重要内容。发展农业生产性服务以促进小农现代化，应牢牢把握住人才在西部山区农业生产性服务业发展中的核心地位，结合西部山区农业生产性服务的人才需求，重点从培育新型职业农民、培养综合型人才、实施人才引进政策入手，夯实小农现代化的人才基础。

1. 培育创新型职业农民，建立健全培训体系

培育西部山区农业生产性服务人才，重点在于培育新型职业农民。明确突出小农户作为新型职业农民的主体作用，制订以小农户为主体的新型职业农民培训计划，设计以农业生产经营规模化、服务主体多元化为目标的新型职业农民培训内容，构建起包含多元农业经营主体的层次化新型职业农民培育体系。在培训内容上，以培训农业专业科学技术、新型农机装备知识为主，以农产品经营管理知识和技能为辅；同时与时

俱进，充分宣传农业污染治理的绿色可持续发展和数字农业、智慧农业等农业领域创新的新理念新应用，从思想、理论、应用三个方面全面提升小农户农业生产综合素质。在培训主体上，西部山区各级政府部门需发挥主导作用，大力支持推广培训活动，主动引导小农户积极参与，并鼓励引导企业、农业专业院校及各类专业组织机构等向小农户提供培训服务。在培训模式上，充分考虑西部山区在地理区位、区域经济和农业类型上的差异性，结合不同类型小农户的实际发展需求，因地制宜地设计和定制培训模式。

2. 培养复合型素质人才，大力实施人才引进策略

第一，培育农业生产性服务业融合发展和经营管理创新人才。西部山区农业生产性服务业正面向农业生产全链条着力进行调整与优化，促进产前、产中、产后农业生产性服务深度融合发展，这既对培育掌握农业生产性服务各环节生产技能的综合型人才提出了更高要求，也对引进具有资源整合和市场运营的高水平经营管理创新人才提出了迫切需求。因此，当前西部山区应积极构建农业生产性服务创新创业新生态、新平台，强化创新人才激励机制，加快完善农业农村创新创业领军人才和新一代农业生产性服务专业队伍培育孵化体系。第二，引进农业生产性服务科技推广应用人才。目前，技术人才有效供给不足是西部山区农业生产性服务业效益有效释放的瓶颈。为破除这一约束，首先，制定符合西部山区小农户发展实际需求的人才引进方案。在体制机制上畅通城市人才下乡渠道，完善与之相配套的激励机制和配套保障政策，采取灵活多样的城市人才下乡服务形式，吸引各类人才主动长期服务西部山区农业发展，助力推动小农现代化。其次，依托数字经济人才促进农业生产性服务业健康发展。西部山区为大力吸引城市数字化人才，需从产业政策、财政政策、税收政策、金融政策、人才政策等方面完善扶持体系，积极引导数字领域人才融入西部山区农业生产性服务业。一方面优化西部山区当前传统农业生产性服务业的发展模式，另一方面更为有效地将数字要素与小农户的农业生产相融合，加大农业惠农力度。最后，扩大基层农业技术岗位（农技站、农业科研单位）的数量，积极吸引大学生投身农业生产性服务业发展，联合高校、科研院所，通过到西部山区实习实训等形式，培养一批具有专业知识且愿意到西部山区扎根的大学

生人才队伍，不断充实人才队伍。

（三）搭载体，以大数据平台促进西部山区小农衔接现代市场

搭建大数据平台，促进农业生产性服务信息化转型实现高质量发展。信息化程度是衡量地区农业现代化程度的重要标准之一。西部山区受自然地形条件、文化教育程度、物联网技术水平等因素制约，小农户对"互联网+""大数据"等新型农业生产技术的认识仍然相对不足，农业现代化发展进程相对较慢。因此，搭建"农业生产性服务+小农户"深度交流、"互联网+现代农业"深度融合的大数据信息化服务平台至关重要。西部山区依托"农业生产性服务+小农户"深度交流平台，通过广泛收集信息、分析信息、整合信息、输出信息，解决在信息沟通交流渠道上不畅的问题；依托"互联网+现代农业"深度融合服务平台，借助互联网发展的契机，创新小农现代化新模式。

1. 推广信息化技术应用，发展智慧农业

一是推动农业生产性服务与信息技术的深度融合应用。将互联网、物联网、大数据、智能装备等现代信息技术全方位应用到小农户生产过程中。在既定土地面积下，通过大数据平台收集的种植土地和环境信息进行数据分析，农户利用平台分析的结果运用信息化技术，对农产品的种植数量、肥料用量进行精准控制，对农产品生长环境中温度、湿度进行精准定量，实现最小成本投入获得最大经济效益。二是推动农业全产业链与信息技术的交叉融合应用。深化信息技术在产业上、中、下游的推广应用，大数据平台通过对一定时间内全产业链情况的回顾与追溯，定期对农产品产、供、销、滞等数据的收集核算，动态监测农产品生产成本与市场行情，为小农户制订下一步的生产计划提供决策参考。借鉴北京农信的成功经验，西部山区可以建立大数据平台，采集、分析农产品市场信息，向小农户反馈市场实际具体需求情况，小农户依据实时信息调整优化生产结构、合理安排农业生产，最大限度地提高市场信息的精准性和对称性。

2. 借助电商全媒体渠道，发展网络交易

随着"互联网+"的迅速发展，"互联网+现代农业"融合程度逐渐加深，农业生产性服务业发展日趋成熟，农产品电商模式快速发展，农业市场结构逐步有效改善。农产品电商模式的创新，有利于销售渠道

多元拓展、农产品市场定位更加清晰、经营主体参与度逐渐提高等。西部山区大力借助电商平台这一新引擎，实现农业生产性服务业与互联网深度融合，促进小农现代化。在交易目的上，农产品电商平台以沟通供需双方为任务、以提供交易服务为核心、以增加实际交易量为目标，辅以直播带货、支付结算、物流仓储、信息发布、技术支撑、金融等配套服务，形成全方位的服务体系。在交易内容上，西部山区应结合特有地理区位和文化，打造区域特色农产品品牌，利用全媒体渠道，联合知名KOL（平台红人）线上直播带货，在微博、抖音、小红书等媒介上投放广告宣传，挖掘潜在客户增加交易量，快速提高品牌知名度及市场占有率。在交易范围上，农产品电商平台除完成基本农产品交易外，逐渐丰富西部山区特色休闲农业、民宿旅游等服务，让其成为新的增长亮点。北京市农信互联打造的"猪联网"智慧养猪新模式，促成了科技化生产、信息化沟通和市场化运作的良性产业格局，提高了养猪产业竞争力，在提高生产效率、转变交易方式、促进融合发展上产生了良好的社会效益。这能够为西部山区依托大数据服务平台促进地区小农衔接现代市场提供经验借鉴。

经验借鉴二：北京农信互联科技集团有限公司——创建生猪产业链大数据智能服务平台。该公司针对养猪业存在的问题，创建"猪联网"智能服务平台，入选农业农村部首批20个农业社会化服务典型案例。大力推动人工智能、移动互联网、物联网、云计算、大数据等信息技术手段与传统养猪业深度融合，创建了生猪产业链大数据智能服务平台——"猪联网"，依托网络开展猪服务、猪交易、猪金融三大核心业务，开创"互联网+"时代的智慧养猪模式。一是以数据为支撑，打造生猪养殖全流程智能管理系统。打造融合物联网、智能设备、大数据、人工智能等新技术的智能养殖管理平台。线上为用户提供生猪智能养殖管理、财务分析、生产管理、行情监测等服务，通过智能化管理系统跟踪反映市场行情，精准实现企业高效管理。二是以电商为助力，搭建生产经营主体网络交易平台。面向生猪产业链中生产企业、农资经销商、猪场、猪贸易商等各个生产经营主体提供交易的电商平台。通过交易平台为养殖户提供一站式采购服务，通过国家级交易市场，实现全国生猪交易。三是以金融为基础，建立行业可持续的金融服务体系。"猪金融"

业务主要为企业、养殖户、经销商、贸易商、屠宰场提供金融服务。通过平台获取的生产经营数据和农信商城获取的交易数据，利用大数据技术建立资信模型，为银行、保险、基金、担保公司提供信贷风险参考。

三　面向山区小农需求促进农业现代化，完善政策与条件支撑体系

（一）完善促进西部山区农业生产性服务业发展的政策体系

农业生产性服务业的发展离不开政府政策的支持，西部山区农业生产性服务业的发展需要政府的积极引导和大力帮助。调研发现，目前西部山区仍然面临农业生产性服务业相关政策缺失或系统性不足等方面的问题。因此，政府需进一步优化制度建设，持续完善体制机制，打通政策落地"最后一公里"。

1. 加强政策统筹规划，健全工作推进机制

政府需足够重视农业生产性服务业在带动小农户形成新型经营主体、促进小农现代化中的重要地位，明确发展农业生产性服务的紧迫性、重要性。一是统筹规划，制定针对性措施。立足西部山区实际状况，以小农户等服务主体的需求为导向，以农业生产性服务的持续发展为方向，以解决政策倾向性不足为目标，以促进小农现代化为最终目的，尽快制定农业生产性服务业发展的相关实施意见和具体措施。在政策上始终把小农户作为重点扶持对象，注重发挥各类服务主体优势，推动农业生产性服务各环节齐头并进，并着力为电商、"互联网+"、法律、技术等农业生产性服务创造发展环境。二是明确工作主体，推进健全工作机制。明确牵头部门具体负责指导西部山区农业生产性服务业发展，协调各部门积极沟通配合，明确分工职责，实施工作考核机制，促使各部门、各人员协同推进。具体而言，以西部山区所属省（区、市）农业农村厅牵头，地级市（州）人民政府为主体，借鉴发达地区成功经验，出台推动覆盖西部山区农业生产性服务业发展的专门性政策文件；以西部山区所属省（区、市）供销合作总社（联合社）牵头，积极争取省（区、市）商务厅支持，地级市（州）供销合作社联合社、农业农村局、经济商务局具体落实，挖掘释放山区小农户服务需求，并以需求为拉动力，引进培育多元服务主体参与西部山区农业现代化发展；以西部山区所属省（区、市）供销合作总社牵头，积极争取省

(区、市）经济和信息化厅支持，在摸清山区小农户农业生产性服务实际需求的基础上，搭建农业生产性服务供需信息发布平台，促进服务供需双方实现精准匹配，激发服务市场发展活力等。

2. 推动政策制定落地，引导农业生产性服务高质量发展

制定落实西部山区农业生产性服务业相关支持政策。首先，西部山区根据经营主体和农业生产性服务业发展的需要，因地制宜制定金融发展和支持政策。加大对金融保险配套服务的支持力度，健全西部山区信贷担保体系，着力解决农业生产性服务融资、产权抵押贷款、农业保单融资等问题。建立针对新型农业经营主体和服务主体的特色优势金融保险制度，满足小农户等主体多层次、多样化的风险保障需求。其一，完善治理机制，建立激励约束机制，切实防范各类风险，提升治理水平。西部山区政府应出台相关政策鼓励农商行加大对农业龙头企业、新型创新企业的扶持力度，切实解决农业生产性服务企业融资难的问题。其二，强化政策性金融的引导作用。通过政策引导的形式加大农业银行、国家开发银行和邮政储蓄银行等政策性银行对小农户及农业企业的信贷力度。其三，加大政策性金融项目对农村创新创业的扶持力度，重点支持农业科技服务发展，推动农业科技成果转化应用，提升小农户生产经营效率。其次，通过减税降费、财政扶持等措施，大力支持农业生产性服务业发展。西部山区增设专项农业生产性服务资金，根据小农户需求，合理规划资金用途，并重点探索实施多种形式的农业生产托管服务，通过以奖代补、先服务后补助等方式，调动小农户购买农业生产性服务的内生动力，促进农业生产性服务规模化、专业化、组织化发展。同时，面向小农户、农业生产性服务企业等主体的农机设备购买、农业生产技术培训等业务出台相关税收优惠政策。最后，建立健全农业生产性服务标准体系。针对不同服务环节，制定相关操作流程和实施标准，强化对服务过程的监督与管理，引导服务主体严格履行服务合同；建立服务质量和绩效评价机制，有效维护服务主体和服务对象的合法权益；建立农业服务领域信用记录，纳入全国信用信息共享平台，对农业服务领域严重违法失信主体，按照有关规定实施联合惩戒。政府要始终明确并履行相应责任，加强督促检查，推动政策落实，充分发挥政府的引导和扶持作用，为农业生产性服务业发展保驾护航。

3. 借鉴推广先进经验，构建完善政策体系

总结发展农业生产性服务业的成功经验，通过借鉴经验把先进科学的理念措施贯彻落实到西部山区实际政策制定中，促进山区农业生产性服务业健康发展。面向国内，许多地区已经取得相关成功经验，如：2022年江苏省农业农村厅和省供销合作社联合印发《关于加快发展农业社会化服务的实施意见》（以下简称《意见》），对进一步发挥农业生产性服务合作社作用、完善农业专业社会化服务体系作出明确要求，在政策推动下江苏省各市（区、县）成效显著、成果颇丰。面向国外，许多国家也在相关领域取得了值得学习的经验，如：日本政府通过颁布针对性政策大力支持土地流转和托管、组织形成专业化农社、推广普及现代农业发展技术等，农业生产性服务业得到飞速发展，有力地促进了小农户与现代农业的有效衔接。

经验借鉴三：江苏省出台的《意见》主要聚焦农业生产薄弱环节，强调重点服务小农户，明确培育多元新型主体、发展多元化的农业社会化服务的任务，进一步探索创新完善体制机制和政策体系，始终坚持以市场导向，不断推进农业适度规模经营，最终实现培育农业服务业战略性大产业的目标。江苏省南京市六合区充分运用政策红利优势，打造农业生产性服务业发展的样板。其总结推广的"1+N+X"社会化服务组织模式，入选为全国农业社会化服务创新试点县、全省农村改革优秀案例。全区首先加快培育新型经营主体、提高机械运用率，共培育服务农业经营主体445个，粮食生产全程机械化率90.2%；其次推进服务数字化信息化建设，建立综合性数字化管理平台，安装北斗终端377台，农业信息化覆盖率达74%；最后强化组织领导和支持政策，区委、区政府高度重视，明确部署各级目标任务和内容，不断完善政策支持体系和工作服务体系。江苏省南京市六合区围绕"创新、推进、提升"，成立农业社会化服务综合体5个，惠及经营主体550余个，综合体内部实现农业全程社会化服务40万亩次、亩均节本增效100元、人均增收200元①。

---

① http://nynct.jiangsu.gov.cn/art/2022/7/29/art_13275_10556519.html，2022年7月29日。

经验借鉴四：日本地形以山地和丘陵为主、平原面积相对狭小，导致其农业生产以小农户为主体，土地布局较为分散化、碎片化程度较高，这与中国西部山区相似度较高。因此，日本作为现代农业先行国，其经验对中国西部山区发展农业生产性服务，促进小农现代化具有重要借鉴意义。一是鼓励成立农协等专业化农业合作组织。日本政府通过法律制度、财政补贴等方式提供政策帮助，规范农业合作组织的成立、运行，提高小农户组织化程度，积极促进小农现代化。二是积极推动特色农业和产业发展。日本政府通过制度、政策支持，利用本土自然、文化资源优势因地制宜发展特色农业产品和产业，推动农业与第二、第三产业融合协同发展。三是大力支持土地流转和托管。日本政府通过财政补贴、创立中介等，着重支持土地流转和托管服务，推动小农户生产经营规模化、集约化，提高小农户经营效率和收益。四是着力推广农业科学技术。日本政府高度重视现代农业知识和技术普及，通过提供专业培训指导、发展农业电子商务，打造信息服务平台，提高小农户专业农业科学知识和生产技能，助力小农现代化。

（二）优化西部山区农业生产性服务业发展的条件支撑体系

西部山区应持续改善农业现代化发展相关基础设施条件，为发展西部山区农业生产性服务业提供较为稳定的外部支撑和条件保障。

1. 强化基础设施建设，改善农业生产性服务业发展硬件条件

农业基础设施建设是农业生产性服务业发展的硬件基础。西部山区应加大在交通运输、互联网基站、农田水利设施等方面的建设力度，为小农现代化的提升提供条件支撑。一是重点建设道路、水利电力、通信等基础设施。西部山区因地理环境、经济水平受限，农业配套基础设施相对较为薄弱，限制了农业的现代化发展。为缓解这一约束，西部山区应以政府为主体并协同社会多元非公有制资本，持续建设完善交通、水利电力、通信等基础设施条件，主要解决小农户在生产经营、农产品运输等方面所面临的瓶颈。同时，持续加强农业互联网基础设施建设，提升网络基建覆盖广度和深度，依托互联网和物联网积极发展农产品电子商务，为农业信息化发展、农户共享通信网络发展提供新渠道。二是推广信息化科技设备，有效改善农业生产效率。根据西部山区气温、地形等农业生产条件，因地制宜推广应用现代化的农业生产技术，

如：智能补光、自动滴灌、温湿度调节等，在增强小农户防灾减灾能力的同时，提升农产品生产质量和产量；同时，针对山地农业耕作特点，积极将小型喷灌洒一体多功能高压无人机等现代化农业设备引入西部山区小农户农业生产，优化农业传统耕作模式。三是完善物流体系。一方面，积极引入区域外农产品综合加工配送和专业冷链物流企业；另一方面，整合物流资源孵化培育根植于本地的物流相关企业和合作社。通过物流行业的发展，不断促使产后农业生产性服务业的进一步成熟，进而畅通西部山区农产品向外输送的交通和物流渠道，使分散小农户的农产品能够以更加集中的方式推向市场，有效促进西部山区小农现代化。

2. 坚持小农户主体地位，完善农业生产性服务业发展软件条件

在西部山区农业生产性服务业发展过程中，要始终围绕小农户的根本利益，从小农户利益出发，健全发展农业生产性服务业的经营体系和产业体系，为西部山区农业生产性服务业发展创建良好的软环境。具体而言，其一，充分发挥小农户在农业生产性服务业发展中的主体地位。一方面，在完善农业生产性服务经营体系中，政策的制定、实施、改革必须体现、提升、确保小农户在农业生产性服务中的基础性地位。明确广大小农户在发展农业生产性服务过程中的需求，针对性地补齐短板，使政府政策能解决好小农户的痛点、难点，推动农业生产性服务高质量发展。同时，大力扶持小农户创新经营方式，与创新技术和经营管理人才联合，运用先进的科学技术和管理方法发展农业生产性服务业，不断促进小农现代化。另一方面，在优化农业生产性服务产业体系进程中，西部山区政府应坚定不移地以市场化为载体推进农业生产性服务健康稳定发展。依托小农户与市场衔接紧密度的不断提升，增强服务供给主体动态优化调整服务供给结构能力，因地制宜推动产前、产中、产后农业生产性服务合理均衡发展。其二，强化小农户的联合生产能力，引导发挥农业生产性服务组织的积极作用。支持政策要着重强调以小农户为主要构成的农业生产主体在农业生产性服务业发展中的重要地位，通过联合分散小农户建立农业生产性服务组织，在创新农业服务供给模式的同时，深化小农户参与农业生产性服务业发展程度，提升小农户分享农业生产性服务业发展红利能力，进而促进西部山区小农现代化。

参考文献

中文文献

沈体雁、于瀚辰：《空间计量经济学》（第二版），北京大学出版社2019年版。

[美]西奥多·W. 舒尔茨：《改造传统农业》，商务印书馆2006年版。

曹光乔、张宗毅：《农户采纳保护性耕作技术影响因素研究》，《农业经济问题》2008年第8期。

陈航英：《小农户与现代农业发展有机衔接——基于组织化的小农户与具有社会基础的现代农业》，《南京农业大学学报》（社会科学版）2019年第2期。

陈江华、罗明忠、张雪丽：《禀赋特征、外部环境与农业生产环节外包——基于水稻种植户的考察》，《新疆农垦经济》2016年第11期。

陈景帅、韩青：《农业生产性服务对农地抛荒的抑制效应》，《华南农业大学学报》（社会科学版）2021年第6期。

陈鸣、肖刚纯：《农业生产性服务业促进职业农民培育的实证研究》，《内蒙古农业大学学报》（社会科学版）2016年第1期。

程瑶：《互联网经济体系影响下我国农业产业融合发展研究》，《农业经济》2022年第9期。

楚明钦：《农业生产性服务嵌入对农业效率影响的实证》，《统计与决策》2021年第24期。

崔红志、刘亚辉：《我国小农户与现代农业发展有机衔接的相关政策、存在问题及对策》，《中国社会科学院研究生院学报》2018年第5期。

丁金宏、程晨、张伟佳、田阳：《胡焕庸线的学术思想源流与地理分界意义》，《地理学报》2021年第6期。

杜江、王锐、王新华：《环境全要素生产率与农业增长：基于DEA-GML指数与面板Tobit模型的两阶段分析》，《中国农村经济》2016年第3期。

杜泽文：《现代农业与生产性服务业耦合发展路径》，《江苏农业科学》2019年第1期。

顾晟景、周宏：《生产性服务业对农业全要素生产率的影响研究——基于中介效应的影响路径分析》，《中国农业资源与区划》2022年第3期。

顾晶晶、冶运涛、何毅、曹引、赵红莉、蒋云钟：《面向西北内陆复杂地形地貌区域的土地利用分类方法》，《测绘地理信息》2022年第5期。

关凤利、裴瑱：《我国农业生产性服务业的发展对策》，《经济纵横》2010年第4期。

郭晓鸣、廖祖君、付娆：《龙头企业带动型、中介组织联动型和合作社一体化三种农业产业化模式的比较——基于制度经济学视角的分析》，《中国农村经济》2007年第4期。

郝爱民：《农业生产性服务对农业技术进步贡献的影响》，《华南农业大学学报》（社会科学版）2015年第1期。

郝爱民：《提升农业生产性服务业外溢效应的路径选择》，《农业现代化研究》2015年第4期。

何忠伟、蒋和平、陈艳芬：《我国现代农业建设的阶段定位及其发展策略》，《北京电子科技学院学报》2004年第3期。

胡焕庸：《中国人口之分布——附统计表与密度图》，《地理学报》1935年第2期。

黄志平：《国家级贫困县的设立推动了当地经济发展吗？——基于PSM-DID方法的实证研究》，《中国农村经济》2018年第5期。

纪月清、钟甫宁：《农业经营户农机持有决策研究》，《农业技术经济》2011 年第 5 期。

冀名峰：《农业生产性服务业：我国农业现代化历史上的第三次动能》，《农业经济问题》2018 年第 3 期。

贾登勋、刘燕平：《西部地区现代农业发展水平评价》，《西藏大学学报》（社会科学版）2014 年第 1 期。

江胜名、阮凯：《安徽省农业生产性服务业发展水平测度及评价》，《安徽农业大学学报》（社会科学版）2022 年第 1 期。

江新、余璐：《基于熵权-TOPSIS 的水电工程项目群协同度评价》，《人民长江》2016 年第 2 期。

姜常宜、张怡：《农村人口老龄化、农业生产性服务与农业技术效率》，《世界农业》2022 年第 6 期。

姜长云：《促进小农户和现代农业发展有机衔接是篇大文章》，《中国发展观察》2018 年第 Z1 期。

姜长云：《发展农业生产性服务业的模式、启示与政策建议——对山东省平度市发展高端特色品牌农业的调查与思考》，《宏观经济研究》2011 年第 3 期。

姜长云：《关于发展农业生产性服务业的思考》，《农业经济问题》2016 年第 5 期。

姜长云：《以发展服务业推动城乡统筹》，《今日中国论坛》2010 年第 9 期。

姜长云：《着力发展面向农业的生产性服务业》，《宏观经济管理》2010 年第 9 期。

姜长云、郑秋芬：《农户分化对农机服务使用与需求的影响及启示》，《全球化》2015 年第 12 期。

蒋团标、罗琳：《农业生产性服务业对城乡收入差距的影响及路径研究——基于珠江—西江经济带的中介效应检验》，《中国农业资源与区划》2022 年第 3 期。

蒋永穆、陈维操：《基于产业融合视角的现代农业产业体系机制构建研究》，《学习与探索》2019 年第 8 期。

兰晓红：《农业生产性服务业与农业、农民收入的互动关系研究》，《农业经济》2015 年第 4 期。

李崇梅、王文军、胡际莲：《基于多变量非稳态时间序列模型的农业劳动力供给预测》，《统计与决策》2018 第 10 期。

李国英：《"互联网+"背景下我国现代农业产业链及商业模式解构》，《农村经济》2015 年第 9 期。

李红莉、张俊飚、罗斯炫、何可：《农业技术创新对农业发展质量的影响及作用机制——基于空间视角的经验分析》，《研究与发展管理》2021 年第 2 期。

李红松：《乡村振兴视野下农业生产性服务业的发展策略研究》，《农业经济》2020 年第 1 期。

李宏英：《新型职业农民培训意愿影响因素研究》，《中国市场》2021 年第 19 期。

李虹韦、钟涨宝：《熟人服务：小农户农业生产性服务的优先选择》，《西北农林科技大学学报》（社会科学版）2020 年第 1 期。

李龙峰、张应良、湛小梅：《农业分工与生产社会化驱动研究——水稻育秧农户外包行为分析》，《农村经济》2018 年第 2 期。

李旺泽：《加快农民合作社等新型经营主体培育步伐　为推进农业农村现代化探索有效组织形式》，《甘肃农业》2021 年第 11 期。

李文婷、刘辉：《小农户与现代农业有机衔接：日本的实践经验与启示》，《安徽农业科学》2022 年第 17 期。

李显戈、姜长云：《农户对农业生产性服务的可得性及影响因素分析——基于 1121 个农户的调查》，《农业经济与管理》2015 年第 4 期。

李晓曦、徐敬红：《农业生产性服务推动农业经济发展路径》，《营销界》2021 年第 Z6 期。

李颖慧、李敬：《农业生产性服务供给渠道的有效性：农户收入和满意度视角——基于西南 4 省市问卷调查数据的实证分析》，《西部论坛》2019 年第 2 期。

刘厚莲、张刚：《乡村振兴战略目标下的农村人口基础条件研究》，《人口与发展》2021 年第 5 期。

刘鲁浩、谢家平、梁玲、张广思：《基于品种和土地改良的"社会企业+农户"契约农业合作机制及定价决策研究》，《管理评论》2021 年第 8 期。

刘明、王瑞波、孙炜琳：《农业生产性服务业对农业生产效率的影响研究——以山东省为例》，《中国农业资源与区划》2018年第5期。

刘奇：《乡村振兴需要第三次动能转换》，《中国发展观察》2017年第24期。

刘琦、赵明正：《农业现代化进程中农业要素使用强度变化规律研究——基于全球29个主要农业国家的国际经验》，《农业经济问题》2018年第3期。

刘昕、吴志奇：《河南省小农户融入现代农业的现实困境与优化路径研究》，《农业经济》2022年第3期。

卢锋：《若干朝代农业生产效率水平蠡测》，《中国人民大学学报》1989年第1期。

芦千文、高鸣：《中国农业生产性服务业支持政策的演变轨迹、框架与调整思路》，《南京农业大学学报》（社会科学版）2020年第5期。

芦千文、姜长云：《农业生产性服务业发展模式和产业属性》，《江淮论坛》2017年第2期。

芦千文、石霞：《小农户与现代农业的有机衔接》，《社会科学动态》2018年第12期。

鲁钊阳：《农业生产性服务业发展对城乡收入差距的影响》，《南京社会科学》2013年第2期。

栾健、韩一军、高颖：《农业生产性服务能否保障农民种粮收益》，《农业技术经济》2022年第5期。

罗宗艳：《小农户与现代农业有机衔接思考》，《合作经济与科技》2021年第23期。

马楠：《民族地区生产性服务业对农业发展溢出效应与特征研究》，《北方民族大学学报》2022年第3期。

马楠：《农业生产性服务业政策的效应评估与机制分析》，《华南农业大学学报》（社会科学版）2022年第6期。

马楠、贾淑仁：《民族地区农业生产性服务业对产业结构和产业发展的影响》，《南方农业学报》2020年第12期。

马楠、沈体雁、杨玮丽：《农户购买农业生产性服务偏好异质性特征与来源》，《农村经济》2022年第5期。

马楠、许可欣：《民族地区农业生产性服务业促进生产力的提升效应》，《中南民族大学学报》（人文社会科学版）2021年第3期。

孟秋菊：《现代农业与农业现代化概念辨析》，《农业现代化研究》2008年第3期。

潘锦云、李晏墅：《农业现代服务业：以工促农的产业路径》，《经济学家》2009年第9期。

彭柳林、吴昌南、张云、张志芳、王勇：《粮食生产效率：农业生产性服务对农业劳动力老龄化具有调节效应吗？——基于江西省粮食主产县500农户的调查》，《中国农业资源与区划》2018年第4期。

乔瑞中、景刚：《黑龙江省农业生产性服务业与现代农业关系研究》，《哈尔滨师范大学社会科学学报》2019年第4期。

秦天、彭珏、邓宗兵：《生产性服务业发展与农业全要素生产率增长》，《现代经济探讨》2017年第12期。

施祖法：《20世纪90年代（一）适应形势发展变化激活社有企业发展体制机制》，《中国合作经济》2018年第12期。

沈兴兴：《普通农户与新型经营主体绿色发展支持政策探析——基于化肥减量化视角》，《农村经济与科技》2019年第13期。

沈兴兴、刘帅、尚旭东：《农业生产性服务供求关系演变趋势与功能优化研究》，《农村经济》2021年第6期。

苏会、赵敏：《小农户与现代农业有效衔接策略探析——基于三个典型案例的研究》，《东北农业科学》2019年第3期。

孙倩：《数字普惠金融与农业发展：基于相对贫困县的实证》，《统计与决策》2021年第12期。

孙圣民、陈强：《家庭联产承包责任制与中国农业增长的再考察——来自面板工具变量法的证据》，《经济学（季刊）》2017年第2期。

田晓晖、李薇、李戎：《农业机械化的环境效应——来自农机购置补贴政策的证据》，《中国农村经济》2021年第9期。

铁永波、唐川：《层次分析法在单沟泥石流危险度评价中的应用》，《中国地质灾害与防治学报》2006年第4期。

王春雯、王芳、陈舒曼：《蕉农对农业生产性服务的可得性及影响因素分析——以海南省为例》，《广东农业科学》2019 年第 11 期。

王芳、阳丽：《基于农业生产效率视角下的农业生产性服务业发展研究——以湖南省为例》，《南方农机》2021 年第 7 期。

王小龙、方金金、孔繁成：《"强县扩权"与农业发展：基于县级面板数据的实证研究》，《人文杂志》2015 年第 6 期。

王玉斌：《小农户衔接现代农业的路径探析》，《农村经营管理》2019 年第 4 期。

王玉斌、赵培芳：《非农就业、农业生产性服务与农地流转——基于湘皖苏水稻种植户的调查数据》，《中国农业资源与区划》2022 年第 2 期。

王志刚、申红芳、廖西元：《农业规模经营：从生产环节外包开始——以水稻为例》，《中国农村经济》2011 年第 9 期。

魏修建、李思霖：《我国生产性服务业与农业生产效率提升的关系研究——基于 DEA 和面板数据的实证分析》，《经济经纬》2015 年第 3 期。

翁贞林、阮华：《新型农业经营主体：多元模式、内在逻辑与区域案例分析》，《华中农业大学学报》（社会科学版）2015 年第 5 期。

吴松：《农业生产环节农户外包行为决策研究——基于江苏省 S 镇水稻种植户的调查》，《安徽农学通报》2019 年第 16 期。

吴重庆、张慧鹏：《小农与乡村振兴——现代农业产业分工体系中小农户的结构性困境与出路》，《南京农业大学学报》（社会科学版）2019 年第 1 期。

武广汉：《"中间商+农民"模式与农民的半无产化》，《开放时代》2012 年第 3 期。

夏蓓、张鹏：《网络化与智能化驱动下的农业生产性服务模式创新》，《信息与管理研究》2021 年第 1 期。

夏书华、陈昭玖：《农户关系、金融服务与农业生产性服务研究——基于 2019 年江西省农业生产性服务调查》，《山西农经》2022 年第 4 期。

夏英：《基于政策视角的小农户与现代农业有机衔接路径分析》，《中国农民合作社》2022 年第 8 期。

肖卫东、杜志雄：《农业生产性服务业发展的主要模式及其经济效应——对河南省发展现代农业的调查》，《学习与探索》2012年第9期。

肖文全、程剑鹏：《聚焦托管壮主体　拓展功能优服务——钟祥市开展农业社会化服务工作做法与成效》，《中国农民合作社》2021年第11期。

谢先雄、赵敏娟、蔡瑜、邓悦：《农地休耕如何影响农户收入？——基于西北休耕试点区1240个农户面板数据的实证》，《中国农村经济》2020年第11期。

辛贤：《小农户衔接现代农业面临的困境与对策》，《中国乡村发现》2022年第1期。

徐建玲、储怡菲、顾浩丰：《农户风险偏好、风险认知与水稻生产环节外包决策——基于江苏省水稻种植户的调查》，《新疆财经》2019年第6期。

徐敏、姜勇：《中国产业结构升级能缩小城乡消费差距吗？》，《数量经济技术经济研究》2015年第3期。

徐旭初、吴彬：《合作社是小农户和现代农业发展有机衔接的理想载体吗？》，《中国农村经济》2018年第11期。

许彦君：《农户对农业生产性服务的可得性及其影响因素分析》，《南方农业》2021年第3期。

闫晗、乔均：《农业生产性服务业对粮食生产的影响——基于2008-2017年中国省级面板数据的实证研究》，《商业研究》2020年第8期。

闫明涛、乔家君、瞿萌、韩冬：《河南省农业生态效率测度、空间溢出与影响因素研究》，《生态与农村环境学报》2022年第11期。

颜玄洲、孙水鹅、欧一智：《农机购置补贴政策下种稻大户购机决策影响因素分析》，《农林经济管理学报》2015年第6期。

杨晨遥、孙锦杨、杨浩：《资本禀赋、价值认知与农牧户融入现代农业生产体系行为——基于川西高原938户农牧户的调查》，《农村经济》2022年第1期。

杨进、钟甫宁、陈志钢、彭超：《农村劳动力价格、人口结构变化对粮食种植结构的影响》，《管理世界》2016年第1期。

杨静、郝志斌：《2009—2010 年贵州旱情等级评估》，《中国水利》2012 年第 21 期。

杨敏丽、白人朴、刘敏、涂志强：《建设现代农业与农业机械化发展研究》，《农业机械学报》2005 年第 7 期。

杨爽、余国新、闫艳燕：《新疆农业技术服务模式的创新研究——基于 784 个样本农户的调查》，《江苏农业科学》2014 年第 5 期。

姚利好、郭颖梅：《农业社会化服务组织管理的差异分析——以河南和云南为例》，《热带农业工程》2019 年第 4 期。

叶敬忠、豆书龙、张明皓：《小农户和现代农业发展：如何有机衔接？》，《中国农村经济》2018 年第 11 期。

银西阳、贾小娟、李冬梅：《农业产业集聚对农业绿色全要素生产率的影响——基于空间溢出效应视角》，《中国农业资源与区划》2022 年第 10 期。

尹朝静、李谷成、范丽霞、高雪：《气候变化、科技存量与农业生产率增长》，《中国农村经济》2016 年第 5 期。

曾雄生：《农业生物多样性与中国农业的可持续发展（上）》，《鄱阳湖学刊》2011 年第 5 期。

张国建、佟孟华、李慧、陈飞：《扶贫改革试验区的经济增长效应及政策有效性评估》，《中国工业经济》2019 年第 8 期。

张恒、郭翔宇：《农业生产性服务业发展与农业全要素生产率提升：地区差异性与空间效应》，《农业技术经济》2021 年第 5 期。

张红宇：《新常态下，新型农业经营主体发展突破》，《当代县域经济》2015 年第 12 期。

张荐华、高军：《发展农业生产性服务业会缩小城乡居民收入差距吗？——基于空间溢出和门槛特征的实证检验》，《西部论坛》2019 年第 1 期。

张露、罗必良：《小农生产如何融入现代农业发展轨道？——来自中国小麦主产区的经验证据》，《经济研究》2018 年第 12 期。

张天佐：《农业生产性服务业是振兴乡村的大产业》，《农村经营管理》2018 年第 12 期。

张晓敏、姜长云：《不同类型农户对农业生产性服务的供给评价和需求意愿》,《经济与管理研究》2015 年第 8 期。

张照新、赵海:《新型农业经营主体的困境摆脱及其体制机制创新》,《改革》2013 年第 2 期。

张振刚、陈志明、林春培:《农业生产性服务业模式研究——以广东农业专业镇为例》,《农业经济问题》2011 年第 9 期。

赵天娥:《我国发展农业生产性服务业的思考》,《中外企业家》2012 年第 7 期。

赵玉姝、高强、焦源:《农户分化背景下农业技术推广机制优化研究述评》,《东岳论丛》2013 年第 9 期。

郑皓洋、贯君、李慧洁:《碳交易试点政策对制造业碳排放的影响——基于双重差分模型的检验》,《中国林业经济》2021 年第 6 期。

周家慧:《发挥地理环境优势 促进民族地区发展》,《广东民族学院学报》(社会科学版) 1992 年第 1 期。

周茂、陆毅、杜艳、姚星:《开发区设立与地区制造业升级》,《中国工业经济》2018 年第 3 期。

周紫林:《新农村建设中的云南农村生产性服务业问题及其对策》,《中小企业管理与科技》(下旬刊) 2014 年第 3 期。

朱倍颉、李朝柱、芦千文:《小农户如何通过农业生产性服务衔接现代农业?》,《太原学院学报》(社会科学版) 2020 年第 3 期。

庄丽娟、贺梅英、张杰:《农业生产性服务需求意愿及影响因素分析——以广东省 450 户荔枝生产者的调查为例》,《中国农村经济》2011 年第 3 期。

方华:《新疆农业社会化服务结构整合与绩效关系研究》,硕士学位论文,塔里木大学,2014 年。

看召本:《以合作组织为基础的西北少数民族地区畜牧业社会化服务体系研究——以甘肃省甘南藏族自治州为例》,硕士学位论文,兰州大学,2012 年。

李霞:《新疆农业社会化生产性服务结构性失衡研究》,硕士学位论文,新疆农业大学,2013 年。

李晓婷:《基于需求目标下的农业产业结构调整研究——以昆明市

农业产业结构调整为例》，硕士学位论文，昆明理工大学，2010 年。

蒲娟：《新疆棉区农业社会化服务效果评价研究——基于农户满意度的视角》，硕士学位论文，新疆农业大学，2016 年。

任永祥：《乡村振兴背景下新型职业农民培育现状及对策研究——以 S 省 W 市为例》，硕士学位论文，济南大学，2020 年。

邢锴：《喀斯特贫困山区农民专业合作社类型划分及其发展评价研究——以世行项目合作社为例》，硕士学位论文，贵州师范大学，2019 年。

杨飞虎：《新疆农业生产社会化服务的农户需求意愿研究》，硕士学位论文，新疆农业大学，2013 年。

张广会：《乡村振兴背景下新型职业农民培育研究》，硕士学位论文，河北师范大学，2020 年。

张忠军：《土地细碎化对水稻生产性服务外包效应的影响研究》，博士学位论文，南京农业大学，2015 年。

周风涛：《新疆棉农对农业社会化服务的需求意愿及影响因素分析》，硕士学位论文，新疆农业大学，2016 年。

高帆：《全面推进乡村振兴与全面建设社会主义现代化国家》，《光明日报》2023 年 4 月 4 日。

刘振远：《把小农户引入现代农业发展大格局——中央农办副主任、农业农村部副部长韩俊解读〈关于促进小农户和现代农业发展有机衔接的意见〉并答记者问》，《农民日报》2019 年 3 月 2 日。

英文文献

Alston J., Anderson M. A., James J. S., Pardey P. "The Economic Returns to U. S. Public Agricultural Research", *American Journal of Agricultural Economics*, 2011, 93 (5): 1257-1277.

Baron R. M., Kenny D. A., "The Moderator-mediator Variable Distinction in Social Psychological Research: Conceptual, Strategic, and Statistical Considerations", *Journal of Personality and Social Psychology*, 1986, 51 (6): 1173-1182.

Barras R., "Towards a theory of innovation in services", *Research Policy*, 1986, 15 (4): 161-173.

Blazevic V., Lievens A., "Managing Innovation through Customer Coproduced Knowledge in Electronic Services: An Exploratory Study", *Journal of the Academy of Marketing Science*, 2008, 36: 138-151.

Gianessi L., Reigner N., "The Outsourcing of Organic Crop Production", *Crop Life Foundation*, 2005, 7: 76-80.

Goe W. R., "Factors Associated with the Development of Nonmetropolitan Growth Nodes in Producer Services Industries, 1980-1990", *Rural Sociology*, 2002, 67 (3): 416-441.

Gopinath M., Kennedy P. L., "Agricultural Trade and Productivity Growth: A State-level Ananlysis", *American Journal of Agricultural Economics*, 2000, 82 (5): 1213-1218.

Hertog P. D., "Knowledge-intensive Business Services as Co-producers of Innovation", *International Journal of Innovation Management*, 2000, 4 (4): 491-528.

Reinert K. A., "Rural Non-farm Development: A Trade—theoretic View", *Journal of International Trade and Economic Development*, 1998, 7 (4): 425-437.

Lanaspa L., Sanz-Gracia F., Vera-Cabello M., "The (strong) Interdependence between Intermediate Producer Services' Attributes and Manufacturing Location", *Economic Modelling*, 2016, 57: 1-12.

Massayo I., Astrid H., Wim H., "Agricultural Outsourcing: A Comparison between the Netherlands and Japan", *Applied Studies in Agribusiness and Commerce*, 2008, 2: 1-2.

Paas T., Schlitte F., "Regional Income Inequality and Convergence Processes in the EU-25", *Italian Journal of Regional Science*, 2008 (7): 29-49.

Paulrajan R., "Food Mileage: an Indicator of Evolution of Agricultural Outsourcing", *Journal of Technology Management & Innovation*, 2010, 5 (2): 37-46.

Schultz T. W., "Investment in human capital", *The Economic Journal*, 1972, 82 (326): 787-788.

Schumpeter J. A., *The Theory of Economic Development*, New Jersey: Transaction Publishers, 1982.

Stare M., *The Handbook of Service Industries*, Surrey: Edward Elgar Publishing, 2007.

Tanaka T., Camerer C. F., Nguyen Q., "Risk and Time Preferences: Linking Experimental and Household Survey Data from Vietnam", *American Economic Review*, 2010, 100: 557-571.

Schumpeter J A., Backhaus U., *The Theory of Economic Development*, New York: Springer US, 2003.

Yang D. T., Zhu X. D., "Modernization of Agriculture and Long-term Growth", *Journal of Monetary Economics*, 2013, 60 (3): 367-382.

Yujiro H., Ruttan V W., *Agricultural Development: an International Perspective*, Maryland: Johns Hopkins University Press, 1985.

附件1：2009—2020年西部山区小农现代化水平测度结果

年份	甘肃省 天水市	临夏回族自治州	甘南藏族自治州	贵州省 武威市	遵义市	毕节市	铜仁市	六盘水市	安顺市	黔西南布依族苗族自治州	黔东南苗族侗族自治州	黔南布依族苗族自治州
2009	0.2245	0.1842	0.1412	0.3105	0.3206	0.2860	0.2316	0.2318	0.2303	0.2855	0.2724	0.2638
2010	0.2265	0.1821	0.1368	0.3203	0.2912	0.2830	0.2621	0.2044	0.2327	0.2776	0.2832	0.2976
2011	0.2309	0.1851	0.1572	0.2390	0.2859	0.2870	0.2621	0.2213	0.2150	0.2632	0.2667	0.2708
2012	0.2366	0.1907	0.1616	0.3244	0.3070	0.2932	0.2774	0.2331	0.2280	0.2794	0.2818	0.2729
2013	0.2305	0.1796	0.1638	0.3172	0.3049	0.2973	0.2822	0.2337	0.2218	0.2703	0.2702	0.2709
2014	0.2426	0.1876	0.1638	0.3439	0.3337	0.3277	0.2906	0.2219	0.2314	0.2752	0.2756	0.2848
2015	0.2509	0.1892	0.1562	0.3646	0.3395	0.3420	0.2879	0.2406	0.2278	0.2719	0.2750	0.2823
2016	0.2382	0.1805	0.1529	0.2879	0.3368	0.3637	0.2876	0.2383	0.2371	0.2771	0.2794	0.2892
2017	0.2502	0.1900	0.1648	0.3045	0.3424	0.3922	0.2852	0.2319	0.2393	0.2814	0.2771	0.2872
2018	0.2518	0.2251	0.1830	0.3154	0.3639	0.4081	0.2903	0.2284	0.2384	0.2868	0.2818	0.2906
2019	0.2629	0.2229	0.1904	0.3195	0.3857	0.4246	0.2940	0.2238	0.2420	0.2952	0.2902	0.2965
2020	0.2695	0.2078	0.1785	0.3341	0.3956	0.4545	0.3310	0.2508	0.2635	0.3245	0.3141	0.3209

附件1：2009—2020年西部山区小农现代化水平测度结果

续表

年份	广西壮族自治区							湖北省		湖南省		内蒙古自治区
	南宁市	崇左市	来宾市	柳州市	桂林市	百色市	河池市	宜昌市	恩施土家族苗族自治州	怀化市	湘西土家族苗族自治州	兴安盟
2009	0.3408	0.2399	0.2509	0.2334	0.3054	0.2972	0.2816	0.2667	0.2573	0.2636	0.2113	0.3267
2010	0.3471	0.2532	0.2629	0.2392	0.3267	0.2959	0.2918	0.2726	0.2393	0.2656	0.2133	0.3458
2011	0.3610	0.2628	0.2617	0.2484	0.3463	0.2458	0.2808	0.2799	0.2630	0.2615	0.2120	0.3573
2012	0.3690	0.2776	0.2757	0.2527	0.3533	0.2955	0.3032	0.3066	0.2811	0.2671	0.2205	0.3661
2013	0.3860	0.3275	0.2690	0.2583	0.3654	0.3024	0.3103	0.3067	0.2499	0.2806	0.2071	0.3810
2014	0.3954	0.2872	0.2722	0.2677	0.4451	0.3010	0.3130	0.3109	0.2793	0.2939	0.2136	0.3916
2015	0.4177	0.2975	0.2887	0.2824	0.3957	0.3173	0.3255	0.3216	0.2832	0.3065	0.2172	0.4052
2016	0.3780	0.2920	0.2850	0.2734	0.3928	0.2888	0.3087	0.3332	0.2759	0.3067	0.2251	0.3957
2017	0.4076	0.3124	0.3099	0.2825	0.3956	0.3076	0.3140	0.3445	0.2846	0.3348	0.2276	0.4159
2018	0.4128	0.3223	0.3146	0.2831	0.4718	0.3090	0.3119	0.3597	0.2905	0.3641	0.2335	0.4426
2019	0.4278	0.3297	0.4649	0.2889	0.4894	0.3222	0.3282	0.3541	0.2924	0.3597	0.2442	0.4539
2020	0.4317	0.3253	0.3228	0.3057	0.5031	0.3374	0.3215	0.3618	0.2950	0.3707	0.2436	0.4718

续表

年份	丽江市	保山市	大理白族自治州	德宏傣族景颇族自治州	文山壮族苗族自治州	昆明市	迪庆藏族自治州	曲靖市	昭通市	楚雄彝族自治州	红河哈尼族彝族自治州	普洱市
2009	0.2665	0.2807	0.2776	0.2357	0.2868	0.2597	0.2078	0.2864	0.2345	0.2605	0.2351	0.2336
2010	0.2332	0.2649	0.2967	0.2258	0.3011	0.2715	0.2095	0.3059	0.2500	0.2746	0.2677	0.2413
2011	0.2234	0.2504	0.3030	0.2244	0.2724	0.2815	0.2024	0.3118	0.2553	0.2890	0.2887	0.2348
2012	0.2314	0.2584	0.3113	0.2326	0.2725	0.2925	0.2215	0.3232	0.2654	0.2998	0.3040	0.2549
2013	0.2342	0.2614	0.3167	0.2370	0.2728	0.2948	0.2070	0.3320	0.2628	0.3049	0.3159	0.2527
2014	0.2351	0.2662	0.3258	0.2154	0.2503	0.3063	0.2153	0.3148	0.2372	0.2980	0.3192	0.2473
2015	0.2346	0.2694	0.3316	0.2316	0.2501	0.3171	0.2145	0.3156	0.2483	0.3018	0.3305	0.2534
2016	0.2403	0.2753	0.3406	0.2307	0.2518	0.3232	0.2208	0.3197	0.2535	0.3081	0.3451	0.2610
2017	0.2388	0.2673	0.3351	0.2287	0.2499	0.3260	0.2155	0.3236	0.2606	0.3218	0.3599	0.2688
2018	0.2412	0.2416	0.3088	0.2280	0.2566	0.3035	0.2081	0.3239	0.2516	0.2980	0.3634	0.2697
2019	0.2427	0.2385	0.3081	0.2320	0.2620	0.3073	0.2084	0.3252	0.2419	0.3065	0.3725	0.2734
2020	0.2622	0.2602	0.3165	0.2462	0.2708	0.3150	0.2093	0.3345	0.2500	0.3176	0.3939	0.3006

云南省

续表

年份	云南省		宁夏回族自治区			四川省				青海省	
	临沧市	西双版纳傣族自治州	怒江傈僳族自治州	吴忠市	固原市	中卫市	乐山市	凉山彝族自治州	甘孜藏族自治州	阿坝藏族羌族自治州	西宁市	海东市
2009	0.2381	0.1995	0.2194	0.3189	0.3171	0.2802	0.1878	0.2290	0.2485	0.1883	0.1583	0.1937
2010	0.2439	0.2057	0.2095	0.2959	0.2953	0.2746	0.2025	0.2455	0.2330	0.1781	0.1556	0.1938
2011	0.2386	0.1999	0.2079	0.2957	0.2927	0.2700	0.2082	0.2617	0.2246	0.1993	0.1579	0.2113
2012	0.2470	0.2068	0.2218	0.2932	0.2928	0.2674	0.2231	0.2783	0.1996	0.1922	0.1568	0.2161
2013	0.2528	0.2222	0.2142	0.2910	0.2964	0.2670	0.2289	0.2848	0.2006	0.1895	0.1579	0.2182
2014	0.2456	0.2131	0.1993	0.2865	0.2919	0.2724	0.2334	0.2916	0.1934	0.1799	0.1699	0.2171
2015	0.2515	0.2214	0.1975	0.2954	0.2954	0.2732	0.2371	0.2955	0.1805	0.1704	0.1767	0.2138
2016	0.2622	0.2258	0.1967	0.3025	0.2705	0.2652	0.2469	0.3155	0.1963	0.1777	0.1907	0.2117
2017	0.2639	0.2260	0.1802	0.3164	0.2741	0.2719	0.2577	0.3236	0.1881	0.1864	0.1952	0.2122
2018	0.2690	0.2217	0.2061	0.3167	0.2795	0.2621	0.2666	0.3625	0.1993	0.1857	0.1990	0.2120
2019	0.2786	0.2265	0.2319	0.3224	0.2796	0.2725	0.2840	0.3818	0.2062	0.1940	0.1862	0.2129
2020	0.2918	0.2365	0.2399	0.3298	0.2937	0.2846	0.2860	0.3949	0.2131	0.2008	0.2065	0.2173

附件2：2009—2020年西部山区农业生产性服务业发展水平测度结果

年份	甘肃省				贵州省							
	天水市	临夏回族自治州	甘南藏族自治州	武威市	遵义市	毕节市	铜仁市	六盘水市	安顺市	黔西南布依族苗族自治州	黔东南苗族侗族自治州	黔南布依族苗族自治州
2009	0.1654	0.1372	0.1161	0.2195	0.2837	0.2551	0.2332	0.1897	0.1731	0.1962	0.2397	0.2158
2010	0.1705	0.1416	0.1188	0.2331	0.2769	0.2667	0.2491	0.1830	0.1753	0.1968	0.2519	0.2344
2011	0.1758	0.1485	0.1189	0.2123	0.2911	0.2731	0.2441	0.1894	0.1654	0.1961	0.2489	0.2231
2012	0.1849	0.1575	0.1277	0.2634	0.3181	0.2984	0.2640	0.2106	0.1809	0.2200	0.2709	0.2394
2013	0.1880	0.1606	0.1285	0.2674	0.3384	0.3150	0.2718	0.2153	0.1949	0.2326	0.2818	0.2555
2014	0.1948	0.1703	0.1324	0.2870	0.3931	0.3453	0.2824	0.2220	0.2106	0.2519	0.2978	0.2885
2015	0.2017	0.1737	0.1317	0.2981	0.4723	0.3848	0.2875	0.2237	0.2136	0.2791	0.3011	0.3070
2016	0.1971	0.1725	0.1278	0.2817	0.5279	0.4088	0.3059	0.2297	0.2221	0.2698	0.3235	0.3475
2017	0.2057	0.1829	0.1516	0.2898	0.5885	0.4309	0.3144	0.2284	0.2334	0.2742	0.3558	0.3709
2018	0.2072	0.1926	0.1533	0.3000	0.6487	0.4417	0.3222	0.2275	0.2301	0.2872	0.3683	0.3874
2019	0.2281	0.2012	0.1555	0.3097	0.6800	0.4551	0.3336	0.2344	0.2365	0.3013	0.3703	0.4030
2020	0.2350	0.2088	0.1600	0.3231	0.5781	0.5253	0.3829	0.2423	0.2613	0.3128	0.3362	0.3842

附件 2：2009—2020 年西部山区农业生产性服务业发展水平测度结果 | 203

续表

年份	广西壮族自治区							湖北省		湖南省		内蒙古自治区
	南宁市	崇左市	来宾市	柳州市	桂林市	百色市	河池市	宜昌市	恩施土家族苗族自治州	怀化市	湘西土家族苗族自治州	兴安盟
2009	0.3613	0.2027	0.1934	0.2338	0.2816	0.2249	0.2021	0.3166	0.2292	0.2331	0.1629	0.2169
2010	0.3890	0.2140	0.2006	0.2427	0.2968	0.2378	0.2134	0.3275	0.2412	0.2426	0.1732	0.2326
2011	0.4552	0.2265	0.2097	0.2567	0.3228	0.2377	0.2401	0.3634	0.2481	0.2557	0.1824	0.2410
2012	0.4649	0.2358	0.2187	0.2659	0.3421	0.2545	0.2501	0.4001	0.2524	0.2656	0.1906	0.2560
2013	0.4980	0.2411	0.2203	0.2768	0.3609	0.2558	0.2609	0.4256	0.2637	0.2763	0.1946	0.2681
2014	0.5184	0.2468	0.2258	0.2972	0.4295	0.2780	0.2571	0.4459	0.2715	0.2895	0.2001	0.2813
2015	0.5456	0.2526	0.2351	0.3069	0.3881	0.2901	0.2631	0.4620	0.2770	0.3056	0.2066	0.2925
2016	0.4762	0.2397	0.2238	0.2841	0.3559	0.2750	0.2491	0.4663	0.2740	0.3059	0.2095	0.2957
2017	0.5955	0.2631	0.2471	0.3141	0.4111	0.3061	0.2741	0.5243	0.3176	0.3346	0.2155	0.3005
2018	0.6255	0.2743	0.2518	0.3240	0.4763	0.3127	0.2807	0.5263	0.3312	0.3461	0.2215	0.3174
2019	0.6102	0.2895	0.3322	0.3455	0.5107	0.3562	0.3065	0.5512	0.3504	0.3617	0.2297	0.3175
2020	0.5854	0.2971	0.2811	0.3534	0.5204	0.3612	0.3209	0.6052	0.3766	0.3790	0.2385	0.3215

续表

年份	丽江市	保山市	大理白族自治州	德宏傣族景颇族自治州	文山壮族苗族自治州	昆明市	迪庆藏族自治州	曲靖市	昭通市	楚雄彝族自治州	红河哈尼族彝族自治州	普洱市
2009	0.1389	0.1947	0.2534	0.1594	0.1857	0.2927	0.1177	0.2849	0.1941	0.2443	0.2535	0.2010
2010	0.1430	0.2001	0.2575	0.1629	0.1946	0.3013	0.1209	0.3005	0.2034	0.2412	0.2623	0.2082
2011	0.1480	0.2136	0.2762	0.1687	0.2073	0.3177	0.1250	0.3190	0.2138	0.2586	0.2760	0.2198
2012	0.1547	0.2244	0.2934	0.1746	0.2207	0.3342	0.1291	0.3387	0.2267	0.2694	0.2945	0.2351
2013	0.1719	0.2247	0.3062	0.1812	0.2311	0.3512	0.1340	0.3555	0.2222	0.2842	0.3130	0.2416
2014	0.1656	0.2441	0.3192	0.1866	0.2398	0.3738	0.1383	0.3659	0.2428	0.2999	0.3309	0.2487
2015	0.1678	0.2509	0.3277	0.1921	0.2446	0.3854	0.1402	0.3763	0.2491	0.3058	0.3431	0.2593
2016	0.1708	0.2536	0.3365	0.1942	0.2505	0.4005	0.1430	0.4053	0.2538	0.3142	0.3501	0.2646
2017	0.1740	0.2592	0.3411	0.1986	0.2534	0.4067	0.1466	0.4167	0.2603	0.3262	0.3653	0.2737
2018	0.1778	0.2538	0.3410	0.1960	0.2636	0.4261	0.1474	0.4223	0.2716	0.3239	0.3721	0.2793
2019	0.1820	0.2774	0.3564	0.2056	0.2739	0.4626	0.1533	0.4464	0.2828	0.3417	0.3917	0.2942
2020	0.2633	0.2922	0.3738	0.2136	0.2886	0.4929	0.1545	0.5145	0.2953	0.3483	0.4101	0.3094

云南省

附件2：2009—2020年西部山区农业生产性服务业发展水平测度结果

续表

年份	云南省 临沧市	云南省 西双版纳傣族自治州	云南省 怒江傈僳族自治州	宁夏回族自治区 吴忠市	宁夏回族自治区 固原市	宁夏回族自治区 中卫市	四川省 乐山市	四川省 凉山彝族自治州	四川省 甘孜藏族自治州	四川省 阿坝藏族羌族自治州	青海省 西宁市	青海省 海东市
2009	0.1851	0.1527	0.1072	0.2013	0.1742	0.1661	0.2024	0.2437	0.1713	0.1414	0.1620	0.1594
2010	0.1936	0.1564	0.1084	0.2078	0.1834	0.1742	0.2095	0.2674	0.1807	0.1533	0.1813	0.1709
2011	0.2072	0.1623	0.1115	0.2377	0.1915	0.1850	0.2207	0.2840	0.1926	0.1611	0.1767	0.1748
2012	0.2176	0.1733	0.1151	0.2489	0.2025	0.1934	0.2308	0.2987	0.2001	0.1658	0.1810	0.1807
2013	0.2197	0.1801	0.1179	0.2574	0.2099	0.1974	0.2445	0.3111	0.2094	0.1700	0.1824	0.1841
2014	0.2374	0.1872	0.1228	0.2443	0.2159	0.2007	0.2492	0.3292	0.2173	0.1715	0.1904	0.1864
2015	0.2440	0.2034	0.1245	0.2478	0.2176	0.2037	0.2549	0.3438	0.2287	0.1760	0.1924	0.1861
2016	0.2505	0.2046	0.1260	0.2532	0.2154	0.2207	0.2628	0.3588	0.2461	0.1792	0.1967	0.1863
2017	0.2549	0.2082	0.1257	0.2567	0.2157	0.2171	0.2747	0.3684	0.2511	0.1817	0.2009	0.1886
2018	0.2598	0.2100	0.1302	0.2579	0.2213	0.2170	0.2811	0.3936	0.2469	0.1854	0.2027	0.1895
2019	0.2737	0.2211	0.1387	0.2571	0.2285	0.2211	0.3047	0.4122	0.2492	0.1968	0.1973	0.1966
2020	0.2865	0.2282	0.1465	0.3164	0.2346	0.2252	0.3113	0.4383	0.2616	0.2031	0.2020	0.2015

附件3：2009—2020年西部山区产业结构层次系数测度结果

年份	甘肃省 天水市	临夏回族自治州	甘南藏族自治州	武威市	贵州省 遵义市	毕节市	铜仁市	六盘水市	安顺市	黔西南布依族苗族自治州	黔东南苗族侗族自治州	黔南布依族苗族自治州
2009	2.24	2.26	2.27	2.06	2.28	2.15	2.08	2.27	2.28	2.27	2.21	2.20
2010	2.22	2.25	2.29	2.07	2.27	2.15	2.09	2.28	2.27	2.28	2.22	2.21
2011	2.23	2.27	2.28	2.09	2.29	2.17	2.14	2.27	2.29	2.30	2.26	2.25
2012	2.23	2.28	2.29	2.08	2.27	2.2	2.17	2.30	2.34	2.31	2.28	2.29
2013	2.26	2.34	2.29	2.11	2.27	2.19	2.2	2.30	2.33	2.32	2.31	2.3
2014	2.3	2.41	2.36	2.12	2.26	2.19	2.24	2.31	2.33	2.30	2.34	2.25
2015	2.31	2.45	2.41	2.15	2.23	2.17	2.22	2.30	2.31	2.25	2.31	2.29
2016	2.34	2.47	2.41	2.16	2.25	2.2	2.24	2.31	2.32	2.27	2.33	2.29
2017	2.4	2.55	2.39	2.23	2.26	2.21	2.26	2.32	2.33	2.30	2.37	2.30
2018	2.41	2.55	2.38	2.21	2.27	2.21	2.26	2.32	2.33	2.31	2.37	2.31
2019	2.38	2.54	2.47	2.25	2.29	2.28	2.33	2.30	2.34	2.29	2.38	2.33
2020	2.38	2.49	2.46	2.22	2.30	2.25	2.31	2.30	2.33	2.29	2.37	2.33

附件3：2009—2020年西部山区产业结构层次系数测度结果

续表

年份	广西壮族自治区							湖北省		湖南省		内蒙古自治区
	南宁市	崇左市	来宾市	柳州市	桂林市	百色市	河池市	宜昌市	恩施土家族苗族自治州	怀化市	湘西土家族苗族自治州	兴安盟
2009	2.38	2.08	2.04	2.22	2.19	2.10	2.14	2.21	2.08	2.29	2.27	2.03
2010	2.37	2.03	2.04	2.19	2.19	2.09	2.12	2.20	2.10	2.28	2.28	2.03
2011	2.35	2.01	2.03	2.19	2.16	2.07	2.12	2.17	2.12	2.25	2.29	2.01
2012	2.36	2.05	2.05	2.21	2.16	2.09	2.13	2.15	2.14	2.26	2.3	2.02
2013	2.35	2.06	2.05	2.21	2.16	2.09	2.13	2.16	2.16	2.28	2.34	2.03
2014	2.38	2.12	2.1	2.26	2.18	2.12	2.2	2.18	2.18	2.27	2.36	2.08
2015	2.39	2.14	2.12	2.29	2.19	2.13	2.22	2.20	2.20	2.29	2.38	2.11
2016	2.40	2.16	2.12	2.31	2.20	2.14	2.24	2.21	2.22	2.33	2.38	2.12
2017	2.42	2.16	2.14	2.32	2.24	2.14	2.25	2.25	2.22	2.41	2.42	2.10
2018	2.49	2.19	2.18	2.35	2.30	2.19	2.27	2.28	2.27	2.45	2.45	2.07
2019	2.54	2.27	2.22	2.36	2.31	2.21	2.29	2.35	2.42	2.44	2.45	2.10
2020	2.54	2.27	2.23	2.38	2.32	2.21	2.29	2.36	2.41	2.40	2.41	2.07

续表

云南省

年份	丽江市	保山市	大理白族自治州	德宏傣族景颇族自治州	文山壮族苗族自治州	昆明市	迪庆藏族自治州	曲靖市	昭通市	楚雄彝族自治州	红河哈尼族彝族自治州	普洱市
2009	2.25	2.06	2.13	2.13	2.17	2.43	2.41	2.11	2.14	2.12	2.12	2.07
2010	2.25	2.09	2.14	2.13	2.19	2.43	2.43	2.11	2.15	2.13	2.15	2.07
2011	2.24	2.06	2.15	2.13	2.16	2.43	2.42	2.09	2.13	2.12	2.14	2.04
2012	2.23	2.08	2.14	2.09	2.13	2.44	2.44	2.09	2.1	2.11	2.12	2.02
2013	2.23	2.09	2.17	2.11	2.13	2.45	2.44	2.16	2.1	2.15	2.12	2.02
2014	2.28	2.11	2.16	2.22	2.18	2.49	2.51	2.19	2.15	2.19	2.20	2.07
2015	2.29	2.14	2.17	2.25	2.20	2.51	2.52	2.22	2.17	2.22	2.22	2.10
2016	2.3	2.16	2.20	2.27	2.22	2.52	2.51	2.24	2.19	2.24	2.23	2.12
2017	2.3	2.17	2.21	2.29	2.24	2.53	2.50	2.25	2.19	2.24	2.23	2.13
2018	2.31	2.16	2.22	2.31	2.25	2.52	2.47	2.26	2.19	2.24	2.23	2.14
2019	2.41	2.19	2.30	2.39	2.28	2.60	2.50	2.29	2.29	2.25	2.35	2.28
2020	2.37	2.16	2.27	2.37	2.26	2.59	2.48	2.26	2.27	2.22	2.33	2.26

附件3：2009—2020年西部山区产业结构层次系数测度结果 | 209

续表

年份	云南省			宁夏回族自治区			四川省				青海省	
	临沧市	西双版纳傣族自治州	怒江傈僳族自治州	吴忠市	固原市	中卫市	乐山市	凉山彝族自治州	甘孜藏族自治州	阿坝藏族羌族自治州	西宁市	海东市
2009	1.98	2.12	2.33	2.14	2.22	2.17	2.13	2.09	2.17	2.19	2.43	2.26
2010	1.99	2.16	2.40	2.15	2.2	2.21	2.14	2.09	2.17	2.18	2.41	2.2
2011	1.97	2.12	2.37	2.14	2.21	2.19	2.13	2.09	2.13	2.20	2.4	2.19
2012	1.96	2.13	2.35	2.15	2.25	2.23	2.14	2.09	2.12	2.19	2.41	2.17
2013	1.96	2.14	2.36	2.16	2.25	2.23	2.15	2.09	2.13	2.18	2.40	2.17
2014	2.06	2.20	2.35	2.17	2.29	2.23	2.18	2.09	2.13	2.19	2.43	2.19
2015	2.08	2.21	2.36	2.17	2.32	2.22	2.19	2.11	2.13	2.20	2.45	2.22
2016	2.10	2.23	2.38	2.18	2.34	2.25	2.24	2.11	2.12	2.21	2.46	2.24
2017	2.12	2.24	2.40	2.18	2.35	2.27	2.33	2.18	2.13	2.21	2.50	2.26
2018	2.13	2.24	2.42	1.83	2.04	2.01	2.35	2.20	2.13	2.22	2.56	2.28
2019	2.19	2.33	2.37	2.31	2.45	2.30	2.31	2.23	2.43	2.41	2.62	2.33
2020	2.16	2.29	2.36	2.29	2.40	2.29	2.30	2.21	2.35	2.37	2.61	2.32

附件 4：关于西部山区小农现代化新动能
——农业生产性服务业发展的调查问卷

被访问者所在地区：_____省（区）_____市（州）_____县_____乡镇_____村

问卷编号：_____ 访问时间：_____ 被访者姓名：_____

| 调查人：
| 电 话：

关于西部山区小农现代化新动能——农业生产性服务业发展的调查问卷

为深入了解农业生产性服务业促进西部山区小农现代化的现状、掌握农户农业生产性服务业的需求和遇到的主要问题，进而提出针对性的建议促进西部山区小农现代化，请您协助填写以下调查问卷。项目组将对此调查结果保密，并仅用于学术研究使用，谢谢！填写说明：请在您选择的答案前的标号上画"√"，或者在"（ ）"处填写适当内容。

附件4：关于西部山区小农现代化新动能——农业生产性服务业发展的调查问卷

（一）农户家庭基本信息表（2020年情况）

农户类型：□家庭农场（农场主） □普通农户（专业） □普通农户（兼业） □其他（　　）

家庭成员编号	与户主关系	性别（男=1；女=2）	年龄	民族	文化程度 1=小学及以下；2=初中；3=高中/中专；4=技校/大专；5=本科及以上	职业类型 1=务农；2=个体；3=外出务工；4=乡镇企事业单位；5=政府机关；6=学生；7=其他（请说明）	务工点 1=县内；2=市内；3=省内；4=省外；5=国外	是否有某种突出技能或专长，且能带来收益（是=1；否=0）	健康状况 1=很好；2=良好；3=一般；4=稍差；5=很差	是否参加新型农村合作医疗（是=1；否=0）	是否参加新城乡居民基本养老保险（是=1；否=0）	是不是党员（是=1；否=0）	是否任本村或村级以上政府部门担任干部（是=1；否=0）	年均累计务农时长 0—3个月=1；4—6个月=2；7—9个月=3；10—12个月=4	是否受过农业培训（是=1；否=0）	是否受过除农业外的其他职业培训（是=1；否=0）
1 户主																
2																
3																
4																
5																

家庭收支情况	收入（元）	农业收入	
		非农业收入	
	支出（元）	农业支出	
		非农业支出	

生产特征	土地规模	经营土地亩数（　　）亩
		经营土地块数（　　）块
	务农机械设备	□拖拉机 □旋耕机 □起垄机 □播种机 □收割机 □脱粒机 □烘干机 □喷雾器 □其他（　　）

如果您没有选择生产性服务，请填写：□不需要 □不划算 □不了解 □买不到

如果您选择了生产性服务，请填写以下问题：
①所购买服务的种类（填写编号）：
服务1：　　；价格（元）：　　；已经使用（　　年）；
服务2：　　；价格（元）：　　；已经使用（　　年）；
服务3：　　；价格（元）：　　；已经使用（　　年）；
服务4：　　；价格（元）：　　；已经使用（　　年）；
服务5：　　；价格（元）：　　；已经使用（　　年）；
②购买服务的原因？（可多选）
□节省成本 □方便省心 □自己不会干或干不了 □其他（　　）

续表

生产特征	土地分散程度	□大部分集中 □半集中、半分散 □大部分分散	③您从什么地方购买服务？（可多选） □本组 □本村外组 □本乡外村 □本县外乡 □外县 □其他（　　　）
	种植或养殖的主要用途	□自用 □出售 □部分出售	④您从哪里购买服务？（可多选） □政府 □合作社 □大户 □龙头企业 □专业服务公司 □村集体经济组织 □邻里或亲友 □其他（　　　）
	是否出租或租用土地	□租用土地面积（　　）亩 □出租土地面积（　　）亩	⑤您对服务的满意度如何？ □很满意 □比较满意 □一般 □不满意 □很不满意
	是否上网了解农业相关信息	□是 □否	⑥您购买服务时是否签订合同？ □否 □是
	距离最近集市的距离	约　　千米	⑦在购买服务时，优先考虑的是什么？
外部条件	主集市采购（或者出售）农产品的方式	□小汽车 □巴士 □三轮车或摩托车 □自行车 □步行 □其他（　　　）	□价格 □服务质量 □其他农户或村集体的推荐 □与服务提供方的关系 □其他（　　　）
	家庭住所到乡政府的距离	约　　千米	⑧购买以上服务后您认为农产品产量是否会增加？ □没有增加 □增加较少 □增加适中 □增加较多
	农田水利等基础设施完善程度	□完善 □一般 □不够完善 □很不完善	⑨购买以上服务后您认为是否可以节省时间？ □没有节省 □节省较少 □节省适中 □节省较多
	农业生产性服务主要包含如下内容： 1. 市场信息需求； 2. 产品价格信息； 3. 小额贷款服务； 4. 农业保险服务； 5. 良种培育； 6. 机械设备租用； 7. 农技培训和技术指导； 8. 农产品质量检验； 9. 测土配方施肥； 10. 病虫害防治； 11. 排灌沟渠； 12. 施肥撒药； 13. 机耕机种机收； 14. 覆膜和益大棚； 15. 开沟和耕土作业； 16. 加工包装； 17. 储藏保鲜； 18. 物流配送； 19. 对接超市或其他商家； 20. 电商直播带货 您认为以上哪些服务对您的农业生产比较重要（前五名，填写编号）： 第一重要的是：　　；第二重要的是：　　； 第三重要的是：　　；第四重要的是：　　； 第五重要的是：　　；	⑩购买以上服务后是否帮助您增加了农业收入？ □没有增加 □增加较少 □增加适中 □增加较多

后　　记

经过接续奋斗，中国实现了小康这个中华民族的千年梦想，打赢了人类历史上规模最大的脱贫攻坚战，全国八百三十二个贫困县全部摘帽，近一亿农村贫困人口实现脱贫。站在历史新起点，中国提出了基本实现农业现代化的二〇三五发展的总体目标。

但是中国贵州、云南等西部山区受"九山半水半分田""人均不过一亩三分地"的地形地貌特征等因素影响，农户农业生产"小、散、粗"特征较为明显，成为西部山区农业现代化的难点和重点。那么如何破题？围绕这一现实问题，2020年以来，作者组建了以中南民族大学和北方民族大学教师和博士、硕士研究生为主要成员的研究团队，先后多次赴滇桂黔石漠化区、乌蒙山区等西部山区针对小农实现现代化进行田野调查。基于三年的跟踪调查和研究，在国家民委中青年英才培养计划项目（MSR22001）、中央高校基本科研业务费专项资金项目（CSZ23008）的资助下，最终完成本研究成果。这是我们长期对西部地区尤其是山区农业现代化问题观察和探索的结果，也同时为我们对西部地区小农实现现代化助力乡村振兴的持续研究树立了信心。

对于西部地区农业发展问题进行研究的学术起点是我的博士生导师，北方民族大学党委书记、校长李俊杰教授，李老师以其扎实勤恳的科研工作作风为我树立了学习的榜样，并对我的科研工作给予了巨大帮助和指导，在此深表谢意。同时，本书撰写期间，我正于北京大学进行访学交流，要感谢北京大学政府管理学院沈体雁教授从研究方法和视角所提供的悉心指导。同时，感谢中南民族大学经济学院院长李波教授、副院长熊芳教授对本书的完善与优化提供了宝贵的意见和建议！

本书的顺利出版离不开各位领导、同事和家人的支持。感谢中南民族大学科学研究发展院院长覃瑞教授、皮鑫副院长以及中南民族大学共同现代化研究院为本书的出版提供调研、资料和资金的帮助。感谢中国社会科学出版社为本书选题及出版提供的专业、科学的意见。感谢既要做好本职工作又要照顾好两个孩子的我的爱人白云老师。此外，我的硕士研究生陈若雪、李梦娇、彭宇娇、黄哮川、刘璐、张驰、张丹以及已经保研成功的优秀本科生杨玮丽、王皖俪、谭彬也参与了资料的收集、分析和部分内容初稿的撰写工作，于他们而言是一种人生历练和学术锻炼，希望对其未来的人生发展有所裨益。

最后，希望我们的研究成果能为中国西部山区小农现代化和乡村振兴事业提供借鉴！由于水平有限，书中难免有不成熟、不完善之处，敬请各位同仁和读者批评指正。

在中南民族大学共同现代化研究院成立之际，以《西部山区小农现代化新动能研究》一书为研究院的成立献上一份学术祝贺！

马楠

于中南民族大学经济学院

2023 年 8 月 8 日